알면 돈되는
# 보험 상품 100% 활용법

보험 궁금증
달인에게
물어보세요

3

알면 돈되는

# 보험 상품

김동범 지음

# 100% 활용법

중앙경제평론사

# 보험 상품,
# 왜 올바로 클리닉하고 잘 가입해야 하나

"가입한 보험이 마음에 쏙 드는가? 혹시 아는 사람이 있다고 또는 매스컴에서 '이 보험 좋다'고 광고하니까 괜찮다 싶어 가입하지는 않았나? 선택한 상품이 마음에 안 들어 괜히 가입했다고 후회해본 적 있나? 많이 가입해서 가계살림에 압박은 받지 않는가? 보험사고가 발생했을 때 해당 약관에 있는 보장을 모두 받았는가? 보험사고가 발생했는데도 모르고 무심코 지나친 적은 없는가? 보험가입 후 컴플레인complain 또는 클레임claim이 발생하여 힘들지 않았나? 보험사고가 발생하여 보험금을 신청한 후 보험금이 잘 나올 줄 알았는데 지급이 안 되어 고생한 적 있는가? 해약해서 손해를 본 적은 없는가? 변액보험 등 보험투자상품 가입 후 수익률 때문에 고민하거나 낭패를 본 적 있는가?"

보험가입 시 뚜렷한 목적의식 없이 그냥 좋다고 가입한 사람들, 싼 보험상품만 골라 가입하면 된다고 대충 생각하는 사람들, 하나 가입해달라고 하니 어쩔 수 없이 가입한 사람들, 이 보험 저 보험 좋다고 여러 건 마구

가입한 사람들이 주변에 의외로 너무 많다.

보험가입 시 매스컴에서 좋다고 호기심을 자극하든, 아는 보험컨설턴트가 하나 들어달라고 조르든, 어떤 리베이트를 준다고 현혹하든 군중심리에 이끌려 또는 괜히 좋은 것 같은 느낌이 들어 무작정 가입하면 안 된다.

이 시대 최고의 위험 헤징Hedging 수단인 보험은 반드시 자신과 가정에 꼭 필요하고 진정 도움이 되는 상품을 잘 골라 가입해야 한다. 상대적으로 어떤 상품이 제일 좋고 어떠한 특징이 있으며 보장내용은 어떤지, 장단점과 가입 시 주의사항은 무엇인지 속속들이 주의 깊게 살펴본 후 선별하여 적기에 가입하는 냉철한 지혜와 올곧은 마음 씀씀이의 발휘가 필요하다.

우리나라 가구당 보험가입률은 무려 98.2%로 세계 1위다. 이렇듯 보험이 생활화되다보니 상품 종류도 매우 많고 판매채널도 다양하다. 보험을 취급하는 곳은 보험회사를 위주로 우체국과 유사보험 기관인 농협·신협·새마을금고·교원공제·자동차공제 등 공제기관과 은행·증권 등 방카슈랑스 기관, 인터넷매체·홈쇼핑·TM·DM 등 온라인기관, 카드사·백화점·여행사·네트워크 등 오프라인 업무제휴 기관까지 매우 많다.

그러다보니 판매하는 보험 상품의 종류는 자그마치 2,000개 이상이나 된다. 비슷한 상품도 너무 많고 보장내용과 보험료 또한 천차만별이다. 비슷한 상품이라 해도 보장내용이 제각각이고 보장범위와 보험금 규모도 다르며 보험료 차이도 많이 난다. 그래서 어떤 상품이 좋고 어떻게 가입해야 옳은지 구별하기 어려워 선택하기가 정말 쉽지 않다. 자칫 보험설계를 잘못해 금전적 손해뿐만 아니라 마음고생을 하는 경우도 있다.

일단 가입하면 대부분 장기간 불입해야 하고 반드시 보험금 지급사유가 발생해야 효용 가치가 있는 미래형 신용상품인 보험!

가입하기 전 보험에 대한 지식을 쌓고 난 다음 나와 가족에게 꼭 필요한 상품은 무엇인지 전문가의 조언을 구한 후 필터링filtering하여 최적의 상품을 고르는 지혜가 필요하다.

이 책은 어떻게 하면 인생 5L Life Cycle, Life Style, Life Stage, Life Scale, Life Way을 토대로 인생설계를 올곧게 하면서 나와 가족의 생활치수와 보험치수가 가장 잘 맞는 보험 상품을 선택하고 가입하여 더 많은 혜택을 볼 수 있는지 그간 필자가 보험컨설팅을 한 수많은 사례와 벤치마킹을 통해 집약한 알토란같은 실천방법을 보험가입자 눈높이에서 속속들이 파헤치고 그 솔루션을 제시한 최적의 보험클리닉 비책이다.

보험의 최고 가치는 위험에 대한 헤징과 보험사고 발생 시의 적절한 보장과 보상의 하자 없는 수혜이다. 따라서 이 책은 각종 보험 상품의 올바른 가입 비법과 더불어 유지 및 수혜 시 더욱 많은 혜택을 받는 기술적인 방법과 보험소비자들이 진정한 보험재테크를 통해 실질적인 이익을 실현하여 가입한 보험에 대한 만족과 가치를 극대화할 수 있도록 올바른 보험클리닉을 위한 솔루션과 실천 로드맵을 제시한 보험가입 실천서이다.

또한 생활보험 시대, 자신이 선택한 보험 상품이 바라는 대로 올바로 귀착되어 웰빙Well-being과 웰에이징Well-aging을 이루고 웰다잉Well-dying을 완성하게 만드는 비책을 제시한 보험클리닉 길라잡이다.

이 책에서는 독자들이 어떤 목적을 갖고 보험설계를 해야 하며, 어떻게 가입해야 보험료를 절약하고 실질적으로 도움이 되는지, 또 어떻게 잘 유지하고 관리해야 하며 보험사고 발생 시에는 어떻게 대처해야 보험금을 모두 받을 수 있는지 등 보험가입과 유지·수혜 등 보험 전 과정에 대하여 올바른 보험클리닉을 통한 보험설계 및 보험재테크 솔루션을 제시하였다.

알아두면 반드시 많은 도움이 되는 보험서비스와 우대제도 활용 등에 대한 비법도 자세히 집대성해서 실었다. 특히 왜 보험을 알고 난 다음 가입해야 하며, 어떻게 상품을 선택하고 가입해야 효율적인지, 가입한 보험 중 마음에 안 드는 상품은 어떻게 정리하고 리모델링해야 효과적인지, 어떻게 유지관리해야 하는지, 보험 포트폴리오 리밸런싱은 어떻게 해야 하는지 등에 대한 노하우 및 솔루션과 컴플라이언스compliance 실천 꿀팁을 일목요연하게 제시했다.

어떠한 보험이 정말 좋은 상품이고, 어떻게 골라야 한 푼이라도 보험료를 절약할 수 있는지, 그런 상품은 어떻게 찾는지 등에 대한 비법도 자세히 밝혀놓았으므로 그간 보험을 보다 깊이 알려고 하거나 올바로 보험클리닉을 하고 가입하려고 하는 사람들이 목말라했던 현안 문제와 궁금증들을 시원하게 해갈해 만족감을 줄 것으로 본다.

필자의 보험지식을 모두 녹여 공들여 내놓은 이 책이 보험을 가입한 사람이나 가입할 사람, 보험을 알고 싶고 권하려고 하는 모든 이의 가슴에 와닿기를 기대한다. 또한 머리로 이해하여 보험의 가치를 느끼면서 올바른 보험클리닉으로 최적의 보험가입과 실질적 효과는 물론 후광효과까지 듬뿍 맛봐 삶의 여정이 행복으로 여물길 바라본다.

김동범

# Contents

## 1장　보험가입 시 꼭 알아둘 사실

**4장**   **계약체결 및 가입 후 반드시 알아둘 꿀팁**

## 5장  보험 상품 리모델링 비법 꿀팁

# 1장

# 보험가입 시 꼭 알아둘 사실

보험은 불확정한 것을 확정한 사실로 변화시키는 유일한 수단이므로 보험에 가입하는 것은 인간으로서 가장 신성한 책무이다. 가정의 행복은 보험으로부터 다가온다. **– 휴브너**

(Solomon S. Huebner)

# 인생의 사계절을
# 미리 대비하라

　우리나라는 사계절의 색채가 뚜렷하다. 매년 어김없이 알맞은 시기에 찾아오는 봄, 여름, 가을, 겨울 사계절이 순환하면서 자연이 계절의 변화에 따라 형형색색으로 아름답게 치장된다. 그래서 추운 겨울이 오면 여름이 기다려지고 더운 여름이 오면 겨울이 기다려진다. 또한 희망의 봄에 일군 씨앗을 알뜰히 수확하는 풍요로운 가을이 기다려진다.

　자연의 사계절이 이렇듯이 우리 인생살이에도 생로병사生老病死라는 피할 수 없는 사계절이 있다. 즉, 사람은 누구나 ① 태어나고 ② 병이 들며 ③ 늙어가고 ④ 언젠가는 반드시 죽게 되어 있다. 생로병사의 사계절은 인간의 숙명이요 운명이다.

　자연의 사계절이 봄, 여름, 가을, 겨울에 따라 변화무쌍하게 변해가듯이 인생의 사계절 또한 생로병사를 근간으로 하여 각 개인과 가정의 라이프맵이 변화무쌍하고 다양하게 펼쳐지게 된다. 인생의 사계절에서 생로병사는 개인의 행복과 더불어 가정의 행복을 위한 기초 작업인 '가정의 행복망' 구축을 위해 반드시 짚으면서 풀어나가야 할 기본 화두이며 실천 명제이다. 인생의 사계절이 자연의 사계절처럼 기다려지도록 만들려면 언제나 내일이 설렘 속에 희망으로 가득차도록 가정에 '사랑의 수'를 아름답게 놓고 '행복의 구름다리'를 펼쳐놓아야 한다.

## 만약(If)이라는 불확실성의 변수에 늘 대비

인생의 사계절인 생로병사 중 누구나 꺼리는 사死, 즉 죽음은 누구에게나 오는 필연적이고 불가항력적인 일이다. 영국의 경제학자 베버리지 William Beveridge가 '요람에서 무덤까지From the Cradle to the Grave'라고 말했듯이 사람은 태어나서 늙고 언젠가는 반드시 죽게 된다LIFE = LIve iF End.

그러나 그 시기가 언제 어느 때가 될지는 아무도 예측할 수 없다. 비록 호모 헌드레드시대Homo hundred라고 하지만 나에게 언제 죽음의 어두운 그림자가 드리울지는 아무도 모르는 불확실성의 시대를 살아가고 있다. 즉, 우리네 인생의 중심에는 항상 '만약If'이라는 불확실성의 변수가 존재하며 그 불확실한 만약의 사태가 언제 올지는 아무도 모른다. 이 만약이란 불확실성은 행복과 불행 사이에 있는 경계선과 같은 존재이다.

그래서 태어남에는 순서가 있지만 이 세상을 하직하는 데는 순서가 없다. 따라서 불확실성을 천칭 저울에서 행복 쪽으로 향하게 하느냐, 아니면 불행 쪽으로 향하게 하느냐에 따라 자신과 가족의 운명, 그리고 그간 애지중지하며 일구어온 가정의 행복 척도는 천양지차가 된다.

## 늙음은 언젠가 반드시 찾아오는 필연의 운명

노老, 즉 늙음은 우리에게 언젠가는 반드시 찾아오는 피할 수 없는 운명이다. 노후에 대한 준비를 어떻게 하는가에 따라 노후의 행복 척도 또한 축복과 고통이라는 극과 극을 달리게 된다.

인생의 사계절이 아름답게 물들도록 하려면 바로 '일상생활이 평안하도록 하는 생生, 오래 살아가는 노老와 몸이 아파 탈나는 병病, 일찍 죽게 되는 사死' 이 4가지를 생애 전반에 걸쳐 효율적으로 잘 관리해나가야 한다. 특히 일상생활에서 만약이란 불확실성으로 인해 언제 어느 때 어느 곳에서 다가올지 모를 병病과 사死, 즉 아픔과 죽음 그리고 언젠가는 반드시 우리에게 다가오는 노老, 즉 늙음에 대비해나가야만 인생의 사계절이 아름답게 물들 수 있다.

## 인생 5L 토대로 라이프 디자인

우리가 인생을 살아가면서 무언가를 대비하고 준비해야 한다면 그 밑바탕은 바로 생로병사를 인생 화두로 늘 가슴에 새기면서 삶의 천칭이 불행이 아닌 행복 쪽으로 기울도록 실천해나가는 것이다. 인생살이 전반에 걸쳐 걸림돌이 발생하지 않도록 인생 5L Life Cycle, Life Style, Life Stage, Life Scale, Life Way을 토대로 라이프 맵Life Map을 올곧게 만들어 현명하고 지혜롭게 멋진 인생을 살아가면서 가정 행복망을 구축해나가는 것이 우리네 삶의 가장 아름다운 모습이라고 할 수 있다. 즉, 삶의 가장 아름다운 모습은 인생 5L을 토대로 한 라이프 디자인Life Design, 인생설계을 밑바탕으로 재정안정설계를 잘하여 가정경제의 튼튼한 반석 구축과 이를 통한 삶의 행복 완성에 있는 것이다.

미래란 어느 누구에게나 불확실한 신비의 세계이다. 그 불확실한 미래를 헤징Hedging하면서 최대한 좋은 조건으로 만들어 최대의 효과를 만드는 데 밑거름이 되도록 이바지하는 신용수단이 보험이다. 보험 없이는 미래 생활도 보장할 수 없는 세상이다. 보험은 일상생활에서 발생하는 다양한 위험을 헤지해주는 중요한 삶의 안전망이면서 동시에 100세 장수 호모 헌드레드Homo-hundred시대에 은퇴 이후 경제력이 없는 기나긴 여생을 웰에이징Well-aging을 이루면서 아름답게 익어가 풍요롭고 평안하게 살아갈 수 있도록 보장해주는 든든한 노후대비 수단이다.

보험으로 가정경제의 행복망을 튼실하게 짜놓아 인생의 사계절이 변치 않고 장밋빛으로 곱게 물들어가도록 만들자.

# 불가항력적인
# 인생의 3대 위험요소 헤징 비법

미국의 사상가이며 시인인 에머슨Ralph Waldo Emerson이 "생명이 있자마자 그곳엔 항상 위험이 있다"라고 말했듯이 우리가 인생을 살아가는 과정에는 항상 크고 작은 수많은 여러 가지 위험이 도사리고 있다. 그 위험요소의 발생 시기와 정도에 따라 그간 공들여서 일구어놓은 가정에 주는 타격이 다르게 표출된다. 일반적인 위험요소들은 가족구성원 모두가 힘을 합해 슬기롭게 지혜를 발휘하여 타개하면 어느 정도 제거 또는 줄여나갈 수 있다. 그러나 인력으로 도저히 해결할 수 없는 매우 크고 불가항력적인 인생의 3대 위험요소가 있다.

### 불가항력적인 인생의 3대 위험요소

첫째, 자신이 생각할 때 평균적인 삶보다 너무 일찍 죽는(Die too soon) **사망위험**

둘째, 일반적으로 평균수명보다 너무 오래 사는(Live too long) **노후위험**

셋째, 일상생활에서 수없이 발생하며 힘들게 살아가게 하는(Live too Painful) **생활위험**

Die too soon, Live too long, Live too Painful! 바로 이 3가지 위험은 우리네 인생살이에서 나타나며 도저히 피할 수 없는 불가항력적인 인생의 3대 위험요소이다. 사람은 누구나 요람에서 무덤까지 가는 인생의 긴 항로에서 반드시 불가항력적인 사망위험, 노후위험, 생활위험을 겪으며 살아가야 한다. 이것이 삶의 가장 큰 화두요 인생살이의 대명제이다. 불가항력적인 인생의 3대 위험요소에 대한 사전준비가 안 되었다거나 미흡할 경우에는 가족과 자신뿐만 아니라 미래의 자손에게도 힘겨운 삶의 멍에가 짊어져 그들의 인생살이를 고달프게 만든다. 이들 위험을 미연에 제거 또는 감소시키려면 위험관리기능을 수행하는 보험으로 각종 위험요소를 사전에 하자 없이 헤지해나가는 것이 최선의 방책이다.

## 사망위험 대비하여 보장자산 확보

가장으로서 평균수명만큼 살지 못하고 생때같은 젊은 시절에 '만약'이란 불확실성을 당하여 일찍 사망하게 된다면 그 가족은 하루아침에 경제적 고통의 수렁에 빠지게 될 것이다. 그래서 가장은 자신이 설령 만약의 사태를 당한다 할지라도 사랑하는 가족이 언제나 편안히 지낼 수 있도록 경제적 안전망인 보장자산Asset assurance을 미리 확보해놓아야 한다.

사망위험요소는 각종 상해 및 재해 그리고 중대한 질병 등으로, 이의 헤징은 가족을 위한 보장자산의 준비로 해결할 수 있다. 가정의 경제적 행복망인 보험으로 보장자산을 미리 확보하여 든든한 삶의 울타리를 견고하게 쳐놓는 것인데 이에 적합한 보험 상품은 종신보험, 정기보험, 상해보험, 상조보험 등 순수보장성 상품이다. 보장자산의 확보로 마음의 안정을 유지하고 평안한 생활을 영위해나갈 수 있는 기틀이 조성된다.

## 생활위험 대비하여 재정안정자산 확보

대부분 일반인들의 일상생활과 밀접한 관계를 맺고 있는 리스크가 일상생활에 대한 걱정인 생활위험이다. 생활위험요소는 건강을 해치는 질병 및 상해와 재해, 손해배상 등으로 이런 삶의 리스크 헤징은 생활보장자산의 확보로 해결할 수 있으며 이에 적합한 보험 상품은 실손의료보험, 상해보험, 자녀보험, 암보험, 건강보험, 질병보험, CI보험, 통합보험, 자동차보험, 운전자보험, 배상책임보험, 변액유니버설보험 등이다. 생활보장자산의 확보로 건강한 삶을 영위함으로써 웰빙을 즐길 수 있다.

## 노후위험 대비하여 은퇴자산 확보

노후가 자기 책임인 장수시대, 평균수명 이상으로 너무 오래 살 경우 장수리스크가 발생하게 되면 황혼의 인생이 축복이 아닌 재앙으로 다가올 수 있다.

가장은 생때같은 시절에 발생할 만약의 리스크도 해결해야 하지만 너무 오래 살아 본인은 물론 자식과 배우자도 힘들게 하는 인생황혼기를 대비해 장수리스크도 해결해야 한다. 실제로 대부분 사람들이 일상생활에 대한 걱정 및 가족 걱정과 노후 걱정을 많이 한다. 이 중 날이 갈수록 노후 걱정의 비중이 증가하는데 이는 그만큼 자기책임으로 와닿는 노후를 위한 준비가 매우 중요한 인생과제임을 방증한다.

노후위험, 즉 너무 오래 살아감으로써 발생하는 장수위험을 제거하려면 은퇴 전 젊은 시절부터 연금자산을 미리 준비하는 것이 지름길이다. 노후위험요소는 암과 치매, 중풍 등 각종 노인성질환, 상해 등으로 이에 대한 헤징 대상으로 가장 적합한 보험 상품은 일반연금보험, 변액연금보험, 연금계좌연금저축, 퇴직연금 등의 연금상품과 장기간병보험LTC보험, 유병자보험 등의 실버케어상품이다. 이들 보험 상품을 통해 연금자산을 확보하고 더불어 생활보장자산도 어느 정도 확보하여 은퇴 후 노후생활을 웰에이징으로 만들어야 한다.

스페인 작가 그라시안Balthasar Gracian이 "수많은 위험을 피하려면 최악의 사태를 항상 대비해두어야 한다"고 말한 교훈을 되새기면서 미래가 불확실한 상황에서 가정에 어느 때이고 재정위기Financial Crisis가 몰아닥치지 않도록 최고의 헤징 수단인 보험으로 든든한 울타리를 쳐놓아야 한다. 보험으로 불가항력적인 인생의 3대 위험요소가 모두 해결되어야만 편안한 삶을 영위해나갈 수 있다. 수많은 위험에 노출된 고위험 시대, 보험은 선택이 아닌 필수이다.

보험은 살아서는 윤택한 웰빙을 이뤄 생활을 즐겁게 만들어주고, 노후에는 웰에이징을 이뤄 안락한 인생 황혼기를 골드인생으로 보내게 해주고, 죽어서는 멋진 웰다잉으로 가족의 행복을 지켜줌으로써 삶을 아름답게 갈무리하게 만들어주므로 수호천사와 같다고 할 수 있다. 또 보험은 불가항력적인 인생의 3대 위험요소를 헤징하여 나와 가족의 평안을 담보해주는 최선의 방어시스템이라고 할 수 있다. 결국 보험은 인생살이 전 과정에 부지불식간에 나타나는 수많은 위험에 대처할 수 있게 해주는 최고의 헤징 수단이며 안전장치이다.

# 가정을 일군 가장으로서 책임과 역할

## 가정의 탄생에서 소멸 시점까지 모두 책임

가정은 가장이 자주적으로 만든 최소 단위의 혈연공동체이다. 하나의 가정에서 가장이 일을 하는 1차 목적은 자신이 일군 가정을 잘 지키고 행복하게 만들기 위해서이다. 가장은 일을 함으로써 진정한 경제적 가치를 사랑으로 승화시켜서 온 가족이 편안함과 행복감을 느낄 수 있도록 만들어놓아야 한다. 하나의 가정은 가장을 중심으로 ① 가장의 출생 → ② 배우자와 결혼 → ③ 가정의 탄생 → ④ 가족의 형성 → ⑤ 가족의 독립 → ⑥ 가정의 소멸 등 일련의 라이프 사이클을 순차적으로 밟게 된다. 이를 가정의 라이프 사이클Life cycle of the family이라고 한다.

따라서 가장은 자신이 만들어놓은 가정에 대해 사랑하는 가족이 미래의 삶을 불안해하지 않고 편안하게 자신들의 일에 전념하면서 부푼 꿈을 꾸고 각자 인생설계를 해나갈 수 있도록 경제적 안정망을 언제나 구축해놓아야 한다. 가정에 위험이 발생할 개연성이 0.1%만 있어도 무조건 그에 대한 대비를 철저히 해서 가족의 안전을 지켜야 하는 것이 가장의 역할이요 사명이며 책무이다.

가장은 또한 배우자를 만나 결혼하여 탄생된 가정에서 아기를 낳아 훈육과정을 거친 뒤 결혼시켜 아이가 완전히 독립하고 난 이후 자신과 배우자의 사망으로 소멸되는 그날까지 행복한 가정이 연착륙되도록 재정안정설계를 확실하게 해놓아야 한다. 모든 가정은 궁극적으로 안정적이고 행복한 삶을 추구하며 이에 대한 책임은 가족구성원이 제각기 공유하지만 가장 큰 책무인 경제적 책임은 가장 몫이므로 가정의 행복한 삶을 책임져야 할 의무 또한 당연히 가장에게 있다.

가정의 안정과 행복을 추구하는 데 제일 큰 책임을 지고 있는 가장의 일생이 가정의 소멸 시점과 일치한다면 그 가정의 경제적 활동기에는 가장의 불확실성이 내재하지 않으므로 만약의 사태에 대비한 보장성보험은 그리 필요 없을 것이다. 그러나 어느 가정이든 대부분 배우자와 자녀가 존재하고, 또 만약이라는 불확실성으로 말미암아 가장의 일생과 가정의 소멸시점이 일치하기는 매우 힘들다. 특히 노후가 예전과 같이 자식들 책임이 아닌 가장의 책임인 시대로 바뀌어가고 있으므로 자신과 배우자의 행복한 노후를 위한 연금 노테크老-tech는 필수불가결한 요소이다.

## 가정 행복 위한 전 생애에 걸친 생활 동반자

내가 일구어놓은 가정은 가장인 내가 없어도 소중한 가족의 삶은 반드시 이어져야 한다. 그것이 가장으로서 가정을 꾸리고 가족을 만들어놓은 데 대한 의무이자 책임이고 사명감이다. 따라서 가장은 현재 재정상태를 기초로 하여 일상의 어떠한 위험으로부터도 가정의 행복과 안정을 지킬 수 있도록 인생의 5대 자금을 인생 5L에 맞추어 준비해야 한다. 가장의 역할과 사명은 바로 자신이 자주적으로 만들어놓은 소중한 가정이 소멸되는 그날까지 언제나 가정의 든든한 울타리가 되어 주는 것이다.

가장을 잃은 데 대하여 남은 가족에게 기나긴 슬픔의 그림자를 드리우지 말고 오히려 슬픔 속에서 가장에게 감사와 존경을 표하도록 사랑의 그림자를 두껍고 길게 드리워야 한다.

현재가 없는 미래는 없다. 따라서 가족의 경제적 보장을 책임져주는 최고의 방어시스템인 보장자산이 가장이 제일 먼저 준비해야 할 일이다. 그 다음에는 미래를 생각해서 부부만을 위한 연금자산을 확보해야 한다. 젊은 시절에는 경제적 수행능력이 있으므로 수입의 일정 부분만 떼어내 보장테크보장자산 마련를 하면 그리 큰 어려움은 없다. 그러나 기나긴 장수시대 경제적 수행능력이 없는 노후는 미리 준비하지 않으면 고통과 재앙으로 다가오게 된다.

따라서 가장의 빈자리가 표 나지 않는 선에서 보장자산을 확보해놓고 나머지 자금을 짬짬이 갈무리해 연금자산으로 활용해야 한다.

가장으로서 자신이 버팀목이 되고 있는 한 가정이 늘 잘 보존될 수 있도록 경제적 울타리 역할을 자임해야 가정의 행복이 이루어진다. 즉, 가장은 자신과 배우자를 포함한 가족 모두의 경제적 울타리가 되어야 하며 그 울타리를 보험을 통해 구축하는 것이 제일 효율적이다. 가정경제적 측면에서 보험은 가장이 가족사랑의 가치를 가족에게 보장자산으로 진솔하게 표현하고 전해주어 가정의 행복망이 구축되도록 함으로써 가정이 소멸되는 날까지 가족이 경제적으로 부족하지 않도록 행복지킴이가 되어주는 가장 인간친화적인 신용상품으로서 가정생활의 동반자라 할 수 있다.

보험은 단순히 보험금이라는 보장자산을 물려주는 것만이 아닌 가족에게 실천을 통해 따뜻한 사랑을 전달해주는 가족사랑을 위한 최소한의 실천수단이다.

일반적으로 사람들은 조금 더 나은 미래를 위해 매달 얼마 안 되는 돈을 쪼개 저축도 하고, 더 많은 돈을 모으기 위해 주식, 펀드, 부동산 등에 투자도 한다. 그러나 좀 더 나은 미래의 행복한 가정을 원한다면 '가정의 행복망'을 구축하기 위한 지출 차원에서 반드시 생활 리스크 방어시스템인 보험을 가입해놓아야 자신의 행복과 가정의 행복이 모두 완성될 수 있다. 행복한 가정은 보험으로 시작된다는 사실을 늘 염두에 둘 필요가 있는 것이다.

# 가정에서 보험은
# 언제까지 필요할까

"우리 가정에 보험은 언제까지 필요할까? 많은 종류의 보험 상품이 정말 필요할까?"

독일의 보험학자 마네스A. Manes가 "보험 없이는 생활도 없다No Insurance, No Life"고 갈파한 바와 같이 뉴밀레니엄 시대를 살아가는 우리에게 보험은 생활 자체가 되어버렸다. 보험과 동떨어져서는 결코 생활할 수 없다고 해도 과언이 아닐 정도로 이제 보험은 생활화되었다. 따라서 보험이 필요한 시기는 우리 생애 전반, 특히 가정생활주기와 밀접한 관련이 있다.

인생은 라이프 스테이지Life Stage상 가정경제의 주 소득원으로 주체가 되어 생활하는 시기가 되면 그때부터는 부모의 책임기간이 아니라 자기 책임기간이다. 이를 경제적 자기책임기간이라고 한다. 개인이 성장하여 자조적으로 경제능력을 발휘해 생활고를 해결할 수 있는 나이, 즉 성인이 되면서부터 모든 경제적 책임은 본인이 스스로 져야 하는 자기책임기간이다.

경제적 자기책임기간은 가족보장기간과 노후보장기간으로 구분된다.

가족보장기간은 자녀들이 성장하여 자생력을 갖고 독립하는 시기까지이고, 노후보장기간은 은퇴 이후 부부만을 위한 웰에이징을 일컫는다. 가족보장기간은 일반적으로 막내가 자주적으로 독립하는 시기까지다. 따라서 자신이 취업한 이후 경제적으로 완전히 독립하는 시기부터 결혼하여 가정을 만들고 자녀를 낳아 성장시켜 독립하게 하는 시기까지는 가족을 위해 보장자산을 부족함 없이 준비해두어야 한다. 즉, 가족보장자산이 있어야 가족의 삶에 경제적 누수가 발생하지 않아 가정의 안녕과 행복이 유지될 수 있다. 모든 가정의 소득수준, 생활수준 등 생활패턴은 천차만별이다. 게다가 인생 5L이 각각 다르므로 남이 좋다고 하는 보험이 내 가정에는 맞지 않을 수 있다.

자녀들이 독립한 이후, 즉 본인이 경제적으로 은퇴한 이후부터 배우자가 사망할 때까지 노후보장기간에는 가족보장자산보다는 실버보장자산이 더 필요하게 된다. 실버보장자산에는 은퇴 이후 노후생활에 필요한 생활자금인 연금자산과 노인성질환으로 인한 치료비에 필요한 생활보장자산이 있는데 이 두 자산은 장수시대 웰에이징을 대비한 필수불가결한 준비 요소이다. 또한 노후에는 배우자와 자녀 등 남은 가족을 위한 상속자산을 마련해둘 필요도 있다. 그리고 자녀명의로 보험을 가입하여 세테크를 함은 물론 이를 통해 자녀의 경제적 자립기반 마련과 독립된 가정형성을 위한 소중한 주춧돌을 놓아 부자의 대물림을 일구어나갈 수 있다.

이렇게 볼 때 보험의 효용성은 본인이 부모에게서 경제적으로 독립한 이후 자신은 물론 배우자가 사망하는 시점까지의 경계를 뛰어넘어 상속 또는 증여한 보험으로 유가족이 혜택을 보는 시점까지 대를 이어 가치가 발휘된다고 할 수 있다.

따라서 보험을 통해 가족사랑을 실천해나간다는 것은 단순히 보험가입과 유지관리로 그 시효가 끝나는 것이 아니다. 또 가장이 사망하는 시점에서 끝나는 것도 아니다. 배우자의 안락한 노후는 물론 자녀에게 대물림될 뿐 아니라 자녀명의<sup>피보험자</sup>로 보험을 가입하면 손주에게도 보험 혜택이 주어질 수 있다.

이렇게 볼 때 가입한 보험의 효용가치가 완전히 소멸되는 시기는 3세대간, 즉 최소한 150년 이상 그 효력이 발생한다고 볼 수 있다. 이와 같이 상품으로서 보험의 가치는 매우 깊고 높고 길고 숭고하다.

보험은 보험이 가지고 있는 고유기능인 위험보장기능과 더불어 미래 신용상품으로서의 가치인 가족사랑의 의미를 올바로 가족에게 전달해줌으로써 가족 모두가 마음의 평안과 경제적 안정을 이루어 궁극적으로 가정의 행복을 완성해나가도록 하는 3세대, 약 150년간의 사랑의 실천이며 약속을 완성하기 위한 소중한 밑거름이자 가족보장 울타리이다.

특히 연금보험은 호모 헌드레드시대 가장으로서 자신이 일군 가정에서 가장 오래도록 자신과 함께한 사랑하는 배우자와 행복한 삶을 완성할 수 있도록 삶의 지렛대 역할을 해서 웰에이징을 이루게 해주는 소중한 노후 버팀목이다.

보험은 평생 각종 위험을 헤징해 가정경제상 누수가 발생하지 않도록 재정안정의 케렌시아<sup>Querencia</sup> 역할을 하면서 가족의 행복을 온전히 지켜주는 가정 행복망이다.

# 보험을
# 꼭 가입해야 하는 이유 7가지

"보험을 꼭 가입해야 하나? 가입하지 않아도 지금껏 잘 살아왔는데 굳이 생돈(?) 들여가면서 가입해야 하나? 지금 이렇게 멀쩡하고 남부럽지 않게 살고 있는데 보험이 필요한가? 먹고살기도 힘든데 보험은 들어 무엇 하나? 보험 들 돈 있으면 차라리 은행에 저축하겠다."

보험컨설팅을 하다보면 이런 질문들을 한다. 이젠 보험이 생활화되었지만 보험의 진정한 가치와 소중함을 잘 인식하지 못하고 부정적으로 생각하는 사람들이 간혹 있다. 보험을 왜 가입해야 하는지 그 이유를 정확히 알고 난 다음 보험 상품을 잘 선택해서 가입해야 어려움 없이 잘 유지하여 가입목적인 보험 혜택을 하자 없이 모두 받을 수 있다. 보험을 왜 가입해야 하는지 그 이유는 7가지로 설명할 수 있다.

### 1 최소한 현상유지하며 살기 위해

보험을 가입하는 목적은 각종 위험을 헤지해 가정의 경제적 손실발생 가능성을 사전에 차단하고, 설령 사고가 발생해도 최소한으로 항상 현재 생활을 안정되게 유지하도록 만들기 위해서다. 가족 중 경제적 능력이 있는 사람이 항상 건강한 모습으로 가족과 함께 오래도록 같이 살면 그보다 더 좋은 행복이 없겠지만 인생만사 새옹지마라고 하듯이 언제 닥칠지도 모를 불행을 대비해서 미리 보험을 가입해놓으면 설령 불행이 닥쳐오더라도 남은 가족이 평안히 생활할 수 있는 경제적 기반은 해결되므로 그늘진 고통의 슬픔 속에서 살아가지는 않을 것이다. 특히 가족의 생계를 책임지고 있는 가장은 본인에게 불행한 일이 생기더라도 남은 가족만큼은 경제적으로 자립할 때까지라도 일정 수준의 생활을 보장할 수 있도록 보험에 가입해야 한다.

## 2 누구나 미래를 모르기 때문에

미래를 정확히 예견하는 사람이 있다면 보험에 가입할 필요가 없다. 언제 어느 때 사고가 날 것이라고 예감할 수 있다면, 그때 조심하면 사고를 당하지 않을 수 있기 때문이다. 그러나 우리는 한 치 앞도 알 수 없는 불확실성의 시대에 살고 있다. 미래가 불확실하고 언제 질병이 발생하고 어느 때 사고가 날지 아무도 모르기 때문에 보험을 가입하는 것이다. 아무도 예측할 수 없는 미래의 불확실한 사고에 대비하기 위해 보험은 반드시 필요하다. 사고가 일어나기 전에 미리 보험에 가입해두는 유비무환이 가장 현명한 방법이다.

## 3 언제나 마음이 안정된 상태로 살기 위해

마음이 안정되어야만 생활이 즐겁고 일을 해도 신이 나서 능률도 더 오른다. 안정된 마음을 갖고 생활하기 위해 누구나 할 수 있는 가장 손쉬운 방법은 리스크를 헤징하려 미리 삶의 안전장치를 하자 없이 마련해놓는 것인데, 이는 바로 보험을 통해서 해결할 수 있다. 보험에 가입했다는 것만으로도 가족 걱정을 한시름 놓게 해주어 마음이 든든해지기 때문이다.

매우 큰 위험요소가 발생할 가능성이 있을 때 보험을 가입한 사람과 그렇지 않은 사람의 마음자세, 즉 심리상태는 서로 다르다. 보험가입자는 비록 잘못되어 사고가 나도 가족을 위한 재정안전장치를 마련해놓았다는 안도감으로 오히려 마음이 차분해지면서 위기관리 능력이 생겨 위험요소가 반감된다. 그러나 보험 미가입자는 가족 생각 때문에 긴장을 늦추지 않으므로 사고가 일어날 확률이 높다고 한다. 보험은 각종 위험이나 사고로부터 심리적인 안정감을 가져다주므로 액땜을 해주고 액운을 막아주는 행운의 부적이라고도 한다.

## 4 떳떳하고 가치 있게 살기 위해

'건강이 재산'이라고 하듯 다치거나 아프지 않고 가족에게 부담 주지 않으면서 평생을 건강하게 살아간다면 그보다 더 좋은 일은 없을 것이다. 그러나 사고로 후유장해가 있다거나 암, 치매, 중풍 등 난치병에 걸려 치료비가 많이 들고 장기간 간병을 받아야 한다면 가족의 정신적·육체적·경제적 고통은 이루 말할 수 없을 만큼 클 것이다. 특히 당사자가 가족의 생계를 책임지고 있는 가장이라면 더욱 그러하다.

보험을 가입하면 비록 사고를 당해도 경제적 고통은 안겨주지 않는다. 복잡한 사회생활 속에서는 부지불식간에 자동차 사고, 화재사고, 상해사고 등으로 다른 사람에게 피해를 주는 일이 종종 발생한다. 상대방에게 피해를 주었을 경우에는 반드시 배상을 해야 하는데 이때 민사적·형사적·경제적 문제가 대두된다. 이런 문제를 모두 해결하려면 반드시 보험을 가입해야 한다. 나와 가족 그리고 남들에게 가치 있게 보이면서 떳떳하게 살려면 보험가입은 필수이다.

## 5  가급적 사고를 당하지 않기 위해

보험은 사고를 보장해주는 위험관리기능뿐만 아니라 사고를 미연에 방지하게 하는 예방 역할도 한다. 보험가입 시 사고확률이 높은 경우 미리 정확한 진단을 통해 걸러주고 알려주기 때문이다. 특히 보험회사는 가입자가 건강하고 오래 살아야 이익이기 때문에 가입자의 건강관리를 위해 헬스케어서비스를 실시한다. 그 덕분에 가입자는 건강의 중요성을 인식하고 건강관리에 관심이 높아지므로 질병이나 사고가 발생할 확률이 이에 반비례하여 낮아진다.

손해보험은 대형 사고를 예방해준다. 건물이나 다리, 비행기, 선박 등을 담보로 하여 보험에 가입하려고 할 때 보험대상담보물건에 대해 전문가를 동원하여 꼼꼼히 살피면서 조사한다. 결점을 발견하면 해당 가입자에게 알려주고 경우에 따라서는 아예 보험을 받지도 않는다. 이와 같이 보험은 사고가 나지 않도록 사전에 방지하기 위해 가입하는 것이다. 보험은 사고 대비 수단이면서 사고예방 수단이다.

## 6 인명은 재천이 아닌 재인이기 때문에

'사람이 태어나고 죽는 것은 모두 하늘에 달려 있다'고 하여 '인명人命은 재천在天'이라고들 한다. 그러나 요즈음처럼 급변하는 사회에서는 '인명은 재천이 아니라 재인在人'이다. 즉, 천재지변 등 불가항력적인 사고가 발생하여 사상자가 생기는 사고보다 인간의 실수와 무방비로 인한 인재人災가 훨씬 더 많이 발생한다. 각종 인재로부터 안전하게 살아가려면 이에 대한 대비책을 세워야 하는데 최선의 방책이 바로 보험이다. 보험은 일상생활에서 발생할 개연성이 있는 모든 위험을 방지해주는 수단이기 때문이다.

## 7 경제적 손실이 아닌 이익을 보기 위해

보험은 위험한 일이 발생하였을 경우 그 경제적 손실을 보전해주는 수단이다. 그런데 보험을 가입하지 않으면 위험한 일이 발생했을 때 손실을 본인이나 가족이 모두 책임져야 한다. 기업체의 경우 근로자가 해외연수 도중 대형사고로 인명피해가 났다든지 하면 보험에 가입하지 않았을 때에는 뒷감당을 도저히 할 수 없게 된다. 개인도 마찬가지다.

부모의 돌연사로 한 가족이 어느 날 갑자기 알거지로 전락하는 것을 주위에서 수없이 목격하는데 이럴 때 보험을 가입했다면 가정경제가 나락으로 떨어지는 일만은 모면할 수 있다. 따라서 보험은 손실보전 이전에 이익을 보기 위해서 가입하는 것이다. 이익이 없는 장사가 없고 이익이 없는 곳에 돈을 투자하는 사람 또한 없다.

설령 보험사고가 안 나서 이익을 못 보더라도 그것이 오히려 더 이익이라고 생각해야 한다. 아파서 병원에 가 치료받는 것보다는 병원에도 안

가고 보상도 안 받고 건강하게 살아가는 것이 더 이익이기 때문이다. 보험은 사고가 나든 나지 않든 가입한 자체만으로도 이익이다. 사고가 발생한 곳에는 보험이 반드시 필요하고 좋지만 보험을 일단 가입해놓으면 사고가 안 나는 것이 좋다.

보험은 자신에게 도래할 개연성이 있는 위험을 헤지하고 제3자인 보험회사에 위험을 전가해 보장받으며 앞으로 삶을 안심하고 살아가는 것이 더욱 바람직하고 효율적일 것이라는 믿음에서 가입하는 것이다. 즉, 보험을 가입함으로써 위험을 회피하고 이로써 발생하는 기대효용이 보험에 가입하지 않는 것보다 크기 때문에 가입하는 것이다.

# 보험에 대한
# 잘못된 인식과 문제점 7가지

**1** **보험의 진정한 가치와 효용성을 등한시한다.**

일반적으로 사람들은 저축이나 투자를 통해 보다 쉽게 이윤을 얻고자 한다. 따라서 장래 발생할 개연성만 있는 불확실한 사고로 볼 수 있는 위험을 헤지하기 위해 방어비용을 사용하는 것에 주저한다. 생활 주변에서 큰 사고가 발생하거나 감당하기 어려운 피해를 보면 그 당시에는 위험보장의 필요성을 인식하고 그에 대한 대처 방안을 모색하려고 하지만 시간이 지나면 잊어버린다. 이런 까닭에 보험이 왜 필요하고 보험 상품에 가입하는 것이 왜 중요한지 정확히 인식하지 못하고 가입하는 경우가 많다.

그러다보니 보험을 가입할 당시에만 신경 쓰고 위험에 대한 헤징수단으로서 보험의 진정한 필요성을 인식함은 물론 보험가입 후 혜택을 잘 받도록 유지관리에 신경 써야 한다는 사실을 간과한다. 보험의 효용과 가치를 정확히 인식해야만 애지중지하고 잘 유지관리하여 보험 혜택을 원하는 대로 충분히 받을 수 있다.

## 2 보험치수와 생활치수가 잘 맞지 않는다.

보험치수와 생활치수가 맞게 보험 포트폴리오를 해야 한다는 사실을 간과한다. 그래서 가입한 보험 상품이 내 몸과 우리 가정에 맞는지 정확히 재단하지 않아 실질적인 보험수혜를 못 보는 경우가 많다. 간혹 매스컴에서 좋다고 하니까 덥석 가입하는 경우가 있는데 그렇게 가입한 보험 상품은 보험치수가 생활치수와 맞지 않아 혜택을 제대로 보지 못하고 자칫 소중한 돈만 날리는 꼴이 되고 말 수도 있다. 따라서 머리품, 발품, 손품까지 팔아 내 몸에 꼭 맞는 상품을 찾아 정확히 재단하고 비슷한 상품 중 가장 좋은 상품을 선택해서 가입해야 한다.

## 3 보장과 보상의 개념과 안분비례가 잘못되어 있다.

보험에서 보장과 보상은 가정과 나 자신을 보호해주는 양 날개와 같다. 따라서 이 둘이 천칭처럼 균형을 이루도록 설계해야 한다. 보험가입사는 자동차보험, 상해보험, 화재보험 등 타인에게 손해를 끼쳤을 때 이를 보상해주는 손실보상보험인 손해보험을 선호하는 사람과 사고 시 가족의 생활보장과 자신의 치료비 보장을 원하는 정액보험인 생명보험을 선호하는 사람 등 크게 둘로 나뉜다.

본인과 가족의 인생 5L을 토대로 라이프 디자인을 하면서 내 가정의 어디가 위험에 노출되어 있으며 나 자신은 어떠한 형편에 놓여 있는지, 또한 사회생활 중 다른 사람들에게 손해를 끼칠 위험을 가족 중 누가 안고 있는지 등을 종합적으로 정확히 진단하고 재해사망과 일반사망 시 보장 담보를 균형 있게 맞추어 보험플랜을 해야 한다.

**4 자신이 가입한 보험에 대해 잘 모르고 맹신한다.**

보험가입자들은 가입한 보험 상품을 생활필수품처럼 소중히 여기지 않는 경우가 많다. 그러다보니 가계살림이 어려울 때 가장 먼저 그 해결책을 찾는 방편이 바로 보험 해약이다. 그러면 원금은커녕 자칫 힘들게 불입해놓은 내 돈을 한 푼도 못 받는 불상사도 일어나게 된다. 어떤 목적으로 가입하고 보장니즈를 받아야 하는지 정확한 이해와 판단 없이 가입하다보니 정작 자신이나 가정의 일상생활에 별로 많은 도움을 주지 못하는 경우도 발생한다. 가입한 보험 상품의 보장보상플랜이 어떻게 구성되어 있고 어떤 점을 신경 써야 하며 나중에 혜택을 많이 받기 위해서는 어떠한 점에 주위를 기울여야 하는지 등에 대한 폭넓은 이해가 수반되지 않은 상태에서 보험계약을 덥석 하는 우를 범해선 안 된다.

그리고 보험을 가입하기 전까지는 우여곡절이 많았지만 일단 가입하고 나면 만사형통이 된 듯이 여긴다. 그러나 언제나 더 좋은 새로운 상품이 자꾸 쏟아져 나오듯이 보험 또한 그렇게 더 신종상품이 나오기 때문에 완벽한 보험 혜택을 가져다주는 상품은 없다. 잘못 가입하면 반드시 리모델링해야 더 좋다는 사실을 간과해선 안 된다.

**5 보장부분이 편중되고 우선순위가 뒤바뀐 경우가 많다.**

우리나라의 가구당 생명보험과 손해보험 상품 가입건수가 평균 12건 이상이라고 한다. 이 중 보장이 비슷한 보험 상품이 몇 가지씩 중복되어 있기도 하다. 만약 재해 관련 보험이 과반수를 차지한다거나 반대로 너무 건강보험 분야에만 치중했다면 가정의 재정안정 설계상 문제가 있으므로 구조조정을 해서 통합하고 나머지 여유분으로 실생활에 도움이 되는 생활보장형 보험 상품을 설계해 가입할 필요성이 있다.

## 6 생각보다 오래 산다는 사실을 애써 외면한다.

바야흐로 100세 헌드레드시대이다. 기대여명을 따졌을 때 지금 젊은 세대는 거의 100세까지 살게 된다. 그런데 대부분 사람들이 100세까지 살거라고 말하면 남의 얘기처럼 흘려듣는다. 일부러 애써 외면하는 사람들도 많다. 경제적 능력이 없는 은퇴 이후 자그마치 약 40년이나 되는 긴 세월을 어떻게 살지 심각히 고민하면서 인생설계를 해야 한다. 지금 당장 필요한 보험 상품의 가입도 중요하지만 정작 소득 없는 노후를 대비한 갈무리 수단으로서 보험이 매우 필요하다는 사실을 간과해선 안 된다.

## 7 만기환급금이 있는 상품이 제일 좋은 것으로 착각한다.

가입한 보험에서 나중에 원금만 나오면 된다는 단순한 사고를 하는 사람들이 많다. 원금만 나오는 상품과 순수 소멸성보험의 경우 실제로 들어가는 돈은 중도환급형이 훨씬 많다. 더구나 맨 처음부터 보험료를 적게 냈을 경우 그 보험료로 다른 금융상품을 가입하든지 했다면 그 기회비용은 더 많아질 것이다. 그래도 순수보장형 상품보다 만기 시 원금이 나오는 만기환급형 상품의 가입을 원하고 경제사정을 충분히 고려했다면 생활 필수비용으로 여기고 무해지/저해지 상품을 선택하도록 한다.

# 보험가입 전
# 반드시 알아야 할 사실 8가지

## 1  보험은 저축이 아닌 보장상품이다.

모든 보험은 원리상 위험보장을 목적으로 설계된 상품이다. 즉 위험보장을 기반으로 하여 그 위에 저축기능이나 노후설계기능을 추가한 것이다. 따라서 처음부터 목돈 마련을 위한 재산증식 수단으로 일반 저축성보험, 변액유니버설보험, 연금보험, 장기손해보험 등 장기저축성보험 상품을 선택하지 않은 이상 보험은 보장이 주목적이라는 사실을 인식해야 한다. 물론 저축성상품을 선택해도 만기보험금의 재원이 되는 저축보험료 이외에 위험보장에 필요한 비용인 위험보험료와 보험회사의 사업비에 필요한 부가보험료가 반드시 부과된다. 이에 따라 중도해지 시 해지환급금이 기납입보험료보다 적게 나오기 때문에 은행 적금처럼 순수한 저축상품이라고 보기 곤란하다. 이 점을 꼭 명심해야 한다.

## 2  보험은 저축이 아닌 지출해야 할 최소한의 비용이다.

저축성보험을 제외한 모든 보험 상품은 보장이 주목적이므로 보험을 가입한 후 지불하는 보험료는 위험보장을 받기 위한 서비스 요금과 같은 비용, 즉 위험을 당하지 않도록 미리 지불하는 안심료安心料라고 할 수 있다. 그러므로 보험료를 전기요금, 수도요금 등과 같이 가정생활에 필요한 유지관리비 항목으로 생각하고 아예 따로 떼어놓는 것이 한결 마음이 홀가분하다. 보장성보험을 가입한 후 이를 저축이라 생각한다면 언제 발생할지 모를 사고에 대비하여 내는 돈이 아깝게 되고 돈이 궁할 때마다 해약할 생각을 하게 된다. 그렇게 되면 정작 불행한 일이 발생했을 경우 보장을 못 받는 우를 범할 수도 있다. 보험은 가정생활의 안정을 위해 지출되는 최소한의 비용이라는 인식이 필요하다.

### 3 무조건 보험금만 많다고 좋은 상품이 아니다.

보험가입 시 보험금 지급사유가 되는 사망의 유형은 크게 4가지로, 담보대상에 따라 생명보험은 일반사망과 재해사망으로 구분하고 손해보험은 질병사망과 상해사망으로 구분한다. 보험에 가입하는 목적은 만약의 경우 사고발생 시 가정생활의 현상유지에 필요한 자금을 보험금으로 충당하여 재정안정을 이루기 위한 것이다. 따라서 사망 시 지급되는 보험금도 중요하지만 일상생활에 필요한 생활비가 나오는 보험 상품도 중요하다. 보험기간 중 입원비나 치료비, 사고처리 비용 등을 보장해주고 보험금이 적더라도 수시로 나오는 상품도 필요하다. 특히 질병이나 사고 시 생존기간 동안 얼마나 오래 얼마만큼 보장해주느냐가 중요하다. 따라서 사망 시와 일상생활 및 후유장해 등 생존 시 지급되는 보험금이 상호 균형을 이루도록 보험설계를 해야 한다.

## 4 납입한 보험료가 모두 적립금 재원으로 편입되지 않는다.

보험가입자가 납입하는 보험료의 구성은 크게 순보험료와 부가보험료로 구분된다. 순보험료는 저축보험료와 위험보험료로 나누며 부가보험료는 신계약비와 유지비 및 수금비로 나눈다. 이 중 장래 해지환급금 또는 만기금 및 연금지급을 위한 재원으로 사용되는 보험료는 저축보험료 부분이다. 위험보험료는 사망보험금의 재원으로 사용되며 부가보험료는 사업비로 보험회사 운영에 필요한 경비로 사용된다. 따라서 저축성보험, 연금보험 가입 시 납입하는 보험료 중 적립금으로 운용<sub>변액보험과 퇴직연금은 특별</sub>계정의 펀드에 편입되는 보험료는 부가보험료와 위험보험료를 차감한 저축보험료가 투입된다. 그리고 특약보험료는 저축보험료<sub>또는 특별계정에는 포함되</sub>지 않는다. 이외에 보험 상품에 따라 납입보험료에서 최저사망보험금 보증비용, 최저연금적립금보증비용, 최저해지환급금보증비용 등 각종 비용을 차감한 후 저축보험료에 편입된다.

## 5 정에 이끌리거나 군중심리로 가입하면 두고두고 후회한다.

보험을 왜 가입하는지에 대한 목적의식이나 개념정립 없이 매스컴에서 좋다고 하는 보험 상품을 가입하는 경우가 많다. 보험컨설턴트와 안면이 있다거나 매스컴에서 좋다고 하니까 군중심리에 휩쓸려 가입하면 안 된다. 좋아하지도 않고 필요하지도 않는데도 당시 상황에 이끌려 어쩔 수 없이 가입했다면, 그리고 잘못 가입했다 싶으면 그만큼 경제적·심리적으로 손해이므로 바로 해약하는 것이 차라리 낫다. 억지로 유지하다가는 스트레스가 쌓여 심리적 고통이 클 뿐만 아니라 돈이 궁할 때마다 보험을 해약하고 싶은 충동 때문에 결국 오래 유지하지 못하고 포기해지하기 때문이다.

## 6 최종 결정은 반드시 본인이 책임지고 한다.

'결혼 중매를 잘 서면 술이 석 잔이고 잘 못 서면 뺨이 석 대'라는 옛말이 있다. 보험도 보험컨설턴트가 권유하여 가입하였는데 그로써 보험 혜택을 많이 보면 가입하길 잘했다고 생각하지만, 그렇지 않고 가입한 상품이 애물단지같이 느껴진다면 유지하기도 싫고 권유한 보험컨설턴트만 원망하게 된다. 보험가입도 내가 하고 보험료도 내가 내는 것이지 남이 대신 해주는 것이 아니다. 보험컨설턴트는 보험컨설팅을 해주는 중개자 역할만 할 뿐 당사자는 아니므로 가입할 보험 상품의 최종 결정은 반드시 본인이 직접 해야 한다. 그래야 책임감이 더 생긴다. 책임감이 있어야 매달 지불하는 보험료가 부담스럽지 않고 보험기간이 긴 것도 지루하지 않다.

## 7 생활치수를 정확히 알고 분수에 맞게 가입한다.

간혹 이 보험, 저 보험 좋다고 냅다 가입하는 사람이 있다. 이왕 가입하는 보험, 보험금이 더 많이 나오게 하려고 욕심을 내기도 한다. 그래서 특약도 이것저것 다 넣어 가입한다. 그러나 보험은 많이 가입하고 보험금이 많이 나오게 설계한다고 해서 가입자에게 무조건 좋은 것이 아니다. 터무니없이 많은 보험금을 원하면 보험료도 비례하여 비싸질뿐더러 도덕적으로 의심을 살 수 있다. 또 무리해서 가입한 보험이 생활에 부담되어 보험료를 내지 못하는 불상사가 일어난다면 가입하지 않은 것만 못하게 된다.

이로써 가정불화가 날 것은 뻔하기 때문이다. 보험을 가입할 경우 반드시 인생 5L을 토대로 자신과 가족의 생활치수를 정확히 재단한 다음 분수에 맞게 가입해야만 후회하지 않고 이익을 본다는 점을 명심한다.

## 8 무조건 젊었을 때 가입해야 유리하다.

보험을 가입할 나이가 되고 가입 필요성과 목적이 분명하게 정해졌다면 되도록 빨리 가입하는 것이 경제적으로 도움이 된다. 나이가 어릴수록 보험료가 싸기 때문이다. 특히 같은 나이라도 보험나이는 적용방식이 달라 주민등록상 만 나이를 적용하여 현시점에서 자투리가 6개월 미만인 경우에는 만 나이만 계산하므로 조금 일찍 가입하면 더 많은 이익을 볼 수 있다. 즉 상령월霜翎月 이전에 보험을 가입해야 한다. [* 상령월이란 보험연령의 계산에서 나이가 한 살 올라가는 달을 말하는 것으로 생일로부터 6개월이 경과한 날을 말한다.]

그리고 생명보험은 대개의 보험 상품이 65세 이상이면 가입하기가 쉽지 않다. 특히 질병과 관련된 상품은 50세만 넘어가도 건강진단을 받아야 하는 등 가입조건도 까다롭고 보험료 또한 매우 비싸서 가입하고 싶어도 엄두가 안 나는 경우도 있다. 설령 나이가 많아도 가입할 수 있는 보험이 있다 해도 이런 보험은 일상생활에 별로 도움이 안 되는 단순조립형의 순수보장성보험인 경우가 대부분이다. 따라서 가능한 한 젊었을 때 여러 질환이 많이 발생하는 노후에도 계속 보장받을 상품을 가입하는 것이 가장 현명한 보험재테크이다.

# 보험 잘 알고 가입해야 하는 진짜 이유 4가지

아는 길도 물어가야 빠르게 갈 수 있듯이 보험을 가입하기 전에는 왜 가입해야 하고 어떠한 도움이 되는지 냉철하게 짚어봐야 한다.

보험은 상품 자체가 추상적이고 효용가치가 미래 일정 시점에 나타나며 내용 또한 복잡하고 어려워 이해하기 어려운 보험의 경우에는 함정이 있을 수 있으므로 미리 주의 깊게 살펴야 한다. 보험을 가입할 때는 반드시 '보험이 무엇인지, 내가 왜 이 상품을 가입해야 하는지' 그 필요성을 알고 가입해야 한다. 보험은 한 번 사서 쓰다가 버리는 물건과 달리 최소 수년, 길게는 평생 유지해야 하는 필수품이자 생활의 동반자와 같으므로 처음에 제대로 알고 가입해야지 그렇지 않으면 큰 낭패를 볼 수 있다. 보험을 알고 난 후 가입해야 하는 진정한 이유 4가지를 살펴본다.

## 1 이익을 최대로 많이 보기 위해서다.

종신보험, 통합보험, 변액보험, CI/GI보험 등 맞춤형 보험은 약관 내용이 매우 복잡하다. 언제 어떤 보험 혜택이 얼마나 주어지고 사고발생 시 어떻게 하면 되는지에 대한 사전지식이 부족하다. 제대로 알지 못하고 무작정 보험금이 많이 나온다는 이유만으로 가입했다면 낭패를 볼 수도 있다. 변액보험 가입 후 목표기간이 도래하여 해지할 때 당초 예상한 것보다 수령액이 적다든지, CI/GI보험 가입 후 보험사고 발생 시 정작 보상이 되지 않는다면 나에게 돌아오는 이익은 그만큼 줄어든다. 보험을 정확히 알고 가입해야 보험 혜택을 확실히 볼 수 있다.

## 2 절대로 손해를 보지 않기 위해서다.

보험을 해지하든지 실효가 되었을 경우 머피의 법칙같이 이상하게 보험사고가 발생한다는 얘기를 많이 듣는다. 이는 가입한 보험 상품의 효용가치와 가입목적을 잘 몰랐기 때문이다. 상품내용을 제대로 알지 못하고 가입하면 대수롭지 않게 해지 또는 실효를 하여 정작 보험사고 발생 시 보험 혜택을 받지 못하는 잘못을 범하게 된다. 보험가입 목적은 손해를 안 보는 것인데 손해를 안 보려면 가입 시 상품의 가치와 보장니즈를 정확히 인식해야 한다. 또한 보험은 해약하면 손해라는 것을 확실히 인식하고 가입하면 '손해 보기 때문에 만기까지 유지해야 한다'고 반대로 긍정적으로 인식할 수 있고, 이로써 더 허리띠를 졸라매고 근검절약하면서 알차게 생활하는 삶의 지혜도 배울 수 있게 된다.

## 3 가정의 행복을 올바로 지키기 위해서다.

보험은 만일의 경우 나와 가족의 행복을 지켜주는 울타리 역할을 한다. 그런데 보험을 제대로 알지 못하고 가입하면 십중팔구 중도에 해약하게 되고 그로써 삶의 리스크를 헤지하면서 가정의 행복을 지켜주는 안전장치가 없어지게 된다. 우리가 미처 느끼지 못하지만 자동차를 타고 가는데 고장 난 브레이크를 밟고 가는 형국과 같은 것이다. '불행은 항상 틈이 생길 때 찾아온다'고 하듯이 가정이 화목할 땐 아무런 불편도 없지만 가정에 불화가 싹트기 시작하면 불행의 여신은 여지없이 나타난다. 이럴 때 보험이란 안전장치가 없으면 가정의 행복은 지키기 힘들다. 무엇이든 알고 소중하면 함부로 버리지 않듯이 보험의 필요성을 확실히 알면 해약하지 않는다. 왜냐하면 보험은 액운을 막아주는 부적과 같은 구실을 하기 때문이다.

## 4  보험을 싫어하지 않고 당당해지기 위해서다.

사람도 첫인상이 싫으면 주는 것도 없이 괜스레 싫고 밉듯이 보험도 한 번 싫어지면 상품의 성격상 다시 좋아지기가 쉽지 않다. 보험은 일상생활과 매우 밀접한 관계가 있으므로 싫으면 유지하는 동안 너무 힘들고 괴롭다. 더구나 해약해서 손해를 많이 봤다든지 또는 사고가 난 후 피해보상금이 터무니없이 적다든지 하면 보험에 대한 인식은 극도로 나빠진다. 이런 경우도 보험을 제대로 알고 난 후 들면 능동적으로 대처할 수 있다.

예를 들어 보험가입 후 사고가 났을 때 보험에 문외한인 것같이 보이면 사고를 조사하는 보험회사 직원들이 보험금이 많이 나가도록 고객의 이익만 생각해서 일을 처리하겠는가? 아니면 보험회사의 이익을 위해 일을 처리하겠는가? 대답은 불문가지다. 당연히 보험회사 편에 서서 최소한도의 보험금이 지급되도록 가입자의 결격사유만 찾으려고 혈안이 될 것이다. 특히 보장내용이 복잡한 질병보험 상품과 실제 손해액만큼 보상하는 손해보험은 더욱 그렇다.

이런 경우 보험에 대해 해박한 지식을 갖고 있다면 업신여기지 못할 것이며 시간적으로나 경제적으로도 훨씬 도움이 될 것이다.

이렇듯 보험을 알고 가입하는 것과 모르고 가입하는 것은 그 차이가 매우 크므로 미리 보험지식을 습득해놓는 것이 보험의 혜택을 많이 보면서 더 지혜롭게 사는 비결이다. 보험을 알고 난 다음 보험가입에 대한 상담을 한다면 시간도 훨씬 절약되고 중도해지나 청약철회를 한다든지 하는 불상사(?)가 생기지 않을 테고 보험료도 아깝다고 생각하지 않고 끝까지 불입할 수 있다. '알아야 면장을 한다'는 옛말이 그르지 않다는 사실을 새기면서 보험은 반드시 잘 알고 가입해야 이익을 보고 혜택을 많이 가져갈 수 있다는 점을 명심하자.

# 보험은 왜 재무설계를 하며 가입해야 하나

　재테크는 불로소득을 얻거나 떼돈을 벌 수 있는 방법이 아니라 경제성의 원칙에 입각하여 같은 노력으로 저축투자효과를 최대한 높이고 불필요한 손해를 보지 않도록 하는 생활의 기술이다. 금융상품을 가입할 경우 수많은 상품 중 가입목적에 부합되고 자신이 처한 상황 및 앞으로 삶을 업그레이드하는 데 가장 적합한 상품을 선택하여 기술적으로 조합해 최대한의 수익을 내는 기술이 바로 재테크이다.

　보험재테크도 마찬가지다. 모든 일을 시작하기 전에는 '어떻게 해야 시너지 효과가 나고 효율성을 최대로 높일 수 있는지' 미리 계획을 세우듯이 보험을 가입할 때도 '왜 보험을 가입해야 하고 어떤 보험을 언제 어떻게 어디에 가입해야만 나에게 가장 이익인가?'를 먼저 확실하게 꼼꼼히 따져보아야 한다. 그래야만 나중에 헛돈 낭비하지 않고 이익을 최대로 많이 볼 수 있다. 이것이 바로 보험재테크이다. 아무거나 좋다고 즉흥적으로 가입하면 자칫 도로아미타불이 될 수도 있으므로 보험을 가입할 경우에는 먼저 재무설계를 한 다음 보험설계를 해야 한다.

재무설계를 토대로 보험설계를 하고 가입해야 하는 이유는 개인 또는 가족의 라이프 사이클 및 인생주기Life-stage에 따라 현재 재무상태를 기초로 준비한 자금과 앞으로 필요한 자금을 산출하여 가장 유고 시 유가족의 생활부족자금을 보험을 통해 커버하여 현재 생활수준을 그대로 유지하면서 안정된 생활을 영위하도록 하는 데 있다.

재무설계Financial Plan란 가정의 재무목표를 달성하기 위하여 개인의 자산에 대해 투자계획이나 퇴직설계, 세금계획, 부동산계획, 위험관리 등 장기적이고 종합적인 재무계획을 수립하여 재무적인 이익을 최대화할 수 있도록 하는 재테크 기술을 말한다. 따라서 재무설계는 '가족이 현재 생활능력이 얼마나 있는가? 나는 앞으로 언제까지 경제활동을 할 수 있는가? 우리 가정에는 현재 어떠한 자금이 얼마나 필요한가? 앞으로 얼마만큼 자금이 필요한가? 내가 사고 시 가족에게는 얼마나 자금이 필요할까?' 등을 심도 깊게 생각하면서 추진해야 한다.

보험설계Insurance planning란 재무설계를 토대로 가정경제의 규모를 정확히 진단한 후 가입자의 현재와 미래 삶의 리스크 헤징 문제에 대한 검토를 거쳐 가정에서 필요한 자금을 계산한 다음 부족한 자금을 산출하여 가입자의 경제상황에 맞는 최적의 재정안정계획을 설계해주는 재정안정설계를 말한다. 즉, 보험설계는 가족 중 생활능력이 있는 주소득원인 가장이 건강하게 살아 있을 경우와 사고를 당해 사망하거나 후유장해 상태가 되어 경제적 능력을 상실하였을 경우로 구분하여 그때그때 상황에 필요한 자금을 보험을 통하여 시의적절하게 확보하도록 인생 5L을 토대로 하여 설계하는 것을 말한다.

보험설계는 최소의 보험료 지불로 최대의 보장효과를 누리기 위해 반드시 필요한 방법으로 ① 만약의 사태에 대비해 상해나 질병, 사고 등 위험이 발생하였을 경우 가족이 경제적으로 자립하면서 대처할 수 있는 생활보장자산위험관리 규모 ② 나중에 경제적 능력이 없는 노후생활에 필요한 은퇴자산 규모 ③ 재산증식과 상속 및 증여를 위해 필요한 재테크와 세테크 계획 등 3가지 방향으로 모색해나가는 것이 바람직하다.

### 보험설계 흐름

**재무컨설팅**
(Financial Consulting)

- 요구분석을 통한 가입자의 니즈와 원츠 충족
- 가계 재무구조에 대해 의사의 진단과 같이 방법론적 접근 모색

**재무설계**
(Financial Plan)

- 고객의 재무 이익을 최대화할 수 있는 실천 방법론 제시
- 가계자산운용 포트폴리오 최적화: 목표자산(금융자산, 실물자산, 보장자산) 안정 설계

**보험설계**
(Insurance Plan)

- 재부설계를 토대로 자금조달 및 위험관리 방법 제시
- 목표자산과 보장자산, 은퇴자산 마련방법 동시 설계 : 생활치수와 보험치수가 맞도록 보험클리닉

### 재무설계와 보험설계의 상관관계

 투자설계, 금융설계, 부동산설계, 상속·증여설계

※ 자산 중심의 재테크 설계(수익성 개념)

 위험관리, 은퇴설계, 생활안정보장, 상속·증여 설계 등 세테크

※ 가족생활 중심의 보장설계(재정안전보장 개념)

# 보장자산과 연금자산
# 반드시 동시 마련 모색

모든 가정의 생활패턴은 천차만별이다. 인생 5L이 제각각 모두 다르기 때문에 남이 좋다고 하는 보험이 내 가정에는 당연히 안 맞게 된다. 따라서 보험을 가입할 때는 반드시 내 가정의 어디가 일상적 또는 중대한 위험에 노출되어 있고 나 자신은 어떠한 형편에 놓여 있는지, 또한 사회생활 중 다른 사람들에게 손해를 끼칠 위험을 가족 중 누가 안고 있는지 등을 종합적으로 살펴본 후 그런 리스크를 헤지해줄 수 있는 가장 적합한 보험을 선택한다.

그러나 이러한 것을 정확히 진단하면서 가입하는 가정은 그리 많지 않다. 보험은 그만큼 난해하여 전문적인 보장설계능력이 필요하기 때문이다. 따라서 올바른 보험재테크를 하기 위해서는 내 가정의 생활치수와 앞으로 전개될 인생치수에 가장 잘 맞는 보험치수를 재단해야 한다. 보험 포트폴리오 리밸런싱을 추진하여 웰빙과 웰에이징, 웰다잉이 모두 잘 이루어지도록 라이프 디자인Life Design을 할 줄 아는 지혜가 필요하다.

보험을 가입하는 가장 큰 목적은 언제 어느 때 무슨 일이 발생하든 개개인과 가족구성원 모두에 대한 과부족 없는 보장자산을 확보해 안정된 경제력을 간헐됨이 없이 유지해나가는 데 있다. 따라서 경제적 활동기인 젊은 시절에는 당연히 보장자산 확보에 누수가 없도록 보장성보험을 가입해놓아야 한다. 그러나 지금 당장 가족의 안위에만 신경 쓰다 보면 자칫 노후에 필요한 연금자산의 확보가 뒷전으로 밀려날 수 있다. 실제로 젊은 사람들은 노후가 머나먼 미래이므로 등한시한다. 그리고 막연히 '내 노후는 어떻게 되겠지!' 하고 운에만 맡기려 하는데 이렇게 생각했다간 노후가 장밋빛 인생이 아닌 고통의 나날로 다가올 수 있다.

가장의 생애 전반에 걸쳐 생로병사에 따르는 걸림돌이 사랑하는 가족과 자신 그리고 평생 동안 희로애락을 함께한 인생의 소중한 동반자인 배우자에게 발생하지 않도록 인생 5L을 토대로 라이프 맵Life Map을 올곧게 만들어 현명하고 지혜롭게 멋진 인생을 살아가면서 가정 행복망을 구축해나가야만 가정의 참다운 행복이 완성된다.

생활위험을 대비하는 보장자산의 확보는 가족의 미래의 부푼 꿈을 실현하도록 도와주는 수호천사이고, 장수위험을 대비하는 연금자산의 확보는 나 자신과 배우자의 황혼 인생의 꿈을 실현할 수 있도록 도와주는 수호천사이다. '젊어서 고생은 사서 한다'는 옛말과 같이 경제력 있는 젊은 시절 다소 힘들더라도 노후 준비를 짬짬이 해야 한다.

생애 전반에 걸친 가정 행복망을 구축하려면 먼저 가정 행복의 두 가지 축인 가족보장과 노후보장이 균형을 이루도록 만들어야 한다. 즉, 우선 나와 가족의 위험보장을 위한 보장자산과 나와 배우자의 노후보장을 위한 연금자산을 천칭처럼 상호 균형 있게 확보해놓아야 한다. 어느 한쪽을 등

한시하면 한쪽의 쏠림 현상으로 가정 행복에 누수가 발생한다. 보장자산과 연금자산 두 가지가 모두 중요한 가정 행복을 일구는 가장 기초적인 위험보장의 헤징수단이므로 하나만 선택할 수 있는 문제가 결코 아니다.

가족형성기인 젊은 시절에는 당연히 보장자산 확보를 1순위로 생각하는 게 옳다. 30대와 40대 초반이라면 더욱 그렇다. 우선 1순위 보장자산을 준비하면서 2순위로 연금자산을 축적해나가도록 해야 한다. 특히 40대와 50대는 필수적으로 장수 위험에 대비하여 연금자산을 미리 확보해놓고 65세 정도까지, 즉 자녀들을 교육하고 결혼시키고 독립시키기 전까지는 가족을 위해 살았다면 65세 이후 은퇴한 노후부터는 부부만의 행복을 위해 재정적으로 준비해나가야 한다. 보장자산을 확보하여 가족의 미래 꿈을 실현하고, 연금자산을 확보해 은퇴 이후 노부부의 장밋빛 꿈을 현실로 다가오도록 만들어야 한다.

가정의 행복을 위한 보장자산과 연금자산이 반드시 동시에 이루어질 수 있도록 하는 가장 효율적이고 효과적인 최선의 방법은 보험을 통해 포트폴리오를 하는 것이다. 처음부터 확실하게 가장의 빈자리를 경제적으로 채워줄 수 있으며 종신보험가입 즉시 보장자산 확보 100세 장수시대 평생 동안 매월 생활비를 연금으로 지급 연금보험으로 평생 연금수령해주어 언제나 가정행복망이 구축될 수 있도록 해주는 이 시대 유일한 신용상품이 바로 보험이기 때문이다.

# 해지환급금이
# 납입한 보험료보다 적은 이유

"왜 보험 상품을 가입하여 중도해지하면 은행상품처럼 원금이 나오지 않고 납입한 보험료보다 적게 나오는 걸까?"

이는 많은 보험소비자가 매우 궁금하게 생각하는 것이다. 그 이유를 정확히 알아야만 올바른 보험설계와 클리닉이 가능하므로 그 이유를 이해하기 쉽도록 자세히 설명한다.

보험 상품 가입 후 부득이한 사유로 중도에 해지할 경우 지급되는 해지해약환급금이 가입자 자신이 납입한 보험료보다 적거나 아예 없는 경우가 발생할 수 있다. 해지환급금은 계약자가 매월 납입하는 보험료에서 가입 후 경과된 기간 동안 피보험자의 보험사고 발생 시 보장을 위한 위험보험료와 부가보험료인 신계약비 계약체결비용 및 유지비 계약유지관리비용를 차감한 금액인 저축보험료를 해당 상품의 적용이율로 부리하여 계산된 적립금액에서 해지공제금액을 공제한 금액으로 산출한다. 즉, 보험료 중 위험보험료와 부가보험료 및 각종 비용과 수수료 등 보험관계비용을 공제한 저축보험료 부분만 적립금액으로 분류 운용되어 만기보험금 및 해지환급금의 자원이 된다.

여기서 꼭 알아둘 사실은 가입자가 매월 납입하는 보험료에서 공제하는 보험관계비용 중 신계약비 일부는 보험계약 초년도에 모두 사용되는 반면, 보험료납입기간최대 10년에 걸쳐 이연상각하여 충당하게 된다는 점이다. 그리고 위험보험료와 부가보험료 중 계약유지관리비용은 보험기간 동안 계속 발생한다.

따라서 보험을 중도에 해지할 경우에는 아직 충당하지 못한 계약체결비용을 적립금액에서 공제한 다음 해지환급금으로 지급하게 되는데 이 공제되는 금액을 해지공제금액이라고 한다. 보험은 어느 상품을 불문하고 중도해지 시 해지공제금액을 공제한 다음 가입자에게 해지환급금을 지급한다. 보험유형별 납입보험료 대비 해지공제금액의 규모는 사망보험 중 순수보장형 상품이 가장 많고 그다음은 만기환급형 상품이다. 상해보험, 질병보험, 개호보험장기간병보험 등 제3분야 보험과 배상책임보험도 해지공제금액이 매우 크다. 생사혼합보험도 다음으로 많으며 생존보험 상품인 연금보험과 저축성보험 상품이 가장 적게 발생한다.

즉, 보험은 은행의 저축과 달리 위험보장과 저축을 겸비한 제도로 계약자가 납입한 보험료 중 일부는 불의의 사고를 당한 다른 가입자에게 지급되는 보험금으로 사용되고, 또 다른 일부는 보험회사 운영에 필요한 제반 경비사업비로 사용된다. 그리고 그 나머지 금액을 적립금액저축보험료 부분의 적립금액으로 운용하여 각종 급여금 발생 시 지급하므로 중도해지 시 지급되는 해지환급금은 납입한 보험료보다 적거나 없을 수도 있다.

보험회사는 상품설계 시 보험요율을 산출할 때 반드시 객관적이고 합리적인 과학적 통계자료를 기초로 대수의 법칙과 수지상등의 원칙 및 통계의 신뢰도를 바탕으로 계산하고 기초서류를 작성해야 한다. 보험료 계산 시 적용된 해약해지환급금 또한 보험 상품별로 합리적인 근거를 바탕으로 해지율을 산출해야 하며, 감독당국에서도 그리하도록 권고하고 있다.

# 올바른 보험선택이
# 삶의 질 좌우

　우리네 인생살이에서 가장 큰 중대사인 직업과 결혼은 순간의 선택이 경제수행능력과 평생 행복을 좌우하는 시금석이 된다. 직업과 배우자를 잘 선택해야만 여생을 경제적인 여유로움 속에 평안하고 행복하게 보낼 수 있다. 자동차나 가전제품도 선택을 잘해야 가성비와 만족감이 높아진다. 잘못 선택하면 애프터서비스를 받으면서 써야 한다. 그래도 자꾸만 고장 나면 어쩔 수 없이 울며 겨자 먹기로 새것으로 바꾼다.

　보험도 마찬가지다. 가입한 보험이 맘에 들고 좋으면 일상생활에 많은 도움이 되어 가입한 보람과 만족감을 느끼지만 맘에 안 들고 도움도 안 되면 자칫 계륵 같은 존재가 될 우려가 다분하다. 해약하려고 보니 손해가 너무 나서 이래저래 속상하다. 괜히 가입해서 고생을 사서 한다며 넋두리한다.

　보험 상품을 설계할 때는 매스컴에서 선전하니까, 남이 좋다고 하니까 무작정 상품을 선택하지 말고 전문가 조언을 듣고 냉철하게 판단해서 가입하는 지혜가 필요하다. 돌다리도 두드려보고 건너는 심정으로 요리조

58

리 재면서 계획성 있게 행동하고 신중하게 실행에 옮겨야 한다. 한 번 사면 그만인 물건도 아니고 장기간 매월 소중한 돈이 지불되는 보험 상품의 올바른 선택은 보험재테크는 물론 인생테크의 지름길이다.

우리나라 가구당 보험가입률은 98.2%로 세계 1위생명보험 80.9%, 손해보험 88.5%-보험연구원 2019년 보험소비자 설문조사다. 이젠 보험이 생활화되었지만 보험소비자 대부분이 가입한 상품에 대하여 속속들이 깊게 알지는 못한다. 보험금이 얼마가 나오고 보험료는 매달 얼마를 내야 하며 어떤 보장을 해주는지 가입한 상품의 뼈대만 개략적으로 안다. 줄기나 가지, 이파리 등 세부 내용은 알지 못하여 간혹 수혜도 못 받고 그냥 지나치는 경우가 있다. 이는 보험 상품의 약관과 사업방법서의 내용이 어려운 원인도 있지만 스스로 알려고 노력하지 않은 탓도 있다. 모르고 가입하는 것과 알고 가입하는 것은 차이가 매우 크며 이는 보험수혜에도 많은 영향을 미친다. 따라서 가입하려는 상품이 나에게 적합한지 객관적으로 정확하게 판단한 후 가입해야 한다. 내 몸에 맞는 옷이 좋듯이 내 가정에 맞는 보험이라야 그 가치가 상승된다.

그런데 보험 상품은 종류도 매우 많고 판매하는 회사도 많다. 비슷한 상품이라도 보장내용이 제각각이고 보험금 규모도 다르므로 어떤 것이 좋고 어떻게 가입하는 것이 올바르게 가입하는 것인지 판단이 안 설 때가 많다. 그러다보니 자칫 보험설계를 잘못해 금전적으로뿐만 아니라 정신적으로도 손해를 보는 경우도 부지기수다. 가입하기 전 보험과 상품에 대한 지식을 쌓고 현재 나와 가족에게 필요한 보험이 무엇인지 생각한 후 가장 적합한 상품을 고르는 보험지식과 슬기로운 지혜가 필요하다.

보험가입은 단순히 필요한 어느 한 상품을 가입하는 차원이 아니라 가계자산운용을 효율적으로 운용하고 증식하는 차원에서 해야만 올바른 설계를 할 수 있다. 먼저 가정의 재무설계를 정확히 한 다음 재정안정을 위해 보험설계를 해야 한다. 보험설계를 할 때는 매스컴에서 좋다고 선전하니까 또는 지인을 통해서 막연히 가입하면 안 된다.

다양한 보험 상품을 비교분석하며 필터링해보고 보장니즈를 토대로 자신과 가정에 적합한 상품이 무엇인지 정한 후 수많은 상품 중 최적의 상품을 선택해야 한다. 가입조건부터 보장범위 및 보장제한, 보험료 규모, 상품 적용이율, 갱신 시 보험료 증가 여부, 보험서비스 내용 등까지 꼼꼼히 요모조모 따져본 후 가입하는 똑똑한 보험소비자가 되어야 한다.

다음 장에서 제시하는 '최적의 보험설계 및 가입절차 꿀팁 11'의 순서에 따라 보험클리닉을 하면서 올바로 실천에 옮겨야 최적의 보험설계로 후회하지 않고 성공하는 알찬 보험설계 및 보험재테크가 이루어진다.

# 2장
# 최적의 보험설계 및
# 가입절차 꿀팁 11

나는 지금, 그리고 항상 그래왔던 것처럼 보험 맹신자이다. 특히 생명보험은 반드시 가입해야 한다. 가난한 사람도 생명보험을 통해 자산을 마련할 수 있기 때문이다. 그가 그 자산을 마련했을 때, 그는 자신의 가족이 어떠한 일이 발생하더라도 보호될 수 있다는 것을 알게 됨으로써 진정한 만족감을 느낄 수 있게 된다. **― 트루먼(Harry Truman)**

# ① 정확한 재무진단과 재무설계 후 보험설계

## 가계자산운용 4분법에 맞는 재무설계 후 보험설계

가정을 잘 꾸려나가려면 수입을 창출해야 하며 벌어들인 수입으로 가계자산을 잘 늘려 가정경제 규모를 키워나가야 한다. 가계자산을 운용하는 목적은 안정된 자산관리와 효율적인 자산형성을 통하여 가정경제의 규모를 키우는 데 있다. 따라서 가계자산은 적극적으로 수익성을 제고해 나가면서 동시에 반드시 재정안정이 담보된 가운데 언제든 자금이 필요할 때 내 돈을 찾아 쓸 수 있도록 환금성과 유동성 확보가 선행되게 해야 한다. 이 전제조건이 뒷받침되지 못하면 자산의 효용가치는 저하되고 가정의 재정안정은 보장될 수 없다.

가계자산의 수익성을 제고하고 효용가치를 높이기 위해서는 가계자산에 대한 정확한 재무진단을 한 다음 가계자산운용 4분법에 맞는 올바른 재무설계로 자산포트폴리오를 실시해야 한다.

가계자산운용 4분법이란 가계자산을 ① 보장성을 중시하는 보험, 공제 등 보험 상품 ② 안정성과 환금성을 중시하는 저축, 예금 등 금융상품

③ 안정성과 수익성을 중시하는 펀드, 변액보험 등 간접투자상품 ④ 수익성을 중시하는 부동산, 주식 등 직접투자상품 등 4가지 방향으로 자산포트폴리오가 균형 있게 이루어지도록 하는 재테크 기술을 말한다.

가계자산운용의 4분법에 맞도록 자산포트폴리오가 올바로 이루어져야 삶의 리스크 헤징Hedging을 하자 없이 해나가면서 보장성, 안정성, 수익성, 환금성이 시너지작용을 일으켜 가정의 재무구조가 탄탄해지고 파이가 커져나간다. 보험설계는 반드시 이런 관점에서 추진되어야 한다.

## 인생 5L에 맞춰 라이프 디자인 후 합리적 보험선택

가정의 경제규모가 파악되고 재무설계를 하여 얼마의 자금을 마련할 수 있는지 확실한 계획이 세워졌으면 라이프 디자인을 하면서 보험설계를 한다. 보험은 장기유지 상품이므로 현재의 가정경제 규모와 미래의 생활패턴, 직업의 안정성과 소득추이에 대한 정확하고 합리적인 진단이 필요하다. 재무계획 없이 현재와 미래의 예측 가능한 가계수지를 고려하지 않고 가입한다면 곤란하다.

따라서 보험설계를 올바로 하려면 먼저 본인의 나이와 소득, 직업과 가족상황, 앞으로의 가정패턴과 가정경제 규모 등 인생 5L에 대한 라이프 맵을 그리면서 라이프 디자인인생설계하고 그에 맞춰 보장자산, 연금자산, 생활자산, 건강자산, 상속자산 등 필요한 자산을 과부족 없이 마련하기 위해 해당 보험 상품을 가장 적절하게 선택해 가입해야 한다.

## ② 재정안정을 어젠다로 하여 보험설계

우리 속담의 '시작이 반'이라는 경구는 '빨리 실행에 옮기라'는 뜻도 되지만 그 내면에는 '무슨 일을 행하기 전에는 반드시 철두철미하게 계획을 세운 후 추진하라'는 깊은 뜻이 들어 있다. 계획을 세우고 안 세우고의 차이는 목표달성에 임하는 마음자세도 다를뿐더러 결과에서도 매우 큰 차이를 보인다. 짜임새 있게 계획을 세우면 기대효과를 더 키우고 결과를 바람직한 방향으로 도출하며 시행착오는 극소화하거나 안 생기게 할 수 있다.

따라서 보험을 가입하려고 할 경우에는 인생의 3대 위험인 생활위험, 사망위험, 노후위험의 요소를 사전에 잘 예측, 판단하여 헤지하고 자신과 가정의 경제적 능력에 맞는 재무설계를 통해 보험의 가치를 최대한 높이도록 하는 것이 가장 바람직하다.

즉, 자기 자신과 가정의 어젠다Agenda를 분명히 세운 후 그에 대한 뚜렷한 목적의식을 갖고 가정 행복 수단의 일환으로 혹시라도 발생할 개연성이 있는 위험을 미리 제거하기 위해 보험을 설계해야 한다. 또한 보험의 진정한 가치와 기능, 위험의 크기와 위험발생 시 보상내용 및 보장범위를 정확히 알고 가입해야 한다.

특히 보험은 매월 일정금액의 보험료를 납입하면서 오랜 기간 유지해야 하는 장기상품이므로 현재시점에서의 가정경제 규모와 미래의 생활패턴 및 소득추이에 대한 정확하고 합리적인 자기진단이 필요하다. 즉, 보험가입 전 자신의 소득과 보험료납입부담 등을 잘 따져보고 장기간 계약을 유지할 수 있다고 판단될 때 보험에 가입하는 것이 바람직하다.

만약 사전 재무진단과 보험설계 없이 가정경제 규모도 고려하지 않고 덥석 가입했다면 향후 경제적으로 어려움에 처했을 경우 해약하지 않을 수 없을 테고 손해의 폭은 예상치보다 매우 클 것이다.

다시 보험에 가입하고 싶어도 '혹시 또 해약해서 손해 보면 어쩌나' 하는 불안한 선입견 때문에 가입을 꺼리고 망설이는 선택의 어려움으로 보험 노이로제에 걸릴 수도 있다. 따라서 현재 시점에서 가정의 재무설계를 재정립하여 가까운 시일 내에 들어갈 자금의 수요를 파악해보고 어느 정도 가욋돈을 충분히 마련할 수 있는지 검토해야 한다. 장래의 소득은 어느 정도 될지 혹시 변동가능성은 있는지도 고려해야 한다. 이렇게 가정의 재정상태를 고려하여 세운 재무계획을 토대로 하여 가입한 보험은 TV 수신료나 전기료, 수도료와 같이 기초생활필수품이라고 생각하면서 납입해야 한다.

보험가입 시 유념할 점은 사전에 정확히 가정경제의 살림규모를 파악한 후 재무설계를 기초로 하여 재정안정설계와 보험설계를 해야 하자 없이 목적을 달성할 수 있다는 사실이다. 또 경제적 능력에 맞는 가입설계를 통해 보험의 가치를 최대한 높이도록 설계해야 한다. 보험을 가입할 경우에는 재무상황에 맞춰 보험가입 목적과 보장니즈에 맞는 상품을 충분히 비교하고 알맞게 선별하여 가입하도록 한다.

보험설계는 단순히 상품을 선택하여 가입하는 것이 아니다. 보험을 통해 재정안정적인 웰빙 생활을 하고 웰에이징의 풍요로운 노후를 보내면서 웰다잉이 아름답게 이루어질 수 있도록 인생설계 차원에서 추진해야 한다. 살아서 자신과 가족들의 실생활에 도움을 줌은 물론, 사망하였을 때 남은 가족이 경제적으로 안정된 생활을 할 수 있게 만들어주어야 한다. 이것이 바로 올바른 보험설계 방법이며 보험재테크의 출발점이다.

# ③ 가입목적과 보장니즈에 맞춰 우선순위 합리적 결정

## 목적의식과 보장니즈를 정확히 정립한 후 보험 상품 선택

보험가입 시에는 반드시 나와 가족에게 필요한 보험을 선택해야 하는데 그 필요한 상품이란 가입목적과 보장니즈에 맞는 상품을 말한다. '왜 보험을 가입해야 하는가? 어떠한 목적을 갖고 보험에 가입하는가? 어떤 상품이 나에게 꼭 필요한가?'를 미리 확실히 정립해놓는 것이 매우 중요하다. 아무런 목적과 보장니즈도 없이 그냥 아는 보험컨설턴트가 권유해서 가입한다면 정말 곤란하다. 목적과 보장니즈 없이 가입한 보험은 실속이 없을뿐더러 유지에 어려움이 뒤따라 보험의 진정한 효용가치를 맛볼 수 없게 된다.

보험 상품을 선택할 경우에는 매스컴에서 선전하니까, 남이 좋다고 하니까 가입하지 말고 반드시 '내가 왜 이 보험에 가입하는가?'에 대한 뚜렷한 목적의식을 갖고 생활치수를 정확히 재단해 필요한 보장니즈에 맞춰서 가입해야 한다. 한번 사면 그만인 물건이 아닌 장기간 매월 돈이 붙박이로 나가는 보험 상품의 올바른 선택은 마음의 평화와 삶의 질을 좌우

할 수 있음을 인식한다.

## 보험 상품 선택 시 우선순위 합리적 결정

보험 상품을 선택할 경우에는 먼저 자신의 인생 5L을 토대로 가정의 라이프 사이클에 맞춰 질병, 상해, 재해, 진료비, 연령별 위험요인, 가족력, 사망 등 다양한 위험요인 중 자신이 처한 위험요소를 정확히 판단해야 한다. 그런 후 위험과 사고를 전제로 하여 보험가입 여부와 대상 상품을 결정한다. 자신에게 닥칠 위험요인과 관련 없는 리스크 헤징 예외 상품은 보험설계 대상에서 제외한다.

가입할 보험 상품의 우선순위를 합리적으로 정할 경우 가장 중요한 것은 ① 일상생활에서 가장 많이 발생하고 본인이 직접 접할 수 있는 위험을 상쇄해줄 수 있는 상품과 ② 가정에 불행한 일이 발생했을 경우 위험에 대한 보장을 가입 직후부터 항상 받을 수 있는 상품의 선택이 선행 전제조건이다.

즉, 만약의 사태를 대비하여 누구에게나 언젠가는 반드시 발생할 수 있는 생활보장보험을 0순위로 놓고 가입하는 것이 현명하다. 이 기준에 따르면 의료실비를 보장해주는 실손의료보험이 0순위에 해당한다. 그런 후 순차적으로 가족의 생활보장과 본인과 배우자의 노후보장, 자녀양육, 상속과 증여, 목돈마련재테크, 배상책임 등의 순으로 보험을 가입하는 것이 바람직하다.

보험가입 상품의 우선순위는 각 개인의 상황과 가족구성 상태, 경제적 능력에 따라 얼마든지 바뀔 수 있다. 즉, 자녀가 있는 가정과 없는 가정, 자녀가 다 성장하여 독립한 가정과 자녀가 어린 가정, 부모의 나이가 많거나 적은 가정, 배우자와 사별하거나 나 홀로 생활하는 가정, 노부모님을 모시고 있는 가정 등 가족구성원에 따라 가정의 생활패턴과 삶의 방식 또한 제각각이고 이에 따라 필요한 보험 상품 또한 각기 다르다.

보험가입 사유가 위험에 대한 생활보장인지, 건강유지인지, 재산증식인지, 유산상속증여인지, 은퇴자산 마련인지, 후유장애 대비인지 등을 명확히 판단하고 검토해본 후 가장의 경제적 능력과 가입목적을 종합적으로 고려하여 우선순위를 합리적으로 선택하도록 한다.

# ④ 보장내용과 가입조건이 좋은 양질의 상품 선택

보험가입은 삶의 리스크를 헤지하기 위한 위험보장이 목적이므로 보장범위와 보험금 지급제한 사유는 반드시 확인해야 한다. 행여 저렴한 보험료에만 현혹되어 보험에 가입하였다가 정작 나중에 필요한 보장을 받지 못하는 경우가 종종 있는 만큼 보험가입 전에 해당 상품의 보장범위와 보험금 지급제한 사유를 꼼꼼히 잘 살펴봐야 한다.

그런 후 가입목적과 잘 부합되도록 보장내용이 담보된 가장 알찬 상품을 선택한다. 보장내용을 살펴볼 때는 주보험과 부가특약을 따로따로 구분하여 보장범위와 보장조건, 보장기간, 보장 제외 대상 등을 중점적으로 체크한다.

보장내용이 비슷하고 보험료 규모도 비슷하다면 일정수익을 보전해주는 스텝업Step Up 기능, 보험료납입면제 대상, 보험료 할인폭, 부가서비스 등을 살펴보고 더 유리한 서비스 제도가 많은 상품을 선택한다. 똑같은 유형의 질병보험이라 하더라도 보험료가 면제되는 신체의 장해지급률 기준이 보험회사마다 약간씩 다르다.

예를 들어 암보험, 종신보험, CI보험 등의 경우 장해지급률이 50%를 넘어야 보험료 면제가 되는 상품이 있는가 하면 80%가 넘어야 하는 상품도 있다. 언뜻 보면 동일한 상품 같지만 보장내용과 조건이 조금씩 다르므로 꼼꼼히 비교하고 따져보면서 가입해두어야 차후 보험금을 받을 때 유리하다.

특히 보험 상품은 약관에 따라 구체적인 보장내용이 결정되므로 해당 약관을 꼼꼼히 살펴보도록 한다. 약관 내용이 어려워 잘 이해가 안 갈 경우에는 상품설명서, 가입설계서 등 보험안내자료를 받아 자세하게 확인하여 보장범위, 보험금 지급제한 사항 및 가입자의 권리·의무 사항 등을 충분히 숙지하도록 한다. 이 과정에서 이해가 안 가고 내용이 어려운 부분은 담당설계사 등으로부터 자세히 설명을 듣는 것이 필요하다.

그리고 보장내용이 아무리 좋더라도 가입조건이 안 맞으면 아무 소용이 없다. 따라서 보장내용을 종합적으로 체크하면서 가입조건이 본인과 잘 맞는지 꼭 확인하도록 한다. 간혹 보험회사에서 제시하는 가입요건 중 일부분을 무시하고, 즉 고지의무를 위반하면서 가입하여 보험사고 시 보장을 못 받는 사례가 있으므로 가입요건의 충족은 매우 중요하다. 그런데 동일한 보장내용을 담보해주는 상품이라 하더라도 가입조건이 다를 수 있다. 특히 과거 병력과 가족력이 있다거나 만성질환 또는 위험직급 등에 속하는 경우에는 보험회사 상품마다 가입조건이 다르므로 잘 살펴보도록 한다.

# ⑤ 보험가입자 선정 및 대상자 폭 신중히 결정

보험가입 시 가장 중요한 요소는 '보험가입자를 누구로 정할 것인가?'이다. 즉, 돈 내는 사람인 보험계약자, 위험 담보의 대상이 되는 사람인 피보험자, 나중에 보험금을 타는 사람인 보험수익자를 누구로 정하느냐가 제일 중요하다. 보험가입자는 보험계약자, 피보험자, 보험수익자 등 3자를 말한다. 보험가입 시에는 이들 3자를 어떻게 정하는 것이 가장 바람직하고 합리적인지 꼭 알아두어야 한다.

## 보험가입자 잘 선택하는 비법

### 피보험자

생명보험이나 제3분야 보험 질병보험, 상해보험, 장기간병보험 등 인보험 상품은 피보험자를 누구로 정하느냐에 따라 장래 불의의 사고 시 가족을 경제적 문제로부터 벗어나게 할 수 있는지가 좌우된다. 보험은 위험발생 시의 보장수단이므로 가족 중 누가 일상생활이나 건강상 또는 연령상 위험

발생 확률이 가장 높으냐를 판단하고 이에 따라 우선순위를 정하여 피보험자를 선정하는 것이 바람직하다. 피보험자를 정하는 일반적 기준은 다음과 같다.

### 첫째, 경제적 가치가 높은 사람

'가족 중 누가 가정의 생계를 짊어지고 있는 사람인가? 즉, 돈을 제일 잘 버는 주 소득원인가?'를 보고 그 사람을 피보험자로 한다. 남편이든 아내이든 돈을 버는 사람이 가정경제의 안정 측면에서 가장 중요한 존재라고 할 수 있다. 그래야만 위험발생 시 경제적인 타격이 상대적으로 적다. 특히 후유장해를 입었을 경우에는 가계 부담이 훨씬 크다.

### 둘째, 가장, 즉 남편

가장인 남편은 가정의 울타리 구실을 하는 보호막과 같은 존재이므로 가족 중 가장을 피보험자로 하는 것이 바람직하다. 가장은 가족을 위해 사랑의 십자가를 평생 짊어지고 살아야만 할 책임이 있다. 남편을 피보험자로 할 경우에는 반드시 상의하여 결정한다.

### 셋째, 사회활동이 많은 사람

사회활동을 많이 한다는 것은 그만큼 여러 가지가 발생할 개연성이 있는 위험에 항상 노출되어 있다고 볼 수 있다. 매일 차를 타고 다니는 사람, 해외여행을 자주 가는 사람, 위험한 직업에 종사하는 사람, 위험한 일을 취미로 삼는 사람 등을 반드시 피보험자로 해야 한다. 집에 있는 사람보다 사회활동을 많이 하는 사람이 피보험자 0순위이다.

### 넷째, 평균여명이 짧은 사람

가족 중 평균여명Average life expectancy이 짧은 사람을 피보험자로 한다. 평균여명이 짧다는 것은 앞으로 살아갈 기간이 가족 중 다른 사람보다 상대적으로 짧다는 얘기다. 특히 부부의 경우 아내보다는 남편이 평균수명이 8년 정도 더 짧고 일반적으로 남편이 아내보다 나이가 많아 평균여명 또한 적으므로 남편을 피보험자로 하는 것이 바람직하다.

### 보험수익자

보험수익자는 보험금을 타는 사람이므로 신중히 결정한다. 수익자는 피보험자가 생존하였을 경우의 만기보험금 수익자와 피보험자가 사망하였을 경우의 사망보험금 수익자로 구분된다. 만기보험금 수익자는 보험계약자로 하는 것이 가장 좋다.

만약 만기보험금 수익자를 보험계약자가 아닌 가족 중 다른 사람이나 제3자로 할 경우에는 증여세가 나오므로 손해다. 사망보험금 수익자는 피보험자 사망 시 자칫 잘못하면 불화의 원인이 될 수 있으므로 미리 확실하게 정하는 것이 좋다. 부부의 경우에는 배우자를 사망 시 수익자로 하되 자녀가 많을 경우에는 특정인을 정해두든지 아니면 그냥 상속인으로 해서 자녀 모두 수혜를 받도록 하는 것이 좋다. 이혼한 부부의 경우에는 차후 불필요한 분쟁 소지를 미연에 방지하는 차원에서 자녀 명의로 해놓는다. 보험기간 중도에 해약할 경우 해약환급금은 보험금이 아니므로 보험계약자가 마음대로 처분할 권리가 있다.

### 보험계약자

보험계약자는 보험료를 내는 사람이므로 현재 가정의 주 소득원이 보험계약자가 되는 것이 가장 바람직하다. 보험계약자는 보험료납입기간 동안 항상 보험효력이 계속 발생하도록 보험료를 내야 하는 의무가 있다.

그러므로 보험계약자가 피보험자가 되는 것이 가장 이상적이다. 생존 시 보험수익자 또한 보험계약자가 되는 것이 좋다. 피보험자도 중요하지만 현재 보험료를 내야 하는 보험계약자가 더 중요하다. 보험계약자가 보험료를 안 내면 가입한 보험은 납입최고기간유예기간이 지나면 곧바로 효력을 잃게 되기 때문이다. 소득원이 보험료를 지불해야 보장성보험과 연금계좌연금저축, 퇴직연금는 세액공제 혜택도 주어진다.

## 보험대상자 폭의 올바른 결정

보험대상 폭을 선정할 때는 현재 가족구성이 어떻게 되어 있느냐를 살펴본다. 일반적으로 보험 상품은 피보험자의 수에 따라 개인형 상품, 부부형 상품, 가족형 상품 등 3가지 종류가 있다. 개인형은 피보험자 한 사람만 보장받는 상품이고, 부부형은 남편과 아내, 가족형은 가족 전체가 보장받을 수 있는 상품이다.

결혼하지 않은 남녀는 당연히 개인형밖에는 가입할 수 없으므로 선택의 여지가 없지만 결혼한 사람은 개인형과 부부형 또 자녀가 있을 경우에는 가족형까지 3가지 모두를 선택하여 가입할 수 있다. 따라서 자녀가 없는 부부는 부부형을, 자녀가 있는 부부는 가족형을 가입하는 것이 좋다. 이러한 부부형이나 가족형 상품은 하나의 보험증권으로 부부 또는 온 가족이 모두 보장을 받을 수 있고 보험 상품을 공동으로 유지관리하므로 보험료납입 등 유지 시에도 편리하다. 개인형, 부부형, 가족형은 보험 상품 개발 시 조립방법에 따라 다르다.

일반적으로 개인형 상품은 저축성보험, 어린이보험 상해보험이 많으며 부부형 상품은 교육보험, 연금보험, 개호보험이 많다. 보장성보험이나 양로보험은 대개 개인형, 부부형, 가족형 상품이 모두 있다. 보험료는 개인형이 제일 저렴하고 그다음이 부부형이다. 가족형은 상대적으로 비싸다. 보험금 규모는 개인형을 100%로 했을 때 부부형은 본인은 100%이고 배우자는 60%이다. 가족형은 본인 100%, 배우자 60%, 기타 가족자녀 40% 수준이다.

## 가족의 직업을 고려하여 보험설계

직업의 안전성 여부는 곧바로 가정경제에 영향을 미치므로 우선 가족의 직업을 고려하여 보험설계를 하는 것이 바람직하다. 나와 가족의 직업이 위험한 직업인지 아닌지, 수입이 간헐됨이 없이 매월 고정적으로 창출되는지 아니면 변동폭이 심한지, 또는 직업이 평생 보장되는 안정된 직업인지 아니면 정년퇴직이 있는 직업인지, 혹시 중도에 명퇴할 수도 있는 직업인지 등은 가계소득 및 장래 가계규모뿐만 아니라 경제력 없는 은퇴 이후의 노후생활과도 직결되므로 매우 중요하다.

현재는 모두 직업이 있지만 조만간 그만둘 처지에 있는 가족원이 있을 경우에는 보험설계도 다시 해야 할뿐더러 가입하려는 상품도 리모델링을 해야 한다. 운전사, 기능공, 육체노동자 등 위험직업에 종사하는 사람 또는 비정규직 자유직업 종사자는 사무직 등 정규직 급여생활자보다 직업상 위험이 크다. 반대로 사무직 종사자는 위험직 종사자보다 정신노동을 많이 하는 까닭에 스트레스가 상대적으로 더 많으므로 사무직 종사자는 질병보험을, 위험직 종사자는 보장성보험과 상해보험을 가입하는 것이 좋다.

부부가 맞벌이를 할 경우에는 부부 모두 소득이 있으므로 서로 피보험자와 보험수익자를 맞바꾸어 부부가 동시에 보장받을 수 있는 부부계약을 가입하는 것이 좋다. 그러나 부부 중 한 사람만 취업하고 있다면 남편을 피보험자로 하고 아내를 보험수익자로 하여 가입하는 것이 바람직하다. 왜냐하면 대부분 가정이 가장인 남편이 취직하고 있으며 설령 아내가 취직했다 해도 평균수명이 일반적으로 짧은 남편을 피보험자로 하는 것이 납입할 보험료 총액이나 보험금 수령 확률상 훨씬 이익이기 때문이다.

## 보험금 수령 시 상속 · 증여세 과세 여부 고려하여 보험가입자 선정

보험계약자와 보험수익자가 동일하고 피보험자가 다를 경우 수령하는 사망보험금에는 상속세가 부과되지 않는다. 그러나 보험계약자와 보험수익자가 다른 경우에는 증여세 또는 상속세가 발생한다. 보험계약자가 맨 처음부터 만기 시 또는 사망 시 수익자를 따로 지정했다면 만기 시 수령하는 만기보험금은 증여세를 내야 하고, 사망 시 수령하는 사망보험금은 상속세를 내야 한다. 즉, 보험금은 계약자 본인이 피보험자와 수익자가 되고 살아서 만기보험금을 탈 때를 제외한 모든 보험금 지급 발생 시에는 반드시 상속세나 증여세 둘 중 하나의 세금을 내야 한다.

따라서 보험세테크를 통해 세금을 지혜롭게 절감하려면 피보험자는 본인으로 하되 보험계약자와 보험수익자를 배우자 또는 자녀 명의로 하여 가입하면 증여세 과세대상에서 제외됨은 물론 사망보험금 또한 기타소득으로 간주되어 상속재산에 포함되지 않게 되므로 가입 시 이를 유효적절하게 활용할 필요성이 있다상속세 및 증여세법 제34조.

단, 보험계약자와 보험수익자를 배우자 또는 자녀로 할 경우 본인 소득이 없는 전업주부배우자나 미성년자자녀는 피상속인이 보험금을 대신 납부한 것으로 간주하여 상속재산으로 평가될 수 있음을 유념하도록 한다.

[* 참고로 '보험금 수령 시 계약관계자 대상별 과세 여부 종합 분석' 내용은 '보험 궁금증 달인에게 물어보세요 1'《제대로 알면 성공하는 보험 재테크 상식사전》 편에 설명되어 있음]

# ⑥ 가장 적정한 보험료 규모 설정

## 재무상태에 맞춰 보험료 규모 짜임새 있게 재단

보험료는 가계수지와 밀접한 상관관계가 있으므로 종합적으로 재무분석을 실시한 후 가정의 재무건전성을 토대로 최적의 보험료를 책정한다. 보험은 대부분 10년 이상 매월 보험료를 납입해야 하는 장기상품인 만큼 불입하는 총보험료 규모가 최소한 몇천만 원은 되므로 맨 처음 가입 시 신중하게 결정해야 한다. 매월 생활유지비처럼 고정적으로 지출되는 보험료가 자칫 경제적으로 많은 부담이 될 수 있으므로 보험을 가입할 경우에는 경제적 능력을 고려하여 생활치수에 맞게 보험료 규모를 신중히 책정해야 한다. '가다가 중지 곧 하면 아니 간만 못하다'는 말과 같이 생활형편이 빠듯한데도 불구하고 너무 무리하게 보험을 가입하면 계속 유지하기가 곤란하여 중도에 해약하게 되고, 그렇게 되면 손해가 심함은 물론 보장혜택도 못 받는다.

보험료 규모를 책정할 때에는 가계소득을 고려하면서 보험 상품의 성격과 가입목적에 따라 크게 ① 일생생활의 안정과 만일의 사태를 대비한 생활보장자산보험료 ② 노후설계를 위한 은퇴자산보험료 ③ 순수한 재산 증식을 위한 재무자산보험료 등 3가지의 보험 자산형성 유형별로 구분하여 산정하고 유효적절하게 안분비례하는 것이 가장 바람직하다.

## 생활보장자산 보험료는 소득의 10% 이하가 적당

일상생활의 안정보장과 만일의 경우를 대비하여 가입하기 위한 적정한 보험료 규모는 본인 소득의 10% 이하가 가장 적당하다. 가능한 한 10% 이상은 넘지 않도록 설계한다. 여기에는 자동차보험을 제외한 실손의료보험과 더불어 다른 모든 보장성보험과 손해보험뿐만 아니라 상해보험, 질병보험, 장기간병보험 등 제3분야의 보험 상품도 포함된다. 따라서 만약 종신보험이나 CI보험, GI보험, 통합보험 등 종합보장형 상품을 가입힐 경우에는 본인 소득의 8%선에서 적합한 보험 상품을 선정해 가입한다. 나머지 여분 2%는 배우자 및 자녀를 위한 건강보험 상품 가입 시 활용한다.

예를 들어 월급이 300만 원인 사람은 저축성보험과 연금보험을 제외한 질병보험, 실손의료보험, 상해보험, 순수보장성보험, 운전자보험, 종신보험 등 생활보장자산을 확보하기 위해 가입하는 보험이 모두 합하여 30만 원 이상 지출되지 않게 한다. 대부분 만기환급금 규모가 없거나 적고 소비성으로 지출되는 보험료인 만큼 본인 소득의 10% 이상이 지출되면 가정경제의 일상생활에 무리가 오고 그렇게 되면 자칫 중도해지라는 나쁜 결과를 가져올 수 있다. 경우에 따라서는 보험료 부담으로 매월 시름하면서 해약하기도 아깝고 유지하자니 생활에 부담되고 하는 계륵과 같은 처지로 전락할 수도 있다. 보험은 가입도 중요하지만 올바로 유지해서 보험금 수혜를 받는 것이 더 중요하며 이것이 보험을 가입하는 가장 큰 목적임을 잊어서는 안 된다.

생활보장 자산을 형성하기 위해 보험에 가입할 때는 주보험 이외에 선택부가특약이 매우 많으므로 중복가입 또는 불필요한 특약 선택으로 보험료 낭비가 되지 않도록 가입목적과 보장니즈를 정확히 분석하여 최적의 보험료 규모를 도출하도록 한다.

## 은퇴자산보험료는 소득의 10% 이상 책정

은퇴자산을 마련하기 위해 가입하는 연금보험은 본인 또는 배우자의 미래 노후생활을 위한 자금을 마련하는 것이 목적이다. 따라서 노후 이전에 사망하지 않는 한 반드시 필요한 자금이다. 연금보험은 보험료의 월 납입 규모가 나이에 따라 다르지만 일반적으로 본인 소득의 10% 이상으로 책정하는 것이 이상적이다. 이 경우 먼저 교육보험, 질병보험, 운전자보험 등의 가입 여부를 확인해야 한다. 실손의료보험과 저축성보험을 제외한 다른 보험 상품에 가입하여 매월 납입하는 보험료가 연소득의 10% 이상이라면 이를 구조조정하고 난 후 연금보험을 드는 것이 바람직하다.

보험료 규모가 너무 크면 가계에 부담되어 계속 유지할 수 없는 어려운 상황도 발생하기 때문이다. 직장인의 경우에는 퇴직연금도 들고, 국민연금 보험료로 보험료의 50%를 사업주가 대신 내주지만 자영업자의 경우에는 퇴직연금 가입은 불가능하고 국민연금의 보험료도 전부 본인이 부담해야 하므로 반드시 본인 소득의 10% 이상으로 책정하여 연금보험을 가입해야만 어느 정도 안락한 노후가 보장될 수 있다.

본인과 배우자의 기나긴 노후를 위해 최소한 본인 소득의 10%는 반드시 갈무리하는 습관을 길러야 한다. 그러나 필요자금을 선정한 다음에는 가능한 한 그에 따른 매월 불입금액이 너무 벅차지 않을 정도로 가입하되 이 경우 현실적으로 연금자산 마련에 가장 걸림돌(?)이 되는 자녀 교육비 등에 대한 냉철한 구조조정과 보험 포트폴리오 리밸런싱이 필요하다.

## 재무자산보험료는 재산증식 목적에 부합되도록 설계

저축성보험에는 생명보험의 생존보험인 저축성보험과 유니버설보험, 변액유니버설보험, 장기손해보험이 모두 포함된다. 자산형성을 위해 가입하는 저축성보험은 보장보다는 저축이 목적이다. 어느 특정한 시기에 필요할 목돈을 마련하기 위한 재산증식수단으로 저축성보험을 가입하는 것인 만큼 다른 금융기관에 저축할 때와 같은 규모로 저축해도 된다. 즉, 여유자금이 있고 가계에서 사용할 비용이 얼마 안 들어간다면 많이 저축할수록 나중을 위해서 바람직하다.

단, 아무리 저축성보험이라도 조기에 해약하면 보험관계 비용이 발생해 원금도 못 찾는 손해를 보게 될 수 있으므로 어느 정도 자금은 긴급하게 필요할 경우를 대비하여 은행에 분산 예치하는 포트폴리오에 입각한 재산증식이 바람직하다.

# ⑦ 최적의 보장자산 규모 책정

　어떤 보험을 가입할지 결정했으면 보험자산은 어느 정도가 적당한지 재단하면서 보장규모를 정해야 한다. 보험에 가입하는 것은 위험에 대비하여 보장받는 것이 주목적이므로 보험금이 얼마짜리인 보험을 가입할지를 먼저 결정하는 것이 바람직하다. 보험금 규모를 정하는 방법은 보험 상품의 성격에 따라 다르므로 여기서는 크게 재산증식수단인 저축성보험장기손해보험 포함, 노후설계수단인 연금보험, 위험보장수단인 보장성보험손해보험 포함 등 3가지 형태로 구분하여 살펴보고자 한다. 보험가입 목적에 따라서 보험금 규모의 산정방식이 다르기 때문이다. 즉, 보험금 규모는 가입자가 살아 있을 때 받는 생존보험금과 사고로 가입자가 불행한 일을 당했을 때 받는 사고보험금을 각각 구분해서 책정해야 한다.

　가입하고자 하는 보험의 보험금액 수준을 결정하기 위해서는 본인이 지금 사망한다고 가정할 경우 가족을 어떻게 돌볼 수 있는지, 그리고 실제 가족들의 필요경비가 어느 정도인지를 먼저 판단해봐야 한다. 즉 가입하고자 하는 보험금액은 가장의 사망으로 인한 가족의 생계비를 보상할 수 있는 필요경비 수준에 근접해야 한다.

필요경비를 계산할 때는 부양해야 하는 가족의 생활비, 가족생계비, 교육비, 결혼자금, 긴급예비비 등 인생에서 필요한 필수자금이 고려되어야 한다. 결론적으로 향후 필요경비와 현재 경제여력, 현재까지의 저축이나 보험가입 상황 등을 종합적으로 고려하여 부족한 부분에 대해 추가로 보험을 가입하는 방법을 선택해야 한다.

'사람의 능력을 경제적 측면에서 객관적으로 평가하는 잣대는 무엇일까?' 아마도 현재 그 사람의 연봉이 가장 중요한 잣대가 될 것이다. 종신보험이나 정기보험 등 생때같은 가장의 사망위험에 따른 리스크에 대해 집중적으로 보장해주는 생활보장보험을 가입할 때는 먼저 경제적으로 가장이 어떠한 가치를 지니고 있는지 따진다.

즉, 내 몸값과 보험금 규모가 거의 비슷해야만 보험이 가정의 재정안정을 위한 안전망으로서의 역할과 그 책임을 다할 수 있다. 만약 가정의 보장우산에 구멍이 뚫리게 되면 재테크를 아무리 잘하려고 해도 돈이 모이지 않는다. 가정의 보장우산이 뚫리지 않도록 하는 가장 좋은 방법은 내 몸값에 알맞은 보장우산을 구입하는 것이다. 내 몸값이 높아야 경제적 여력이 생겨 보장자산의 파이도 크게 할 수 있다.

## 가장의 경제적 생명가치 = 보장자산 규모

보장자산은 현재 가족이 처한 입장, 즉 부부의 맞벌이 여부경제능력, 자녀의 나이, 가정경제 규모, 유산상속 정도, 현재까지 준비된 자금 등에 따라 그 규모가 매우 다르게 나타난다. 그중 부부 가운데 가장, 즉 경제적 능력이 있는 사람이 사망하거나 후유장해를 당했을 경우를 가정해서 보장자산의 규모를 책정하는 것이 합리적인데 이를 알려면 '가장의 경제적 생명가치'를 먼저 파악한다.

사람의 생명을 돈으로 따질 수야 없지만 만약의 사태를 대비해서는 생각 안 할 수도 없는 일이다. 생명보험학의 대가 휴브너 Huebner 박사는 경제적 가치인 가장의 목숨값에 대하여 '생명보험에서 사람의 생명가치는 초과 수입자신의 생활비와 그밖의 비용을 초과하여 얻는 수입'이라고 했다. 즉 가장의 경제적 생명가치는 가족 스스로 재활하는 데 필요한 경제력의 가치와 같다.

따라서 가장의 경제적 생명가치를 비용으로 환산한 보장자산 규모는 가장이 사망하거나 후유장해를 당했을 경우 가족들이 가장이 사고를 당하기 바로 이전의 생활로 다시 돌아갈 수 있도록 경제적인 자립기반을 마련하는 데 필요한 제반 생활비용과 같다고 할 수 있다. 즉, 가족이 경제적으로 재활할 수 있을 때까지자립기간 필요한 생활비용이 가장의 경제적 생명가치이다. 이를 가장의 생애가치 Life-time Value라고도 한다.

## 저축자산은 목적자금 규모에 맞춰 설정

자산형성을 목적으로 가입하는 저축성보험은 보험금 규모보다 만기 시 수익금 규모를 보고 판단한다. 저축성보험에는 생명보험의 생존보험인 저축성보험과 유니버설보험, 변액유니버설보험, 장기손해보험, 외화보험, 주가연계보험 등이 모두 포함된다.

이 중 저축성보험과 변액유니버설보험, 유니버설보험은 위험보장보다는 재산증식에 목적을 두고 가입하는 순수한 저축수단이다. 저축기간을 미리 목돈마련 시기에 맞게 정한 후 적금 드는 것과 같은 이치이므로 보험금 성격보다는 만기 시 실질적인 적립금액의 규모가 더 중요하다. 따라서 필요한 목돈 규모를 설정한 후 매월 납입할 보험료의 규모를 파악한다.

## 보장자산은 연소득 3배 이상 설계 확보

일반적으로 생활보장자산은 가입자 본인 연간 소득의 3~7배 정도 범위 내에서 책정하는 것이 가장 바람직하다. 예를 들어 맞벌이 부부나 50대 중반 이상 가장인 경우는 3배 정도로, 40대 중산층 가정은 5배 이상으로 설계해도 무방하다. 그러나 외벌이 40대 이하 가장 또는 자녀가 어린 30대 가장의 경우에는 최소한 7배 정도는 되도록 설계한다. 여기서 연간소득의 7배로 계상하는 까닭은 가장 사망 시 경제적 자립기간을 최소한 10년 정도로 잡고 유가족의 생활비는 가장 월소득의 70% 정도가 들어갈 것으로 판단되기 때문이다.

그런데 많은 사람이 보험을 가입할 경우 나중에 지급받게 되는 보험금 규모보다는 현재 시점에서 지불해야 하는 보험료 규모에 더 신경을 쓴다. '매월 얼마의 보험료가 들어가는가? 언제까지 보험료를 내야 하는가?'를 먼저 꼼꼼히 따져보아야 한다. 보장성보험 가입 시 보험금 규모보다는 무조건 보험료 규모에 맞춰서 보험을 가입하려고 하는 사람도 있는데 이는 잘못된 방법이다. 보장성보험을 가입할 때는 장래 발생할 위험의 규모를 미리 판단해서 가입해야만 설령 위험한 사고가 발생하여 경제적으로 어려움에 처하게 돼도 예측했던 보험금이 지급되어 그 손실을 보전해주기 때문에 불편 없이 살아갈 수 있다.

사고를 당하여 고생을 겪지 않은 사람은 실감이 안 나겠지만 사고를 당한 가족의 심리적·경제적 고통은 이루 말할 수 없으므로 이때 경제적 고통만이라도 보험으로 해결하는 것이 최선책이라 할 수 있다.

## 연금자산은 현재 월생활비의 50~70%가 적당

은퇴 이후 필요한 연금자산의 규모는 소득, 생활수준, 거주지역 등에 따라 각기 다르므로 현재 시점에서 매월 얼마의 수입을 올리며 언제까지 소득 확보가 가능한지에 따라 은퇴 이후의 노후생활자금을 책정하는 것이 가장 합리적인 방법이다. 특히 은퇴한 이후 매월 얼마를 노후생활비로 활용할 것인가를 계산하면서 적절히 연금 포트폴리오를 조정해나가는 기술이 필요하다.

노후생활자금으로 적정한 규모는 배우자가 있는 경우에는 현재 월생활비 규모 대비로 환산할 경우 약 70% 정도, 배우자가 없는 경우에는 50%

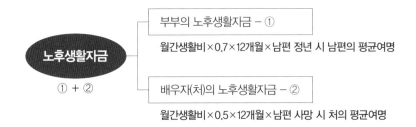

정도면 은퇴 이후 어느 정도 안락한 노후를 보낼 수 있을 것으로 판단된다. 물론 이는 현재 시점에서 판단한 것이므로 실질적인 계산 시에는 물가상승률을 감안한다.

연금 노테크를 추진할 때는 위 공식에 따라 현재 자신의 나이와 배우자 나이를 고려하고 현재 시점에서 월생활비를 적용하여 공식에 대입하면 대수의 법칙에 입각해 총 얼마 정도의 노후자금이 자신과 배우자 모두를 위해 필요한지 산출할 수 있다.

이렇게 하여 총연금액을 산정한 후 연금보험을 가입할 때 일반적으로 남편보다 아내의 나이가 적고 또 더 오래 살므로 보험수익자를 배우자 명의로 하면 실질적으로 수령하는 연금자산은 증가하면서 불입하는 연금보험료는 상대적으로 줄어드는 효과를 볼 수 있다.

# ⑧ 최적의 보험가입기간 모색

　보험가입기간은 보험에 가입한 후 보장을 받는 기간이다. 피보험자가 사망, 사고, 상해, 노령, 질병, 화재, 풍수해, 도난 등 불행한 일을 당했을 때 보험회사에서 보장 또는 보상해주는 기간으로, 이는 매우 중요하다. 보험기간에 따라 보장을 오래 받을 수 있느냐 아니냐가 결정되므로 보험가입기간은 가능한 한 긴 것이 좋다.

　보험기간은 짧게는 1년자동차보험, 실손의료보험, 여행보험 등부터 길게는 평생종신보험, 연금보험, 질병보험, 장기간병보험 등까지 상품에 따라 다양하므로 유심히 살펴본다. 보험기간은 무조건 긴 상품으로 보험기간 동안 보험료를 납입하고 주기별로 보험료가 바뀌는 갱신형보다는 가입기간 동안 보험료 변동 사항이 없고 은퇴 이전에 보험료납입 완료가 가능한 비갱신형을 가입하는 것이 바람직하다.

　특히 갱신할 때마다 위험률과 손해율이 증가해 보험료 인상 가능성이 큰 질병 관련 보험은 갱신형보다는 만기 때까지 일정액의 보험료를 내는 비갱신형 상품을 선택하는 것이 유리하다. 보험가입기간을 보험의 3대 유형인 저축성보험과 연금보험, 보장성보험으로 나누어 살펴본다.

## 저축성보험

일반 저축성보험과 변액유니버설보험, 장기손해보험 등 저축성보험은 재테크시대 최고의 재산증식수단으로 활용되는 보험이므로 향후 목돈마련 시기와 보험가입기간을 일치시키는 것이 좋다. 몇 년 후 얼마의 목돈을 마련할 것인가가 얼마의 보장을 받을 것인가보다 훨씬 더 중요한 보험이 저축성보험이기 때문이다.

10년 이상 유지 시에는 보험차익에 대하여 이자소득세가 전혀 붙지 않으므로 더 많은 수익률을 올리기 위해서는 가입기간을 10년 이상으로 산정하는 것이 바람직하다. 단, 10년 이전으로 목적자금을 마련하려고 보험을 설계할 요량이라면 경제 펀드멘털fundamental이 양호한지 살펴보면서 일반 저축성보험보다는 실적배당형 상품인 변액유니버설보험 적립형을 가입하는 것이 재테크에 도움이 된다.

## 연금보험

연금보험은 보험료를 내는 기간보다 보험금, 즉 연금을 은퇴 이후 수령하는 연금수급기간이 더 중요하다. 고령화 100세 장수시대, 연금은 평생동안 타는 종신형을 선택해 가입하는 것이 가장 바람직하다. 연금이 일정기간만 나온다면 늙어서 기력이 쇠진했을 때는 정작 경제적으로 궁핍해질 수도 있어 노후가 비참해질 개연성이 있기 때문이다.

연금보험을 선택할 경우 일반연금보험, 변액연금보험, 연금저축보험,

개인형퇴직연금IRP계좌 또는 주가연계보험, 외화연금보험 등 특화연금보험으로 할지 결정한다. 연금계좌연금저축, 퇴직연금 상품은 모든 금융기관에서 취급하지만 평생 연금이 지급되는 종신형 연금상품은 보험회사에서만 취급한다.

특히 퇴직연금의 경우 중도해지 또는 일시금 등 연금외 수령을 하는 경우 세액공제를 받은 납입액과 운용수익을 합한 금액에 대해서는 금액 제한 없이 무조건 기타소득세로 16.5% 분리과세한다. 또한 연금수령을 하는 경우 연금수령시점이 10년 이하인 경우 원천징수세율은 퇴직소득세의 70%, 10년을 초과하면 퇴직소득세의 60%가 적용된다. 연금수령기간을 10년 미만으로 단축할 경우에는 연간 연금수령액이 세법상 수령한도를 초과할 가능성이 높고, 한도초과금액에 대해서는 기타소득세 또는 퇴직소득세 100%가 부과되므로 가능하면 55세 이후 연금을 10년 이상 장기간에 걸쳐 분할 수령하도록 설계한다.

## 보장성보험

양로보험도 그렇지만 보장성보험은 보험기간이 무조건 긴 상품이 좋다. 보험기간이 짧은 상품을 선택하면 보험기간이 끝난 후에는 보장을 더 이상 받을 수 없다. 특히 생활보장형 상품일수록 보험기간이 긴 상품을 선택해야 한다. 나이가 많아질수록 보험료도 비싸며 어느 일정한 연령에 도달하였을 경우 질병 발생 등 건강상 위험도가 높아 나이제한으로 가입할 수 없는 보험도 많기 때문이다.

따라서 보험료를 절약하고 보장은 많이 받기 위해서는 무조건 보험료

불입기간이 긴 보험 상품을 선택하여 가입하는 것이 바람직하다. 주의할 점은, 질병보험의 경우 일정 주기3년. 5년 등를 기준으로 자동 갱신되는 보험 상품이 많으므로 가입 시 보험료가 보험가입 전 기간 동안 확정형정액형인 지 갱신형인지 꼭 살펴본다.

# ⑨ 납입보험료 환급 및 갱신 여부 반드시 체크

## 납입보험료 환급 여부 확인

보험을 가입할 경우에는 내가 가입할 상품의 만기 시 환급 여부를 반드시 살펴보는 것도 중요하다. 보험 상품은 대부분 장기간 유지를 전제로 하여 상품구조가 설계되었기 때문에 계약 초기에 해지할 경우 원금보다 적은 해지환급금을 받게 되는 등 불이익이 크므로 상품설명서의 해지환급금 예시표를 꼭 확인하도록 한다. 보험은 만기 시 환급 여부에 따라 크게 순수보장형, 중도환급형, 만기환급형, 무해지/저해지환급형 등 4가지 상품으로 구분할 수 있다.

### 순수보장형 상품

순수보장형은 보험기간 중 납입한 보험료가 소멸되는 상품으로 생명보험의 보장성보험과 일반 손해보험의 상품이 이에 해당된다. 보험기간 동안 불입한 보험료로 보장을 받고 만기 시에는 만기보험금이 없는 상품이다. 즉, 내가 낸 보험료는 위험보장 서비스로 지출된 안심료라고 할 수 있다. 사고를 당하면 거액의 보험금을 주어 유가족과 본인의 장해 시에 경제적으로 자립할 수 있도록 해주고 사고가 안 나면 사고가 안 난 데에 대한 안심료로 지출되는 보험이다. 따라서 순수보장형 상품은 다른 상품에 비하여 보험료가 상대적으로 매우 적으므로 맨 처음 보험을 가입할 경우에는 경제적 부담이 없는 순수보장형을 가입하는 것이 바람직하다.

## 중도환급형 상품

중도급부형은 보험기간 중 일정한 시기에 그동안 납입한 보험료의 일부를 지급해주는 보험 상품이다. 중도급부형 상품에는 저축성보험 등 양로보험과 연금보험, 교육보험 등 생존보험 상품 및 질병보험, 건강보험 상품 등이 있다. 저축성보험의 경우 정년퇴직한 사람이나 목돈을 갖고 있는 사람들이 일시납 상품에 가입했을 때 매월 또는 매년 일정한 시기마다 일정한 자금을 사용할 수 있고 만기 시에는 만기금도 지급해주는 중도급부형 상품이 있다. 또는 월납 상품의 경우에도 보험기간 중 중도에 자금이 필요할 경우 인출이 가능한 중도급부형이 있다.

## 만기환급형 상품

만기환급형만기지급형은 만기에 보험료를 돌려주는 상품으로 보험기간이 종료되는 시점에 그동안 납입한 보험료를 환급해주는 보험을 말한다. 만기환급형은 대부분의 저축성보험과 장기손해보험 및 중장기 양로보험 상품이 해당된다. 어느 일정한 시기에 목돈을 마련하려고 한다면 재산증식

수단으로 저축성보험을 선택하는 것이 좋다. 그러나 보장과 보상도 받고 만기 시 보험금도 받기를 원한다면 장기손해보험과 중장기 양로보험 상품에 가입하는 것이 좋다.

어떤 종류의 상품이 좋은지는 가입자의 상황과 취향에 따라 다르다. 만약 여유자금이 너무 없어 보험에 가입하기가 벅차다면 보험료가 가장 적게 들어가면서도 보장금액이 많은 순수보장형에 가입하는 것이 좋고 보험기간이 너무 길어 싫증나고 중간에 생활비 등 필요자금을 받고 싶은 사람은 중도급부형이 좋다. 만기에 꼭 내가 낸 보험료를 다 돌려받기를 원한다거나 일정한 시점에 목돈이 필요한 사람은 만기환급형을 가입하는 것이 바람직하다.

### 무해지/저해지환급형 상품

무해지/저해지환급형은 보험계약을 보험료납입기간의 중도에 해지할 경우 해지환급금을 지급하지 않거나 적게 지급하는 다른 해약환급금 지급 상품에 비해 적은 보험료를 부과하는 보장성 상품을 말한다. 무해지/저해지환급형은 일반 보장성 상품과 달리 보험료 산출 시 해지율이 보험료 산출에 반영되어 중도해지 계약자의 해약환급금을 잔존계약자의 재원으로 사용한다.

따라서 중도해지 시 환급률이 낮기 때문에 보험료가 저렴하고 보험료 납입기간이 종료되면 만기환급형 상품과 동일하게 해약환급률을 적용한다. 무해지/저해지환급형은 모든 순수보장성 상품 설계 시 적용할 수 있으며 현재 종신보험, 질병보험, 암보험, 장기간병보험개호보험 등의 상품에서 취급하고 있다. 주문형 장기 보장성보험의 경우 보험료 부담이 많으므로 가입목적과 보장니즈를 정확히 판단한 후 보험기간을 꼭 채울 각오로 가입한다면 무해지/저해지환급형 상품을 선택하는 것이 바람직하다.

## 갱신형 상품과 비갱신형 상품 장단점 확인

대부분 보험 상품에는 일정 기간이 지난 후 납입보험료가 변경되는 갱신형과 한번 가입하면 계약종료 시까지 납입보험료가 동일한 비갱신형이 있다. 갱신형과 비갱신형 상품은 보험료 산정방식 등에서 차이가 크므로 신중하게 선택해야 한다.

갱신형 상품은 갱신 시마다 보험나이 증가 및 기초율·적용이율, 계약체결비용, 계약관리비용, 위험률 등의 변동에 따라 보험료가 변동된다. 갱신형 상품은 초기보험료는 저렴하지만 일정 기간마다 위험률 변동 및 연령 증가에 따라 보험료도 갱신되어 보험료가 지속적으로 인상될 수 있다. 특히, 60세 이후에도 만기 시까지 보험료를 납입해야 하므로 퇴직 이후 고정적인 소득이 없는 경우 보험료납입부담이 더욱 커지게 되어 만약 해지하게 되면 보장을 못 받을 우려도 있다. 따라서 보험료 예시표를 통해 가입 당시 보험료뿐만 아니라 고령기에 부담해야 할 보험료 수준도 꼭 확인하고 보험가입 여부를 결정할 필요가 있다. 또한 갱신형은 가입 후 재갱신 시 예상갱신 보험료도 미리 살펴본다.

이와 반대로 비갱신형은 가입 초기에는 보험료가 갱신형보다 비싸지만 만기까지 보험료가 가입 시에 결정되므로 장기적으로는 저렴할 수 있다.

따라서 가입자의 나이와 상황에 따라 보험료를 절감하는 방향으로 상품을 선택하는 것이 바람직하다.

갱신형 상품은 주계약주보험과 특약 모두 일정 기간 단위로 자동 갱신되며 갱신시점의 보험나이 증가 및 보험요율 변경에 따라 갱신 보험료가 인상될 수 있다. 갱신형 계약은 주계약과 특약 모두 보험계약자가 보험기간 종료일 15일 전까지 해당 계약을 계속 유지하지 않겠다갱신하지 않겠다는 의사표시를 해당 보험회사에 통지하지 않으면 자동 갱신된다.

만약 주계약은 비갱신형이고 특약만 갱신특약일 경우 주계약의 보험료 납입기간이 완료되어 더 이상 납입하지 않더라도 특약이 갱신되어 보험기간이 종료되지 않은 경우에는 최종 갱신계약의 보험기간까지 보험료를 계속 납입해야 한다. 이 경우 상품에 따라 적용 기준이 다르고 일부 특약의 경우 갱신이 불가한 경우도 있으므로 자세한 내용은 해당 약관을 구해 잘 살펴본다.

최종 갱신계약의 보험기간 종료일은 주계약의 보험기간 종료일로 한다. 단, 주계약의 보험기간 종료일이 피보험자의 100세 계약해당일 이후인 경

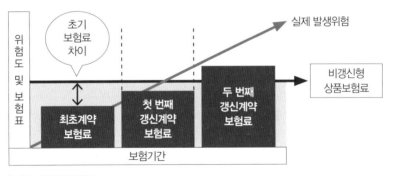

* 자료: 금융감독원 참조

우에는 100세 계약해당일로 한다.

## 갱신형 상품과 비갱신형 상품 종합 비교분석

| 구분 | 갱신형 상품 | 비갱신형 상품 |
|---|---|---|
| 보험기간 | 해당 약관에 의거 일정 주기(3, 5, 10, 15, 20년 등) 단위로 자동 갱신 | 가입 시 설정기간(10, 20, 30년 만기, 00세 만기 등) |
| 보험료 납입기간 | 전 보험기간에 걸쳐 납입(보험기간 = 보험료납입기간) | 만기 시까지 납입 또는 특정기간 납입(보험기간 ≧ 보험료납입기간) |
| 적용요율 | 갱신시점 요율, 자연보험료 방식 | 가입시점 요율, 평준보험료 방식 |
| 보험료 변동 | 갱신 시점의 연령 및 위험률에 따라 보험료 변동(설정된 보험기간이 경과하면 갱신시점의 위험률을 다시 적용하여 보험료 산정) | 가입 시점에서 확정된 보험료납입(가입시점의 위험률이 아닌 전 보험기간 동안의 위험률 평균값으로 보험료 산정) |
| 가입 시 유리한 상품 | 위험률이 감소 또는 적게 증가하는 상품(예: 보장성보험, 상해보험 등 정기보험 상품) | 위험률이 많이 증가하는 상품(예: 암보험 등 질병보험 상품) |
| 장점 | 가입 시 보험료가 저렴, 나이에 맞는 적정 보험료 지불, 단기적으로 보장받고 싶을 때 유리 | 위험률이 증가하더라도 보험료 인상 없음, 특정기간 동안만 보험료를 납입하고 이후에는 보험료 걱정 없이 보험기간 동안 보장받음 |
| 단점 | 갱신 시 주기적으로 보험료 인상, 일부 담보의 경우 가입 거절당할 수 있음, 보험종료기간까지 보험료납입으로 고연령자 경제적 부담 | 고연령의 보험료를 가입 초기에 납부하므로 가입 초기 월납입보험료 규모가 큼 |

* 주) 1. 적용요율은 보험료 산출 시 반영되는 위험률, 이자율, 사업비율을 의미함
2. 가입 시 유리한 상품 예시는 현재 위험률 추세 기준이며 향후 위험률 추세 변경에 따라 바뀔 수 있음(금융감독원 자료 참조)

# ⑩ 보험공시실 통해 상품구조 및 보험료 비교 검토

보험가입 시 어려운 점은 수많은 보험 상품 중 나 또는 가족에게 적합한 상품을 어떻게 선택해야만 하는가이다. 동일 유형의 보험 상품이라고 해도 보험회사마다 상품구조가 조금씩 다르다. 이에 따라 보장범위와 보장급부 내용 및 보험료 규모가 다르다.

보험료 산출은 사업방법서와 보험료 및 책임준비금 산출방법서에 따라 산출하게 되는데 보험료 산출 기준 및 세부적인 산출방법은 보험회사마다 상품 특성에 따라 각기 다르다. 예를 들어 단순히 보험가입자의 나이와 성별, 직업을 기준으로 보험료를 산출하는 경우에는 보험금을 자주 청구하지 않고 보험가입금액이 크지 않으며 질병 사고 발생비율이 낮은 가입자들의 연령대를 분석하여 보험료를 산출할 경우 활용한다.

보험가입자의 과거 병력이나 사고발생 경력, 위험률 및 손해율, 보험금 청구이력까지 확인하고 보험료를 책정하는 경우에는 보험금을 상대적으로 많이 청구하고 보험가입금액이 큰 질병보험, 종합보험, 배상책임보험 등 가입자들의 연령대를 분석하여 보험료를 차등 적용할 경우 주로 활용한다.

보험료 산출방법과 기준 적용은 각 보험회사의 고유 업무로 공개하지 않기 때문에 가입자 본인이 직접 가입 시 연령과 보장니즈, 보험료 가입 능력 등을 토대로 생명보험협회www.klia.or.kr, 손해보험협회www.knia.or.kr 홈페이지에 접속하여 보험공시실에서 관련 상품을 보험회사별로 비교검토하고 좀 더 세부적인 사항은 상품요약서 또는 해당 약관을 참조하도록 한다. 또는 보험회사 홈페이지에 접속하여 해당 보험 상품에 대한 내용을 구체적으로 확인한다. 이 경우 약관 내용 참조는 기본이다.

보험 상품에 대해 어느 정도 스스로 설계할 수 있는 방법을 알아야만 보험상담 시 좀 더 신속 정확하게 자문과 보장 가입플랜을 짤 수 있고 보장니즈에 맞는 상품 선택 및 상대적으로 더 저렴한 상품을 가입함으로써 만족감과 효용도를 높여 보험재테크를 이룰 수 있다는 사실을 반드시 유념하면서 발품과 손품, 머리품을 팔 각오를 하는 것이 올바른 보험클리닉이고 가장 합리적인 보험설계 방법이며 지혜로운 보험재테크이다.

## ⑪ 가입할 보험 상품 판매채널 신중 선택

보험 상품은 회사별로 판매하는 상품의 종류가 다양할 뿐만 아니라 보험료 규모도 보험 상품 판매채널별로 차이가 있다.

보험 상품 판매채널 종류는 크게 구분하여 8가지 유형이 있다. 즉 ① 보험컨설턴트가 고객을 직접 방문하여 판매 가입하는 대면채널보험설계사, 대리점 ② 금융기관대리점을 가입자가 직접 방문하여 가입하는 방카슈랑스Bancassurance 그리고 통신판매채널인 ③ 전화로 판매하는 TMTelemarketing ④ 인터넷, 모바일 등을 활용한 사이버마케팅CM ⑤ 우편을 통한 직접통신판매DM ⑥ 홈쇼핑을 통해 판매하는 홈슈랑스Homesurance ⑦ 마트, 카드사, 여행사 등 점포에서 판매하는 점두판매 ⑧ 보험회사 임직원을 통한 직급판매 형식 등으로 보험 상품을 취급, 판매하고 있다. 이외에 핀테크fintech 등 사업자가 보험회사와 업무제휴를 통해 판매하는 간단손해보험 대리점도 있다.

보험 상품가입은 ①의 보험설계사 및 대리점 등 보험컨설턴트를 통한 대면채널 가입이 주류를 이루고 있다. 요즘에는 ④의 CM과 ③의 TM 등 다이렉트 마케팅을 통한 가입이 증가하고 있다.

통신판매채널은 총보험계약 건수 및 수입보험료의 100분의 90 이상을 전화, 우편, 컴퓨터통신 등 통신수단을 이용하여 보험 상품을 모집하는 ③의 TM ④의 CM ⑤의 DM 등을 말하며 이런 보험회사를 통신판매전문보험회사라고 한다.

판매채널별로 판매하는 보험 상품이 다르다. 대면판매채널을 제외한 다른 판매채널에서는 해당 판매채널의 성격에 맞는 보험계약체결이 비교적 제한적인 특화된 상품을 취급하고 있다. 이들은 주로 보장내용이 단순하면서 리스크 평가가 적은 상품 또는 사망이나 특정 위험대상에 국한되어 있는 단순 조립상품으로 보험료가 상대적으로 저렴하다. 보험지식을 어느 정도 쌓고 스스로 보험사고 발생 시 대처할 능력이 있어서 보험컨설턴트의 사후 서비스가 필요 없다면 이런 판매채널을 이용하는 것도 괜찮다.

보험설계사와 대리점 등 보험컨설턴트가 판매하는 대면판매채널에서는 거의 모든 보험 상품을 취급한다. 특히 상품내용이 난해하고 복잡하며 선택특약이 많은 주문형 복합상품을 많이 취급하고 있다. 일반적으로 대면채널 상품은 보험료가 온라인 상품보다는 비싸다. 판매채널 중 사업비에 대하여 동일 상품의 동일 가입조건 기준 적용 시 보험료 수준은 CM채널이 제일 저렴하고 그다음이 DM, TM이고 홈슈랑스는 중간이며 방카슈랑스, 점두판매, 대면채널 순이다.

홈슈랑스 또는 TM 상품의 경우에는 모집수수료 이외에 별도로 TV 방송 송출비용 또는 음성녹음 파일 보관비용 등이 들어가므로 실질적인 보험료 규모는 오프라인 상품과 동일한 상품으로 비교해보아야 한다. 그리고 CM과 TM, DM 등 통신판매채널의 다이렉트 보험 상품의 경우 판매상품이 대면채널과 공동 취급 상품인지 확인한다. 일반적으로 다이렉트 전용 보험 상품의 경우 동일한 상품명이더라도 대면채널 상품과 보장 부분에서 차이가 날 수 있으므로 두 유형의 해당 약관을 비교하며 내용을 확인해야 한다.

유념할 것은 실적배당형 상품인 변액보험과 주가연계보험, 달러보험, 장기간 불입하는 종신보험, 통합보험, CI보험, LTC보험 등 맞춤형 생활보장상품과 보험금 청구가 잦은 실손의료보험을 가입할 경우에는 보험전문 상담가의 조언과 사후관리 서비스가 필요하므로 신중을 기해야 한다는 점이다.

특히 변액보험의 경우에는 보험가입기간 동안 펀드변동성 발생 시 수시로 조언해주면서 자산운용옵션을 활용하여 펀드 변경 등을 통해 펀드 포트폴리오 리밸런싱을 해주어야 안정성 있는 수익이 보장된다. 또 목적자금 마련 시점해지 시점에 최대 수익을 올릴 수 있도록 사후관리를 잘해주어야 한다. 특히 보험금 지급사유가 발생한다든지 대출 등 애로사항이 있어 알고 싶을 때는 즉시 해결해줄 수 있는 담당설계사가 반드시 필요하다.

보험컨설턴트나 보험대리점 등 방문판매 조직을 만나 계약하는 것과 본인이 직접 회사나 은행, 증권에 찾아가 계약하거나 CM, DM, TM, 카드사, 여행사, 홈쇼핑, 백화점 등에 가입한 후 관리해주는 담당설계사가 없는 경우를 비교해볼 때 유지관리 시 차이점은 엄청나게 크다. 후자의 경우에는 유지관리가 잘 안 된다. 라이프 디자인 시대, 가입 후 지속적인 보험케어와 가계의 금융주치의 역할도 수행해줄 재무 멘토인 보험컨설턴트를 만나는 것은 자산의 효율적인 관리와 형성 측면에서도 매우 필요하다.

보험에 관한 모든 문제를 자기 일처럼 처리해주고 챙겨줄 뿐만 아니라 가계 재무관리도 해주는 든든한 전문상담가 한 명은 가정의 재정안정과 자산형성 및 관리를 위해 꼭 있어야 한다.

또 한 가지 여기서 꼭 알아두어야 할 사실이 있다. 특히 보험컨설턴트가 아닌 인터넷이나 홈쇼핑, TM, DM 등의 다른 판매채널조직을 통해 보험을 가입하는 경우에는 가입자의 자기책임이 더 따른다는 것이다. 은행이나 증권을 통해 가입하는 경우도 마찬가지다. 이런 판매채널은 모두 보험계약의 체결을 중개 또는 대리하여 그냥 보험 상품 자체만 판매할 뿐이다.

따라서 나중에 사고가 나면 모두 보험회사에서 그 뒤처리를 해준다는 사실을 알아두어야 한다. 보험컨설턴트와 같이 계약 후 전문 담당설계사로서 보험사고 발생 시 내 일처럼 못 해주므로 보험전문가가 아닌 가입자 입장에서는 보험사고 시 보험금 수령에 시간적·경제적으로 많은 불편이 따를 수 있다. 따라서 보험가입 후 어떤 일이 발생하든 수시로 상담할 수 있고 자기 일처럼 처리해주면서 끈끈한 유대관계를 맺을 수 있는 보험컨설턴트를 만나야 한다.

보험가입 시에는 전문가의 조언을 듣고 냉철하게 판단해서 꼼꼼하게 살펴보고 난 다음 최적의 상품을, 최고의 판매처에서 선택해 가입하는 지혜가 필요하다. 돌다리도 두드려보고 건너는 심정으로 요리조리 재면서 자신의 선택에 후회가 없도록 자기책임 의식을 다진 후 신중하게 실행에 옮겨야 한다.

# 3장

# 알찬 보험 혜택 위한
# 보험클리닉 기술

내일을 대비하려는 현명한 사람은 오늘부터 준비하되 모든 달걀을 한 바구니에 담아놓지
는 않는다. - 세르반테스(Miguel de Cervantes)

# 가장 좋은 보험 상품 고르는 꿀팁 18

"가장 좋은 보험 상품을 고를 수 있는 방법과 기준은 구체적으로 무엇일까? 경제성의 원칙에 입각하여 최소 비용에 최대 효과를 누리면서 좋은 보험을 가입할 수 있는 효과적이면서 알뜰한 방법은 없을까?"

보험을 취급하는 보험회사 및 유사보험기관과 방카슈랑스기관, 업무제휴채널 등 국내에서 판매되는 보험 상품의 종류는 자그마치 2,000개 이상 된다. 그중 비슷한 유형의 상품이 매우 많다. 어떤 보험 상품이 가입자에게 더 많은 이익이 되도록 만들어졌으며 상품구조는 어떠한지, 해당 상품의 보험료는 어떻게 구성되어 산출되었는지 판단하여 상품을 골라야 하는데 이를 일반 사람들이 판단하기에는 난해하고 곤란한 점이 너무 많다. 또 보험 상품의 특성 때문에 얘기해도 이해가 안 가는 부분이 많다. 따라서 가입자들은 해당 회사에서 제공하는 상품안내장이나 가입설계서를 보고 좋은 상품인지를 객관적으로 판단하면서 좋은 상품을 취사선택해야 한다.

남들이 모두 좋은 보험 상품이라고 아무리 극찬해도 자신 또는 가족의 현재와 미래의 생활에 별로 도움이 되지 않는 상품은 효용가치가 없다. 반드시 내 몸과 가정경제에 잘 맞게 보험치수를 재어 그에 가장 적합한 보험 상품을 선택하는 지혜가 필요하다. 또한 아무리 좋은 상품을 가입했다 해도 제대로 유지하지 않으면 무용지물이 되므로 가입 후 지속적인 보험케어를 해줄 보험컨설턴트를 잘 만나는 것도 매우 중요하다. 그래야 만족과 혜택, 그리고 기쁨을 동시에 누릴 수 있다. 보험은 반드시 목적과 부합되는 상품을 선택해 가입해야만 만족과 더불어 수혜의 기쁨이 커진다.

아무리 목적에 맞는 상품을 선택했다 하더라도 여러 상품 중 가장 마음에 맞는 좋은 상품을 선택하여 가입해야 이익을 더 많이 보고 후회하지 않는다.

그런데 보험은 요즘과 같이 일상생활 중 복잡 다양한 위험에 노출되는 상황 속에서 현대인에게 꼭 필요한 상품임에는 틀림없지만 막상 가입하려고 하면 아직도 어렵고 복잡하며 어떻게, 어떤 방법으로, 무슨 상품을 가입해야 하는지 알쏭달쏭한 것 또한 사실이다. 따라서 수많은 보험 상품 중에서 가장 좋은 보험 상품을 정의한다면 다음과 같은 두 가지 조건을 충족하는 상품이라고 말할 수 있다.

첫째, 일상생활에 가장 많은 도움을 안겨주고 생활치수와 보험치수가 가장 잘 맞으면서도 보험 혜택이 상대적으로 가장 많은 생활보장형 상품

둘째, 같은 조건하에서 가격이 가장 저렴하면서도 판매회사 자체가 건실하여 보험금 지급사유 발생 시 각종 서비스 및 보험금 수령에 아무런 문제가 없는 튼튼한 회사가 만든 특화된 상품

즉, 일상생활에 가장 많은 도움을 안겨주고 생활치수와 보험치수가 가장 잘 맞으면서도 보험 혜택이 상대적으로 가장 많은 상품을 말한다. 일상생활에서 다가오는 각종 위험에 대한 보장의료비 지원, 다양한 보장급부 등을 해주면서 지금 가입해도 1년 된 듯 편안한 느낌과 만족감을 주는 보험, 10년을 유지한 다음 살펴봐도 바로 1년 전 가입한 것같이 괜찮아 보이는 안성맞춤의 보험, 보험수혜 시 꾀까다롭지 않으며 시드머니의 미래가치가 만족할 만한 수준으로 업그레이드되어 있는 보험 상품을 의미한다.

내 몸에 맞는 좋은 옷을 잘 고른 후 구매하여 입어야 제격인 것처럼, 보험을 가입할 경우에는 너무 유행을 따르지 말고 자신과 가정의 현재와 미래의 변화 시점에 가장 알맞고 꼭 필요한 보험 상품을 선택해서 가입해야하며 이러한 보험이 바로 최고 좋은 상품이다.

만약 가정에 꼭 필요한 보험을 선택한다고 할 경우 국민건강보험이 의료보험으로 완전히 커버를 못 하는 우리나라의 의료보장 현실에 비추어볼 때 좋은 보험 상품이란 사후 유산상속의 목적뿐만 아니라 본인의 의료비 보장이 평생 충분히 될 수 있는 생활보장형 보험 상품이어야 한다. 일반 사람들이 알기 쉽게 어느 상품이 좋은 상품인지 살펴보면 다음과 같이 18가지 팁으로 구분할 수 있다.

## 가장 좋은 보험 상품 고르는 비법 18가지

**1** 평생 동안 모든 의료비를 충분히 커버해주는 실손의료보험

**2** 일상생활에 많은 도움이 되는 생활보장형 컨버전시(Convergency) 상품

**3** 사고유형에 관계없이 모든 위험에 대해 보장해주는 상품

**4** 장수시대 사망했을 때보다는 살아 있을 때 혜택이 더 많은 상품

**5** 많은 질병과 사고에 대해 보장해주는 정액 급부 또는 실손형 건강보험

**6** 보험금 규모에 비해 보험료가 상대적으로 저렴한 상품

**7** 보험 상품의 특성을 잘 살려 가입자에게 필요한 보장을 강화한 상품

**8** 평생 동안 보장해주며 보장범위가 넓고 보험료 변동이 없는 상품

**9** 보험가입금액이 고정되지 않고 경과기간이 길어질수록 커지는 실적배당형 상품

**10** 보장범위가 넓고 보장기간이 길며 보험료가 저렴한 무해지환급형 상품

**11** 사전(死前) 생활보장 및 사후(死後) 유산상속 등 취사선택이 용이한 상품

**12** 보험금으로 지급될 재원인 순보험료의 규모가 상대적으로 큰 상품

**13** 상품에 대한 사업비 규모를 작게 설계하고 보험가격지수가 낮은 상품

**14** 가입자가 취사선택할 수 있는 필요한 특약이 많은 상품

**15** 실질적으로 생활에 도움이 되는 부가서비스 혜택이 많은 상품

**16** 가입절차는 까다롭지만 보험금 지급절차는 매우 간단한 상품

**17** 실적배당형 상품(보험투자상품)의 경우 자산운용옵션이 많은 상품

**18** 나와 가족에게 꼭 필요한 보장만 취급하는 특화상품

　이와 같이 양질의 좋은 보험 상품을 체크하면서 선택할 때는 먼저 보험료 규모, 보장범위, 보장기간, 보장수준, 보험료납입기간, 보험료 변동유무, 해지 시 환급금 등과 더불어 그 상품 보장내용의 신뢰성, 즉 회사의 신인도 그리고 담당설계사를 종합적으로 보고 판단해야 한다. 이러한 기준을 놓고 살펴보면서 보험료 부분은 납입기간과 특약의 적절한 활용으로 적정 수준에서 결정해야 한다.

# 비슷한 보험 중 최고상품 선택 꿀팁 11

"여러 보험회사의 상품을 살펴봐도 도무지 아리송해 어떤 게 더 좋은 지 정말 모르겠다."

실제로 보험을 가입하려고 하는 사람들이 어느 보험을 가입할지 대충 정해놓고 난 후 가장 먼저 떠오르는 의문이다. 많은 사람이 아무리 여러 회사의 상품을 살펴봐도 아리송해서 어떤 게 더 좋은지 모르겠다고 한다.

여기저기 물어보고 자문을 해서 보험 상품을 선택했는데 그와 비슷한 유형의 상품을 취급하는 보험회사와 판매채널이 많고, 상품내용이 그냥 보기에는 거의 엇비슷해 어떤 것이 더 좋은지 도저히 구별할 수 없다면 난처할 것이다. 보험 상품이 하도 많다 보니 정말 일반 사람들이 볼 때 그 게 그거 같아서 좀처럼 구별하기 힘들다. 또한 대부분 보험 상품은 성별, 연령별, 납입기간별 및 가입금액에 따라 매월 납입하는 보험료가 다르다. 설령 좋은 보험 상품을 골랐다 해도 보험회사에서 판매하는 같은 유형의 상품이 너무 많아서 우열을 가리기가 쉽지 않을 것이다. 이럴 때에는 필 자가 제시한 비슷한 보험 중 최고로 좋은 상품 고르는 11가지 방법을 익혀 상품을 선택한다면 실속 있는 좋은 상품을 가입할 수 있다.

## 1 보장범위와 보장금액이 크며 다양한 위험을 보장해주는 상품

동일한 성격의 상품이 여러 개 있을 경우 먼저 위험사고가 발생하였을 때 보장하는 보험금액이 얼마나 되는지 살펴본다. 이때 해당 보험의 최고 보장금액만 보면 절대로 안 된다. 왜냐하면 한 가지만 중점적으로 보장해주는 상품보다는 다양한 위험을 폭넓게 보장해주는 생활보장형 상품이 훨씬 더 좋은 보험이기 때문이다. 나무에 열려 있는 과일도 큰 것 한 개보다는 작더라도 먹음직한 과일이 많이 달려 있는 것이 훨씬 유용하게 활용된다.

따라서 일반사망 보험금, 질병에 걸렸을 때 지급되는 치료보험금, 재해사망 보험금 등을 전부 적는데 이때에는 장해 시 지급되는 급여금뿐만 아니라 치료비와 입원비 등도 전부 포함시켜야 한다. 이렇게 하여 산출된 총보험금 규모를 서로 비교해본 후 보장금액이 가장 큰 상품을 고른다. 건강보험을 고를 때 약정한 금액을 지급하는 정액급부형보다는 실제로 지출한 의료비를 보험가입 한도 내에서 보장 지급하는 실손보장형 의료보험을 선택하는 것이 바람직하다.

## 2 총납입보험료 규모가 가장 작은 보험 상품

가입을 원하는 상품 중 1구좌당 보험금 규모가 비슷한 상품을 몇 개 골랐으면 그 상품에 가입했을 경우 납입해야 할 보험료가 총 얼마나 되는지 살펴보는 것이 중요하다. 이때 보험료 규모는 동일한 조건하에서 검토한다. 즉, 똑같은 납입기간과 보장기간, 납입방법, 동일 피보험자를 가지고 판단한다. 만약 어떤 상품은 보장기간이 길다든지 또는 어떤 상품은 납입기간이 짧다든지 하면 비교 자체가 아무런 의미가 없다.

반드시 같은 유형의 상품과 비교분석한다. 예를 들어 보험기간과 납입기간이 20년, 납입방법은 월납일 경우 월납입보험료와 보험료납입기간 20년을 곱하여 총보험료 규모를 산출해본 후 제일 규모가 작은 상품을 고른다.

### 3 환급률 100% 시점이 빠르고 필요시 환급금이 가장 많은 상품

보장금액과 총납입보험료 규모가 엇비슷할 경우에는 중도해약 시 어떤 상품이 해약환급금이 더 많은지를 보고 판단한다. 보험은 만기까지 유지해야 보험수혜에 차질이 발생하지 않지만 장기상품이기 때문에 만부득이 유지기간 중 가정환경이나 경제시정이 변할 수도 있으므로 이를 반드시 염두에 둘 필요가 있다.

따라서 보험안내장이나 가입설계서에 제시된 해약환급금 예시표를 상품별로 비교해서 총납입보험료 중 해약환급금이 차지하는 비율이 가장 큰 상품을 고른다. 특히 환급률 100%가 되는 시점이 언제인지 살펴본다.

저축성보험의 경우 기납입보험료와 해지환급금이 같아지는 시점<sup>적용기</sup>

준: 적립형, 주보험 월납 기본보험료 30만 원, 남자 40세, 10년 만기, 전기납, 연복리 2.5%, 대면채널상품

은 연금보험은 60세 연금개시 시 신계약비의 이연상각기간이 끝나는 경과기간 7차년도 이후부터다. 8차년도 이후부터는 기납입보험료보다 환급률이 많아진다.

순수저축성보험은 환급률 100% 시점이 6차년도 이후부터이고, 변액연금보험은 60세 연금지급개시, 채권형 100% 운용, 특별계정 투자수익률 연 2.5% 가정 시 13차년도 이후이며, 투자수익률 연 3.75% 가정 시에는 7차년도 이후부터다. 환급률은 보험회사마다 사업비 운영폭이 다르고 이에 따라 수익률에 차이가 많으므로 반드시 비교분석한 후 선택한다.

## 4 만기 시 수익률이 가장 높은 상품

순수보장성보험이나 일반손해보험 상품을 제외한 나머지 모든 보험 상품은 만기 시 수익률이 각기 다르다. 그 이유는 보험회사에서 상품조립 시 위험보험료와 저축보험료의 구성비율과 예정이율을 어떻게 정했느냐에 따라서도 달라지지만 보험회사의 사업비 지출규모 및 보험료 운영기간, 운영결과에 따라서도 만기 시 수익률이 달라지기 때문이다.

따라서 만기 시 수익률을 상품별로 비교분석할 경우에는 만기 시 지급 받는 총금액에 만기까지 납입한 총납입보험료를 나누면 만기 시 수익률이 나온다. 이렇게 하여 산출된 만기 시 수익률이 가장 높은 상품을 고르면 된다. 그런데 관련 상품을 일일이 계산하기는 쉽지 않으므로 생명보험협회와 손해보험협회 홈페이지의 상품공시실을 통해 비슷한 상품유형을 비교분석한 후 선택한다.

이 경우 저축성보험, 연금보험, 변액유니버설보험 등 장기저축성보험 상품은 해지환급금 및 적립금공시이율 기준, 적용이율별 수익률최저보증이율, 공시이율, 평균공시이율, 확정이율, 사업비율·보험료 대비, 위험보장보험료 대비 등 여러 지표가 명기되어 있으므로 꼼꼼히 살펴보고 가장 좋은 상품을 선택한다. 생사혼합보험과 사망보험, 제3분야 보험의 상품 중 만기환급형은 보험가격지수 남자, 여자, 최저보증이율·공시이율, 확정이율을 비교 확인하도록 한다.

## 5 보험료납입기간이 긴 상품

동일한 상품의 경우 보험료납입기간이 긴 상품과 짧은 상품의 보험료는 매우 다르므로 현재의 경제규모를 고려해서 보험료납입기간을 선택하는 것이 좋다. 보험료를 일시에 납입하면 보험료 할인혜택도 주어진다. 그러나 보험료를 장기간 납입하면 비과세 및 세액공제 등 세제혜택을 받게 된다. 저축성보험이나 연금보험은 세액공제혜택을 못 받는 대신 10년 이상 유지 시 보험차익에 대해 전액 비과세 혜택이 주어진다. 보장성보험이나 연금계좌연금저축, 퇴직연금는 보험료납입기간 동안은 납입한 보험료의 범위 내에서 일정 금액의 세액공제 혜택을 볼 수 있다. 세액공제 혜택은 보험료를 낼 때에만 받을 수 있으므로 보험료납입기간이 길수록 좋다. 아무리 보험기간이 길다 해도 보험기간 동안 보험료를 내지 않을 때에는 세액공제 혜택이 없다는 점을 유의한다. 또한 보험료납입기간이 길면 납입기간 중 중대한 보험사고 발생 시 차회 이후 보험료납입 면제혜택이 주어진다.

## 6 확정금리형인지 금리연동형인지 꼭 확인

보험을 가입할 때는 가입하고자 하는 상품이 어떤 이율을 적용하는지 확인한다. 만약 보험가입 당시 1억 원을 보장받는 종신보험에 들었을 경우 무조건 사망 시에 1억 원을 보장받을 수 있을까? 그렇지 않다. 보험가입금액이 1억 원짜리인 확정금리형정액형 상품일 경우만 그렇다.

금리연동형 시중금리에 연동부리, 공시이율 적용에 가입하면 향후 금리가 현재보다 낮아질 경우 처음 기대한 것만큼 보험금을 받지 못할 수도 있다. 물론 금리가 높아지면 더 큰 금액을 받을 수 있다. 보험회사로서는 금리연동형이 확정금리형 상품에 비해 위험도가 낮다. 금리가 낮아지면 낮아지는 대로 적게 주면 되고, 높아지면 조금 더 주면 되기 때문이다.

보험금을 더 많이 탈 가능성이 없어지더라도 더 적게 탈 위험성도 배제하고 싶다면, 즉 가입설계서에 명시된 보험금액을 전부 받고 싶다면 정액형을 선택하고 다소 리스크가 따르더라도 장기적으로 더 높은 보험금이 지급될 것 같다는 판단이 선다면 금리연동형 상품을 선택하여 가입한다. 현재 대부분 보험회사에서는 금리연동형 상품을 취급하므로 확정금리형 상품을 원한다면 잘 살펴보고 가입한다.

## 7 사업비가 가장 적게 책정된 상품

보험료 구성은 크게 가입자에게 돌아가는 순보험료 위험보험료+저축보험료와 보험회사 운영에 필요한 부가보험료 사업비로 되어 있다. 순보험료 규모가 비슷하다면 부가보험료 규모에 따라 보험료 규모가 달라진다. 그런데 일반인들은 가입한 상품에서 차지하는 부가보험료가 얼마나 되는지 정확히 판단하기 힘들 수 있다. 몇 개의 상품을 검토하고 있다면 본인이 생명보험협회 또는 손해보험협회 홈페이지의 보험공시실을 클릭하거나 가입하려는 상품군에 대해 비교분석하거나 직접 해당 보험회사 콜센터에 문의하여 확인하는 것이 가장 손쉽고 현명한 방법이다.

## 8  갱신 시 보험료 변동폭이 적은 상품

갱신형 상품은 최초계약의 경과연수에 따라 보험료가 변경되고 보장내용 변경주기가 있으므로 최초계약의 보험기간이 종료되기 전 갱신을 해야 한다. 따라서 경과연수별 보험료 변동사항과 재갱신 시의 예상갱신보험료도 미리 확인하여 비슷한 유형의 갱신상품들과 비교한 후 그중 가입목적 및 보장니즈에 부합되며 보장내용이 좋고 보험료가 상대적으로 저렴한 상품을 선택한다. 단, 보험료 비교 시에는 주보험과 특약을 분리하여 비교 항목 기준이 비슷한지 꼭 확인한다.

## 9  보험가격지수가 낮고 적용이율이 높은 상품

보험가입 시 미리 산출하는 보험료는 예정이율과 예정위험률, 예정사업비율 등 보험료 산출요소를 적용하여 책정하고 장래 지급되는 만기보험금 또는 해지환급금은 이를 기반으로 적용이율을 기준으로 산정한나. 보험회사별 동종 유형의 상품을 객관적으로 비교할 수 있는 항목은 예정사업비율의 경우 보험가격지수이고, 적용이율은 금리연동형은 공시이율, 금리확정형은 확정이율이다. 보험가격지수는 가장 낮은 상품을, 적용이율은 가장 높은 상품을 선택하도록 한다.

## 10  보장니즈에 부합하는 특약과 부가서비스가 많고 양질의 상품

주계약에 담보되지 않은 보장니즈에 부합하는 양질의 선택특약과 실질적으로 도움이 되는 보험금 선지급서비스, 보험료 할인서비스, 건강체 우대서비스 등 제도성 특약 및 부가서비스가 많은 상품을 잘 고른다. 제도성 특약은 보험가입자의 편의를 도모하기 위한 목적으로 개발된 부가특약으로 보험료 부담이 없다.

상황에 따라서는 조금 보험료가 비싸더라도 해당 상품에 게재되어 있는 보장내용이 가족력이나 삶의 스타일을 고려할 때 실생활에 좀 더 밀접하고 보험회사의 사후서비스 제도가 만족할 수준으로 잘 이루어지는 양질의 상품이 더 나을 수 있다.

## 11 자신의 투자성향 및 투자성향과 부합되는 실적배당형 상품

변액보험과 퇴직연금보험 중 실적배당형 상품, 주가연계보험, 외화보험 등은 가입 후 투자리스크 발생 개연성을 고려하여 리스크 헤징 방법을 자세히 알아두고 신중히 선택해야 한다.

특히 펀드로 운용되는 상품은 투자원본에 대한 손실위험, 시장위험 및 개별위험, 유동성 위험, 채권가격의 이자율 변동에 따른 위험, 파생상품 투자위험, 그리고 외화로 운용되는 상품은 해외 투자 시 환율변동위험과 환헤지에 따른 위험, 오퍼레이션 위험Operation risk, 투자자산의 가치변동에 따른 환급위험 등의 여러 가지 위험요소가 존재한다. 투자실적 악화에 따른 리스크는 모두 가입자 책임으로 귀속되므로 가입 전 변액보험과 퇴직연금보험 실적배당형 상품, 주가연계보험, 외화보험 등에 대한 보험회사별 운용실적과 수익률을 비교 검토해보고 자신의 투자목적에 부합되는 양질의 상품을 선택한다.

# 보험 상품 똑 소리 나게 잘 가입하는 비법 11가지

## 1 성격이 같은 상품의 중복가입은 반드시 피한다.

보험은 상품에 따라 보장대상과 범위, 내용이 각각 다르다. 따라서 가능한 한 다양하게 보장하는 상품을 가입하고 추가로 가입할 경우에는 보장이 각기 다른 상품을 가입해야 한다. 다수보험은 비례보상원칙을 적용하여 중복 보상이 안 된다. 만약 암보험을 가입했는데 다른 상품은 가입하지 않고 또 암보험을 가입한다면 곤란하다. 다른 질병보험 상품과 재해보장, 상해보험, 운전자보험 등 다른 보험을 가입해야 위험발생 시 최대한 보장을 받을 수 있다.

## 2 장래 필요시점에 실제 도움이 되도록 설계한다.

보험은 발생할 개연성이 있는 불확실한 미래의 위험에 대비하여 가입하는 상품이면서 장래 언젠가는 반드시 필요한 시점에 보장을 받기 위해 가입하는 상품이다. 보험은 언제 발생할지 전혀 예측할 수 없는 만약의 사태에 대비하여 가입하는 상품과 언젠가는 반드시 발생할 개연성이 있는 위험에 대비하기 위하여 가입하는 상품 등 2가지 유형이 있다. 실손의료보험과 질병보험, 건강보험, 암보험, 자동차보험, 운전자보험 등은 일상생활에 필요한 보험이고 태아보험, 어린이보험, 교육보험은 자녀 양육과 교육자금 마련을 위해 가입하는 보험이다. 연금보험과 실버케어보험은 편안한 노후생활을 위해 필요한 보험이고 저축성보험과 장기손해보험, 변액보험은 확정된 시기에 필요한 목적자금을 충당하기 위하여 가입하는 보험이다. 종신보험은 사망 시 유가족의 생활보장을 위한 보험이다. 가족력이 있고 다른 사람보다 위험발생 확률이 더 높을 경우 질병보험가입은 필수이다.

개인형 상품을 가입할 경우에는 여성은 여성전용상품, 어린이는 어린이보험, 운전자는 운전자보험, 자가용 소유자는 자동차보험, 내 집을 마련한 사람은 화재보험, 귀한 물건을 운반하려는 사람은 해상보험이나 특종보험 등 특화된 전문상품을 가입하는 것이 좋다. 보험가입 시에는 먼저 필요한 시점에 보장이 되는지, 장래 실질적으로 도움이 될 것 같은지를 반드시 확인하고 가입한다.

### 3 보험가입금액을 정확히 설정하여 가입한다.

생명보험은 정액보험으로 보험가입금액은 보험가입자 마음대로 설정해도 상관이 없다. 그러나 손해보험은 손실보상보험이기 때문에 보험가입금액을 정확히 설정하여 계약을 체결해야 한다. 재물을 담보로 하는 보험계약을 체결할 경우 보험가입금액을 보험가액보다 초과하여 설정하였더라도 그 초과된 부분은 상법상제676조 무효가 되기 때문이다.

또한 보험가입금액을 보험가액보다 적게 설정한 경우에는 보험약관의 규정에 따라 보험회사에서 지급하는 손실보상금이 실제로 발생한 손해액<sub>보험가액</sub>보다 적을 수도 있다<sub>상법 제669조</sub>. 그러므로 손해보험계약을 체결할 경우에는 계약하기 전에 반드시 담보물건에 대하여 보험가액을 간이평가해달라고 보험회사에 얘기해야 한다. 그리고 보험회사에서 설정한 보험가액을 보험가입금액으로 하여 계약을 체결해야만 나중에 분쟁의 소지와 불이익이 없다.

### 4 담보 항목별 보장(보상) 내용을 정확히 확인한다.

보험은 보장<sub>생명보험</sub>과 보상<sub>손해보험</sub>을 받기 위해 가입하는 것이다. 따라서 어떤 경우에 보장과 보상을 받을 수 있는지 담보 항목별로 꼼꼼히 살펴보아야 한다. 보험가입 시에는 전부 보험금 지급사유의 대상이 되는 것 같았지만 막상 보험사고가 났을 때 보장·보상을 받을 수 없는 경우도 발생하므로 먼저 가입하려는 보험 상품이 어떤 경우에 보장·보상이 되고 어떤 경우에 보장·보상이 안 되는지를 반드시 확인해야 한다.

### 5 보장담보는 잘 설정되었는지 가입설계서를 꼼꼼히 살펴본다.

보험가입 시 대부분의 사람들은 해당 상품의 안내장을 보고 난 후 가입 여부를 결정한다. 상품안내장은 해당 상품을 가입하려고 하는 불특정 다수의 사람에게 알릴 사항을 개괄적으로 언급해놓은 것이므로 개개인의 보장내용을 세부적으로 자세히 기입해놓지는 못한다. 정작 가입자가 주의해야 할 사항이나 불이익의 소지가 있는 내용은 기입해놓지 않는 경우도 있다.

보험가입 시 가입자에게 주요한 보장담보 내용은 가입설계서재정안정설계서에 기재되어 있으므로 가입 전 반드시 해당 상품의 가입설계서를 살펴보고 확인하는 것이 중요하다. 보험금 지급사유가 발생했을 경우 또는 만기가 되었을 경우 약정된 보험금을 지급해주는지를 가입하기 전 확인해야 한다.

간혹 믿고 가입한다며 그냥 청약서에 사인서명만 하고 가입하면 보험금 수령 시 당초 약정한 금액과 다를 경우 어디 하소연할 수가 없다. 분쟁의 소지를 사전에 없애기 위해서라도 증빙자료인 가입설계서는 꼭 보관해 두어야 한다.

## 6 가장 필요한 상품을 최우선 선택한다.

보험에 가입하였을 경우 만기보험금이나 축하금 등 생존 시 지급되는 보험금을 제외하고 피보험자가 사고를 당했을 때 지급되는 보험금 중에서 보험금 지급 발생확률이 가장 높은 지급사유는 질병으로 입원했을 때와 재해또는 상해사고로 입원했을 경우에 지급되는 의료비이다.

즉, 보험가입 후 혜택을 보험가입기간 중 언젠가는 볼 수 있는 위험요소가 바로 질병이나 사고로 인한 입원통원 포함이며 이때 보험금이 나오는 생활보장형 의료실비보험이 실질적으로 가장 좋은 상품이다. 질병으로 입원하였을 경우 평생토록 입원비가 하자 없이 모두 다 지급되는 상품은 더 좋다. 재해사고로 인한 입원보다 질병으로 인하여 입원할 확률이 10배 이상 높기 때문이다. 그리고 재해사망할 확률보다 일반사망할 확률이 일반적으로 12배 이상 높으므로 재해사망 시 보험금이 많이 지급되는 보장성 보험보다는 종신보험이나 정기보험을 선택하여 가입하는 것이 더 바람직하다.

## 7 주보험과 특약의 상관관계를 잘 살펴본다.

일반적인 보험의 상품구성은 기본적으로 보장받는 주보험주계약과 종속특약, 고정의무부가특약, 선택특약, 제도성 특약 등으로 설계되어 있다. 주보험에서 보장되지 않는 부분을 특약으로 보장하는데 해당 특약이 어떤 특약들인지 자세히 살펴보아야 한다. 종속특약은 주계약에 따라서 들어가는 특약으로 삭제가 불가능하며 보험기간은 주보험과 동일하다. 고정의무부가특약은 주보험 가입 시 반드시 가입해야 하는 특약으로 해지가 불가능하다. 선택특약은 가입자의 보장니즈에 따라 주보험과 종속특약 또는 고정특약 이외에 추가 보장을 받기 위해 개별 선택하여 가입히는 특약으로 주로 갱신형이고 해지가 가능하며 모두 보험료가 발생한다. 제도성 특약은 해당 상품에 대한 서비스를 확대하기 위한 특약으로 추가 보험료는 없으므로 다다익선이다.

## 8 보험금 지급을 신속히 잘해주는 안정성 있는 보험회사를 선택한다.

보험가입자가 사고를 당했거나 사고가 난 이후 보험회사와 사고 뒤처리를 하는 과정에서 분통을 터뜨리는 경우가 종종 발생한다. 가입자 입장에서는 보험료 지급상 아무런 하자가 없고 당연히 빨리 지급되어야 한다고 판단함에도 불구하고 이상스럽게도 미적거린다. 사고조사를 해야 한다며 보험금 지급을 차일피일 미루는 회사도 있다. 도덕적으로나 사고발생 정황상 누구나 객관적으로 인지하는 사실인 경우에도 그러하다. 이렇게 보험금 지급에 능장을 부리거나 하여 계약자의 민원이 많은 회사는 각종 내규나 회사방침이 계약자가입자 위주라기보다는 회사 위주인 경우가 많다.

일부 보험회사는 보험사고가 나도 보험금 지급을 미루거나 지급하지 않으려고 법정다툼까지 끌고 가 가입자를 곤혹스럽게 만들기도 한다. 따라서 민원이 많고 안정성이 없는 보험회사는 가입한 보험의 안전을 위해서라도 피하는 것이 좋다.

항상 고객을 먼저 생각하고 모든 업무처리를 신속히 해주는 보험회사를 선택한다. 보험을 가입할 경우에는 자기에게 유익한 보장보상조건을 제공하면서도 상대적으로 보험료가 싼 상품을 고르고, 보험금지급 및 서비스를 약관규정대로 신속하고 정확하게 제공해주며 재무건전성이 양호한 우량보험회사를 선택하는 것이 좋다.

### 9 누구에게 가입할지 냉정히 판단하여 결정한다.

보험은 가입도 중요하지만 '어느 채널조직을 통해서 누구에게 가입할 것이냐'도 매우 중요하다. 나중에 보험금 혜택 발생 시 많은 영향을 초래하기 때문이다. 보험을 모집하는 채널조직은 매우 다양하다. 예전같이 보험회사에서만 보험을 판매하는 시대는 갔다. 지금은 일정 조건만 충족하면 업무제휴를 통해 어느 회사에서나 보험을 판매할 수 있도록 제도적으로 장치가 마련되어 있다.

**10 반드시 보험증권과 해당 약관을 비교하며 체크해놓는다.**

가입목적을 고려하여 보장니즈에 맞는 보험 상품을 선택하여 가입했는데 정작 보험사고가 발생했을 경우 약관상 보험금 지급사유에 해당되지 않아 실제로 보험금을 적게 받거나 아예 받지 못한다면 너무나 억울할 것이다. 모든 보험 상품의 보장내용은 해당 약관에 자세히 명시되어 있으므로 반드시 보험가입설계서와 보험증권, 해당 약관을 비교하면서 꼼꼼히 살펴보고 가입해야만 보험사고 발생 시 유연하고 실속 있게 대처할 수 있다. 어떤 보험 대상이 보장이 되고 안 되는지 보상범위와 보장내용은 어떠한지 등을 약관을 꼼꼼히 살펴보면서 알아놓아야만 보험사고 발생 시 하자 없이 처리하여 보험수혜를 받을 수 있음을 유념한다.

**11 보험 상품 가입 시 중요사항을 반드시 체크하고 이해한다.**

보험 상품 가입 시에는 상품에 대한 보험계약 시 중요사항을 보험판매채널을 통해 정확히 설명을 듣고 확실히 이해한 다음 가입하도록 한다. 보험계약 시의 중요사항이란 보험료, 보장범위, 보험금 지급제한 사유 등 보험회사의 설명의무가 있는 핵심내용으로, 이에는 다음과 같은 12가지 사항이 있다.

① 주계약 및 특약별 보험료
② 주계약 및 특약별로 보장하는 사망, 질병, 상해 등 주요 위험 및 보험금
③ 보험료납입기간 및 보험기간

④ 보험회사의 명칭, 보험 상품의 종목 및 명칭

⑤ 청약의 철회에 관한 사항

⑥ 지급한도, 면책사항, 감액지급 사항 등 보험금 지급제한 조건

⑦ 고지의무 및 통지의무 위반의 효과

⑧ 계약의 취소 및 무효에 관한 사항

⑨ 해약환급금에 관한 사항

⑩ 분쟁조정절차에 관한 사항

⑪ 간단손해보험대리점의 경우 소비자에게 보장되는 기회에 관한 사항

⑫ 그밖에 보험계약자 보호를 위하여 금융위원회가 고시하는 사항 등

# 보험료 절약하는
# 특급 비법 꿀팁 12

## 1 보험료납입기간은 길게 한다.

보험료납입기간을 길게 하면 더 많은 세제혜택을 볼 수 있어 그만큼 보험료를 절감하는 효과가 발생한다. 저축성보험과 연금보험 등 장기저축성보험은 10년 이상 유지 시 보험차익에 대해 이자소득세 15.4%를 면제해주는 비과세효과가 주어진다. 보장성보험, 연금저축보험과 퇴직연금DC형, IRP계좌은 납입보험료의 일정한도 내에서 세액공제를 해주는데 공제율이 최고 16.5%에 이른다. 이는 매우 큰 절세금액이다.

세액공제 혜택은 보험료를 납입할 때만 주어지므로 세액공제 연간한도 초과 시 납입기간을 길게 하는 것이 여러모로 이익이다. 특히 장기저축성보험의 경우 공시이율적용 상품 시 연복리로 운영되는데 신계약비의 이연상각기간에 따라 운영기간이 길수록 복리효과가 더 발생한다. 또한 보험기간이 길면 보험료납입기간 중 후유장애 등 큰 사고가 발생하였을 경우 차외 이후 보험료납입을 면제받을 수 있다.

## 2 부부계약 또는 가족계약 선택

부부가 같이 보험을 가입할 수 있는 상품이 있다면 함께 가입하는 게 좋다. 이 경우 여자를 피보험자로 하여 가입하면 보험료를 절약할 수 있다. 일반적으로 여자는 남자보다 위험률이 상대적으로 낮아 보험료가 10~30% 정도 저렴하다. 정상적인 부부가 종신보험을 가입할 경우 피보험자를 아내로 하면 30% 정도 저렴하다. 그러나 이런 경우에는 가정의 주소득원이 누구냐가 보험료를 할인받는 것보다 더 중요하기 때문에 신중히 한다. 가족 간 보험계약의 승계가 가능한 상품 등 가족계약 상품을 가입하는 것도 보험료를 절약하는 방법이다.

## 3 단일보험료 상품 선택

보험료는 대부분 피보험자의 나이에 따라 각기 다르게 책정해놓고 있다. 그러나 발생확률이 높은 위험을 보장해주는 상품이 아닌 일반보장상품 중에는 나이 제한이 없는 것도 있다. 누구나 연령에 관계없이 발생할 가능성이 있는 상해보험, 순수보장성보험 등의 상품은 단일보험료를 적용하는 경우도 있다.

상해사고는 연령과 큰 관계가 없기 때문에 보험회사는 이런 상품의 경우 평균 연령대의 위험률로 보험료를 산출한다. 단일보험료는 대개 가입대상자의 중간나이를 적용하여 계산하므로 이럴 경우 나이가 어린 사람은 약간 손해지만 나이가 많은 사람은 보험료를 상대적으로 적게 내므로 이익이다.

## 4 무진단 상품 가입

건강진단을 받는 상품은 보험료에 건강진단비가 포함된다. 그만큼 위험 발생확률도 높기 때문에 무진단 상품보다 보험료가 비싸다. 꼭 필요한 위험을 담보로 보장하지 않는 한 무진단 상품을 가입하는 것이 보험료를 절약할 수 있는 방법이다. 그리고 무진단 상품은 가입 시 까다롭지 않으므로 가입대상자는 누구나 가입이 가능하다.

## 5 실질적으로 도움 되는 특약 선택

특약은 주보험으로는 완전히 보장할 수 없는 부분을 보완하기 위해 선택하는 상품이므로 꼭 필요한 특약만을 골라 가입하는 것이 보험료를 절약하는 방법이다. 부가특약 선택 시에는 기존에 가입한 보험 상품과 중복되지 않도록 주의한다.

## 6 순수보장형 상품 선택 가입

순수보장형 상품은 살아 있을 경우 중도 또는 만기 시 지급되는 보험금이 없는 상품이다. 즉, 순수하게 위험에 대한 보장만 해주고 저축은 아예 신경 쓰지 않는 보험이다. 따라서 보험료가 저축기능을 가미한 만기환급부보험이나 저축 성격이 강한 생존보험보다 매우 싸다. 적은 보험료로 큰 보장을 받을 수 있는 생활보장형 상품이 보험 본래의 기능에 충실한 상품이다. 이런 상품은 연간 납입보험료의 100만 원 한도 내에서 13.2%지방소득세 포함를 세액공제 받을 수 있으므로 보험료 절감효과가 크다.

## 7 다수 보험에 중복가입하지 않도록 유의

약정된 보험금을 받는 정액형 보험과 달리 실제 손해액을 보장해주는 실손형 보험은 비례분담의 실손보장 원칙을 적용하므로 다수보험에 가입해도 중복보장이 되지 않는다. 즉, 여러 건을 중복하여 가입해도 보험사고 발생 시 해당 보험금을 초과하는 보장은 받을 수 없으므로 보험료만 이중으로 부담하여 보험료 손실을 초래한 셈이 된다. 이는 결코 도움이 되지 않으므로 다수 보험에 중복 가입했을 경우에는 곧바로 보험리모델링을 새롭게 하도록 한다. 불필요하게 중복 가입한 실손형 상품이 있는 경우에는 보험회사 콜센터 등을 통해 언제든지 해지할 수 있다.

## 8 자산가는 고액으로 설계 가입

고액의 보험료를 지불할 여력이 있다면 이 회사 저 회사에 분산하여 가입하지 말고 우량보험회사에 가입하는 것이 현명한 보험재테크 방법이다. 고액보험료 할인서비스제도가 있기 때문이다. 보험료 할인율은 장기목적자금 마련 시 수익률에 직접 영향을 미친다. 보험료를 할인해준다는 것은 사업비를 줄여준다는 의미다. 장기저축성 상품은 고액계약자에게 유리하게 설계되어 있어 보험료 규모가 클수록 보험료 할인혜택이 더 크다.

예를 들어 변액유니버설보험에 월 100만 원씩 불입할 경우 매월 기본 보험료의 1%를 할인해주므로 펀드에 투자되는 비용은 같고 월보험료를 99만 원만 내면 된다. 이때 매월 할인해준 1%를 다시 저축하게 되면 기회비용-Opportunity Cost은 더 크게 발생한다.

보험회사마다 약간 차이가 있지만 기본보험료가 50만~100만 원 이상일 경우 1%를 할인해주고 그 이상의 보험료 규모에 대해 추가로 '+a'를 적용하여 할인폭을 늘려준다. 월 200만 원씩 불입할 경우 매월 기본보험료의 1.0~1.5%, 월 500만 원씩 불입할 경우 매월 기본보험료의 1.5~2.0%, 월 1,000만 원 이상 불입할 경우 특별 적용하여 매월 기본보험료의 2.5%를 할인해주는 형식이다.

보험료 할인폭이 크면 클수록 이익이 더 많이 나므로 고액보험료로 가입 시에는 반드시 보험회사의 보험료 할인서비스제도를 살펴본다.

### 9 무해지환급형 또는 저해지환급형 상품 선택 가입

무해지환급형은 해당 보험의 기본형 상품과 동일한 보장을 받으면서 보험료는 적은 반면 보험료납입기간 중도해지 시 발생하는 해지해약환급금이 보험료납입 완료 시점까지는 발생하지 않는 보장성 상품을 말한다. 일반적인 보험 상품은 보험료납입기간 중 해지해약할 경우 납입한 보험료 중 일부가 해지환급금으로 지급된다.

그러나 무해지환급형 보험은 보험료납입기간 중에는 해지해도 해지환급금을 한 푼도 받을 수 없다. 그렇지만 보험료납입기간이 지난 이후 경과시점부터는 일반 표준형 상품 및 유해지환급형 및 저해지환급형 상품과 해지환급금이 동일하게 발생한다. 단, 2021년 8월 이후 판매 상품은 표준형환급금 대비 50% 이내로만 판매 가능.

저해지환급형은 계약일로부터 보험료납입 완료 이후 약관에서 정한 일정 기간 동안에는 표준형상품인 유해지환급형에 비하여 해지환급금이 적은 대신 유해지환급형보다 적은 보험료로 가입할 수 있는 보장성 상품을 말한다. 저해지환급형도 보험료납입기간 완료 이후 경과시점부터는 유해지환급형과 해지환급금이 같다.

무해지환급형과 저해지환급형은 일반 보장성 상품과 달리 보험료 산출 시 해지율이 보험료 산출에 반영되어 중도해지하는 계약해지자의 해약환급금을 잔존계약자의 재원으로 사용한다. 이에 따라 중도해지 시 환급률이 낮기 때문에 보험료 규모가 일반형 보험 상품보다 무해지환급형이 약 30%, 저해지환급형은 10~20% 정도 저렴한데 상품구조 및 보험사별로 차이가 있을 수 있다.

보험료납입기간 중 중도해지할 의향이 없다면 동일한 보장을 받으면서도 보험료가 매우 저렴한 무해지환급형 또는 저해지환급형 상품을 선택하여 가입하는 것이 바람직하다. 약관계약자대출은 보험료납입기간 중에는 해지환급금이 발생하지 않으므로 안 되지만, 납입기간이 끝나면 경과기간별 해지환급금 발생 시 약관대출이 가능하다. 무해지환급형과 저해지환급형 상품은 보험 상품에 모두 적용되지 않고 종신보험, 질병보험, 암보험, 장기간병보험개호보험 등 모든 순수보장성 상품 설계 시 적용하므로 가입 전 잘 살펴보도록 한다.

무해지환급형과 저해지환급형 가입 시 유념할 점은 중도해지할 경우 해지환급금이 없거나 매우 적어 손실폭이 크므로 반드시 보장니즈에 맞게 만기까지 장기 유지할 각오로 가입해야 한다는 점이다.

특히 무해지환급금은 보험료납입기간 중에는 아예 해지환급금이 발생하지 않으므로 약관대출을 받을 수 없고 월대체보험료를 공제할 수 없어

보험료납입중지 또는 유예기능도 없다는 점을 가입 전 꼭 알아둔다.

### 10 보험료에서 공제되는 각종 비용 규모 확인 후 선택

가입자가 납입하는 보험료는 크게 순보험료와 부가보험료로 구분되고 순보험료는 저축보험료와 위험보험료로 구분된다. 순보험료 중 저축보험료는 가입자에게 돌아갈 만기보험금, 중도환급금 등에 사용할 보험료이다.

위험보험료는 보험의 성격을 나타내는 보험사고 시 사망보장을 위한 부분에 사용하는 보험료이다. 부가보험료는 보험모집과 보험회사 운영 등에 활용되는 비용으로서 계약체결 비용인 신계약비와 계약유지관리 비용인 유지비가 있다. 이 중 사업비로 지출되는 보험관계 비용의 규모에 따라 만기환급금과 해지환급금이 달라진다. 또한 최저사망보증 및 최저연금보증에 사용되는 최저보증 비용도 있다. 이들 비용의 규모가 적아아 가입자에게 돌아오는 환급금이 많아진다. 보험료에서 공제되는 각종 비용은 보험 상품의 구조와 유형에 따라 각기 다르므로 반드시 같은 유형의 보험 상품과 비교분석하면서 잘 판단해야 한다.

### 11 가성비 좋은 DIY보험 선택하여 맞춤설계 가입

DIY보험Do It Yourself Insurance이란 보험가입자 개개인이 마음대로 보험설계를 직접 해서 해당 보험 상품내용 중 필요한 보장 부분만 선택하여 가입할 수 있도록 담보가 세분화된 보험 상품을 말한다. 보험가입자가 스스로 자신의 보장니즈와 생활치수에 맞춰 보험료 규모를 책정하고 그에 따라 다양한 부가특약 중 필요한 보장부분만 알맞게 쏙쏙 골라 가입하는 레시피 상품이므로 일반보험 상품보다 가성비가 좋아 상대적으로 저렴한 보험료로 실속 있게 가입할 수 있다. DIY보험은 보험회사에서 모든 보험 상품에 적용하지 않고 주로 암보험, 통합보험, 상해보험 등 질병보험과 보장성보험 상품에 적용하므로 가입 전 자신이 원하는 보험 상품에 DIY기능 가입자 맞춤설계이 있는지 미리 확인한다.

## 12 보험료 변경시기를 잘 파악하여 보험가입 결정

보험회사에서는 판매 중인 보험 상품의 보험료를 산출 또는 변경할 경우 보험개발원에서 작성한 경험생명표를 기준으로 예정위험률을 책정하고 예측한 자산운용수익률을 기준으로 예정이율을 책정하며 보험회사 사업규모를 기준으로 예정사업비율을 책정한다.

보험료 산출의 3요소인 예정위험률과 예정이율, 예정사업비율의 책정 규모에 따라 보험료가 변동되는데 변동 시기를 잘 판단하면 보험료를 절감하여 실속 있게 가입할 수 있다. 일반적으로 예정위험률 책정 시 사용하는 경험생명표는 3~5년 주기로 변동되며 변경 월은 회차별로 조금씩 다르다. 예정이율과 예정사업비율은 시장상황과 보험회사의 경영능력을 고려하여 책정 시기가 결정되는데 주로 연초 또는 매년 4월 초 변경된다.

경험생명표를 적용하는 예정위험률은 보험회사별로 보험료 산출 시 적용 편차가 크지 않다. 그러나 보험가격의 자유화로 보험 상품을 유지하는 보험기간 동안 적용하는 예정이율과 보험사업에 필요한 예정사업비율은 각 보험회사에서 자산운용수익과 손해율, 사업비 규모 등을 고려하면서 상품별로 자체적으로 판단하여 산출, 적용하므로 보험회사마다 차이가 있다.

특히 예정사업비율의 편차는 보험회사별, 상품유형별로 차이가 많다. 따라서 가입할 보험 상품에 대한 보험료 변경 시기를 반드시 사전에 잘 확인하고 보험료 절감에 이로운 방향으로 가입 시기를 조율하여 유리하게 가입하도록 한다.

# 보험료 절감하는 주요 특급 특약서비스제도 16가지

　보험료는 장기간 불입하려면 경제적으로 많은 부담이 되므로 한 푼이라도 절감할 수 있는 방법을 찾는 것이 현명한 보험클리닉이다. 보험료 할인 혜택을 매월 받을 수 있는 것만큼 가입 이후 빠른 기간 내에 가시적으로 큰 만족을 가져다주는 것도 없다. 보험을 가입할 당시 보험료를 줄이는 방법도 있지만 가입한 이후 매월 고정된 보험료를 줄일 수 있는 방법을 찾는 것이 더 중요하다. 보험가입 시 보험료는 적게 내면서도 보장은 꼼꼼하게 모두 다 받을 수 있도록 보험료 할인제도를 잘 살펴본다.

　보험회사는 보험 상품별로 사업비 절감 요인이 있는 경우 또는 상품판매촉진 등을 위해 다양한 보험료 할인특약서비스제도를 운영하고 있다. 보험료 할인특약은 암보장특약 등 다른 일반적인 특약처럼 별도로 주보험료 이외에 특약보험료를 추가로 납입하는 것이 아니라 선택특약 가입만으로도 보험료의 할인 혜택만 추가로 받는 서비스 상품이다. 보험료할인제도를 잘 활용하면 매월 납입하는 보험료를 보험료납입기간 동안 계속 할인받을 수 있으므로 실속 있는 보험재테크를 할 수 있다.

따라서 보험에 가입할 때는 상품설명서, 약관 등 보험안내자료 등을 통해 가입하고자 하는 상품의 선택특약이나 제도성 특약에 어떤 보험료 할인특약이 있고 자신이 관련 특약의 혜택 대상인지를 꼼꼼히 살펴보고 담당설계사나 보험회사에 적극적으로 문의하여 파악해놓는 것이 필요하다. 보험료할인제도에는 아래와 같은 특약 종류가 있다.

## 1 건강체(우량체)할인특약제도

건강은 보험료 절약 비결이다. 혈압, 비만 등 기본적인 검사를 통해 건강한 사람우량체, 건강체으로 인정되면 보험료를 삭감해주는 것을 말한다. 건강체할인서비스제도라고도 한다. 보험계약자 중 상대적으로 건강한 사람을 우량체 또는 건강체라고 부르는데 이들은 건강하여 사망률이 낮으므로 보험료 할인혜택을 받는다. 일반적으로 비흡연자나 표준체인 사람은 보험료 할인을 받아 그렇지 않은 사람보다 매월 5~20%까지 보험료를 덜 낼 수 있다.

예를 들어 종신보험이나 CI치명적 질병보험에 가입했는데 정상체의 경우 월납보험료가 20만 원이라 할 때 10%의 보험료를 할인해준다면 우량체는 18만 원 정도 된다. 이를 20년 동안 불입한다고 가정하면 원금만 자그마치 480만 원이 절약되는 것이다.

또한 신규가입자는 물론 기존 가입자도 건강체할인특약을 가입할 수 있으며 특약가입 후에 건강상태가 개선된 점을 확인할 수 있는 서류를 제출하면 이미 납입한 보험료 중 일부를 돌려받을 수 있다.

보험회사에서 적용하는 우량체건강체의 조건은 보통 ① 흡연을 청약일

이전 최근 1년간 하지 않아야 하고 최근 1년간 어떠한 형태와 종류를 불문하고 담배를 피우거나 씹거나 또는 기타 이와 유사한 형태로 사용하지 않아야 함 ② 수축기혈압 140mmHg 미만, 이완기혈압 90mmHg 미만이어야 하며 ③ 신장과 체중의 상관관계를 나타내는 체질량지수 BMI: Body Mass Index 가 일정 범위 17~26kg/m₂ 내의 수치이어야 하고 ④ 심전도, 간기능 검사 등이 정상일 때 해당된다. [* 참고: BMI수치 = 몸무게 kg/[키 m × 키 m] (키 175cm일 경우 m = 1.75)]

건강체할인은 종신보험, 정액보험 등 주로 사망을 보장하는 일부 상품에 적용되고 있다. 우량체 적용기준 및 보험료 할인 폭은 보험회사별로 적용하는 기준이 조금씩 다르다. 또한 성별 남자, 여자 과 나이, 납입기간 등 가입조건에 따라 적용하는 할인율에 다소 차이가 있다. 우량체 여부 판단은 가입 전뿐만 아니라 가입 이후에도 매년 할 수 있으므로 금연 등 평소 건강관리가 보험료를 절약하는 방법이다.

건강체 우량체 할인특약을 통해 보험료를 할인받았을 경우 보험기간 동안 흡연을 하면 안 된다. 질병보험, 종신보험의 보장형 상품 등에 건강체할인특약을 선택 부가하여 건강체로 가입해 보험료 할인을 받고 보험기간 중 피보험자가 30일 이상 흡연하였을 경우에는 계약자 또는 피보험자는 이 사실을 반드시 보험회사에 서면으로 통지해야 한다.

이 경우 보험회사는 가입자에게 서면통지를 받은 날부터 1개월 이내에 해당 계약의 건강체할인특약의 보험료 및 책임준비금 산출방법서에 정한 방법에 따라 계산된 금액 정산차액 을 즉시 계약자에게 통보하는데 계약자는 통보받은 정산차액을 추가납입해야 한다. 그리고 그 이후부터 계약자는 건강체 보험료와 동일한 기준 보험기간, 납입기간, 피보험자의 가입나이 등 으로 산출된 표준체 보험료를 향후 납입보험료로 적용하고 건강체할인특약은 그 시점부터 해지된다. 단, 보험료납입이 완료된 계약의 경우에는 정산차액만 추가로 납입하면 된다.

만약 계약자가 정산차액 및 표준체 보험료를 납입하지 않았을 경우 보험회사는 건강체 보험료의 표준체 보험료에 대한 비율에 따라 주계약의 보험가입금액을 감액한다. 계약자 또는 피보험자가 정당한 이유 없이 흡연 사실을 알리는 통지의무를 30일 이상 지체하였을 경우에 해당 보험회사는 보험금 지급사유의 발생 여부에 관계없이 그 사실을 안 날부터 1개월 이내에 보험가입금액을 감액하고 건강체할인특약을 해지할 수 있으니 유념한다.

## 2 보험료자동이체할인특약제도

보험료를 금융기관의 자동이체로 납입할 경우 월납 계약에 한하여 보험료를 할인해주는 제도를 말한다. 보험료를 은행을 이용하여 본인 통장에서 보험료가 매월 자동으로 인출되게 하면 보험료를 할인받을 수 있다. 보험컨설턴트에게 보험료를 낸다든지, 은행 GIRO를 이용한다든지, 보험회사에 직접 가서 낸다든지 하면 할인혜택이 없다. 자동이체 또는 급여이체를 통하여 보험료를 내면 보험 상품이나 회사마다 약간씩 다르지만 첫 달 이후에 보험료가 금융회사 자동이체, 급여이체 등을 통하여 납부되는 경우에는 매월 납입하는 영업보험료의 1~2% 정도를 할인해준다. 단. 초회보험료는 제외 아직도 보험료를 자동이체로 납입하지 않는다면 지금이라도 당장 자동이체 또는 급여이체로 바꿔놓는다.

## 3 단체취급할인특약제도

보험을 맨 처음 가입할 때 자신을 포함한 동일단체의 구성원으로 5인 이상의 보험계약자가 단체로 개인보험에 가입하고 보험료를 일괄 납입하는 경우 보험료를 할인해주는 제도를 말한다. 단체 적용할인이라고도 하며 주로 단체할인특약 형태로 운용되고 있다.

단체실손의료보험, 단체정기보험 등 직장에서 단체로 가입하는 보험 상품이 있을 경우 적극 활용하면 개인이 가입할 때보다 1~2% 이상 보험료를 절감할 수 있다. 할인율은 기본보험료만 적용하며 일시납 및 추가납입 보험료의 경우 할인에서 제외된다.

건강진단 없이도 가입할 수 있는 경우가 많으며 보험료를 급여에서 공제할 수 있기 때문에 주소 이전, 실효 등 계약의 장기간 유지에 따른 불편함을 해소할 수 있어 여러모로 편리하다. 직장을 그만두어도 보험 계약을 개인으로 전환해서 유지할 수 있는 경우도 있다. 단, 5인 이상의 단체로 가입해야 한다. 동일한 상품에 가입하려는 사람이 주변에 5인 이상 있을 경우에는 같이 들면 이익이다.

## 4 무사고할인특약제도

보험가입 후 일정 기간 동안 보험금 지급사유가 발생하지 않고 건강하게 유지할 경우 보험료를 할인해주는 제도이다. 적용대상 보험은 실손의료보험, 건강보험 등 질병보험과 자동차보험 등 배상책임보험 등이다. 실손의료보험은 담보별 무사고 판정기간 동안 건강관리를 잘하거나 무사고 등으로 보험금 지급사유가 발생하지 않으면 갱신 후 보험료의 10%를 할

인해준다. 단, 갱신되는 계약의 보장내용이 갱신 전 보장과 다를 경우 보험금 지급 여부와 관계없이 할인

미적용. 당뇨보험은 꾸준한 운동과 식습관 개선 등을 통해 당뇨수치가 낮아

지면 납입보험료의 2%를 할인해준다. 자동차보험은 무사고 경력을 18년

간 유지할 경우 보험료가 70%까지 할인된다.

### 5 가족계약할인특약제도

피보험자가 1인이 아닌 가족 중 2인 이상일 경우이거나 부모를 피보험

자로 하는 경우 보험료를 할인해주는 제도이다. 가족 간 보험계약의 승

계가 가능한 상품으로 부부계약, 가족계약과 계약자의 부, 모, 조부 또는

조모를 피보험자로 가입할 경우 상품마다 할인폭이 다른데 보험료를 1~

10% 정도 할인회사마다 상이해준다. 할인대상 상품은 여행자보험, 질병보험,

상해보험, 어린이보험 등이다. 만약 여행자보험과 같이 가족구성원 모두

가 동일한 보험에 동시에 가입해야 하는 경우 보험회사에 해당 보험이 가

족계약할인이 되는지를 확인할 필요가 있다. 가족구성원이 동시에 가입

하는 경우라면 보험회사에 할인 여부를 꼭 확인하도록 한다.

### 6 고액계약할인특약제도

보험가입금액 또는 납입보험료가 일정금액 이상일 경우에는 기본보험

료 할인금액을 적용하여 보험료 할인혜택을 부여해주는 고액계약자 우대

서비스 제도를 말한다. 일반적으로 월 기본보험료의 규모와 납입기간에

따라 고액계약할인율이 차등 적용되고 있다. 할인대상 상품은 종신보험,

정기보험, 암보험, 상해보험, 장기저축성보험 등이다. 할인율은 주보험 기

본보험료가 일정금액을 초과하는 경우 전체 기본보험료에 일정률로 할인하는 방법과 기본보험료의 초과된 금액에 대해 일정률로 할인하는 방법, 보험가입금액을 기준으로 고액가입금액 일정한도 초과 시 기본보험료를 할인하는 방법 등이 있으므로 보험회사 해당 약관을 잘 살펴본다.

이때 보험기간 중 기본보험료가 변경될 경우 변경된 보험료를 기준으로 적용하며, 보험료납입 일시중지제도 신청 시 납입 일시중지 기간 동안에는 적용하지 않는다.

예를 들어 적립형의 경우 고액보험료 할인율은 월납계약의 기본보험료를 기준으로 0.5~2.0%까지 또는 기본보험료 중 30만 원 초과금액에 대하여 50만 원, 100만 원, 200만 원, 500만 원, 1,000만 원 등 구간을 설정하여 초과금액의 2~3% 정도를 할인해주는 등 다양하게 적용하고 있다.

또한 보험가입금액을 기준으로 고액계약의 경우 3억 원 초과 시 기본보험료의 4.0%, 5억 원 이상 시 기본보험료의 5.0%를 할인해주기도 한다. 단, 할인율은 기본보험료만 적용하며 일시납 및 추가납입보험료의 경우 할인에서 제외한다. 고액계약할인특약제도는 일종의 마일리지서비스제도로서 보험금 또는 보험료의 금액이 클수록 할인율이 높아지는 특징이 있으므로 고액의 보험 상품을 가입할 경우에는 반드시 보험료 할인폭을 확인하도록 한다.

## 7 선납보험료할인특약제도

선납보험료란 일시납계약이 아닌 경우, 보험납입기간 중도에 미경과 기간의 보험료를 미리 납입하는 것을 말한다. 선납보험료에 대해 당월 분은 제외하고 3개월분 이상의 보험료를 선납할 경우 보험료를 할인해주는데 선납이 가능한 상품 및 기간은 ① 보장성보험은 전 기간 일괄 선납가능, ② 저축성, 연금, 교육보험은 1년, ③ 연금저축보험은 3개월 등이며 변액보험 상품은 선납이 불가능한데 보험회사별로 차이가 있다.

## 8  저소득층 및 장애인가족 우대특약제도

저소득층 우대특약은 보험계약자가 국민기초생활법에서 정한 국민기초생활수급자일 경우 이를 증명할 수 있는 자료기초생활수급자 증명서, 소득증빙서류 등를 제출하면 보험료를 할인3~8%받을 수 있는 특약을 말한다. 장애인가족 우대특약은 보험계약자가 장애인복지법에 따라 등록된 장애인 및 장애인 배우자또는 직계존비속인 경우 보험료를 할인2~5%받을 수 있는 특약으로서 특약에 가입하기 위해서는 장애인등록증, 주민등록등본 등을 제출해야 한다. 저소득층 및 장애인가족 우대특약의 대상 상품으로는 종신보험, 정기보험, 자동차보험 등이 있다.

## 9  다자녀가정우대특약제도

어린이보험 등 사망을 보험금 지급사유로 하지 않는 계약 중 피보험자자녀의 나이가 25세 이하이고 피보험자의 형제자매가 2명피보험자 포함 이상인 경우에는 영업보험료를 일정비율0.5~5% 할인받을 수 있는 특약으로 자녀 수가 많을수록 할인율을 높게 적용한다. 입양 및 재혼가정 등의 경우에도 가족관계증명서에 등재된 자녀가 2명 이상인 경우 할인혜택을 받을 수 있다. 다자녀가정우대특약 가입 시에는 가족관계증명서나 주민등록등본 등을 보험회사에 제출해야 한다.

## 10 효도장려특약(부모사랑 보험료할인특약)제도

보험계약자가 본인의 가족관계등록부상 또는 주민등록상의 부모<sup>배우자</sup><sup>의 부모 포함</sup>를 피보험자 및 보험수익자로 하여 보험계약을 체결하는 간편심사보험, 간병보험 등의 경우 영업보험료<sup>특약보험료 포함</sup>를 할인<sup>1~2%</sup>해주는 특약을 말한다. 단, 피보험자의 나이가 50세 이상이면서 계약자 나이가 20세 이상이어야 하고 피보험자와 보험수익자가 동일해야 하며, 보험가입 시 보험료를 한번에 납입하는 일시납 계약이 아닌 경우에만 할인 혜택이 부여된다. 가족관계증명서 또는 주민등록등본을 제출해야 특약 가입이 가능하다. 대상 상품은 장기간병보험, 실버암보험 및 간편심사보험 상품 등이다.

## 11 기존가입자 할인특약제도

보험계약 당시 보험계약자가 해당 보험회사의 다른 보험 상품에 가입되어 있는 경우 보험료를 할인<sup>1~14%</sup>해주는 특약으로 가입 당시 보험회사에 정보 확인을 요청하여 할인 혜택을 받을 수 있다. 대상상품은 종신보험, 어린이보험, 간편심사보험, 간병보험, 운전자보험 등이다.

## 12 부부가입 할인특약제도

보험가입 시 본인 및 본인의 배우자가 동일한 상품을 동시에 가입하는 경우 보험료를 할인해주는 특약이다. 가족관계증명서 등을 제출하여 부부관계임을 확인받고 할인혜택1~10%을 받을 수 있다. 대상상품은 여행자보험, 실손의료보험, 상해보험, 운전자보험, 자동차보험 등이다.

## 13 무사고자 할인특약

보험가입 후 일정 기간 무사고자에 대해 차기 이후의 보험료를 할인해주는 특약이다. 할인 대상 상품은 2017년 4월 이후 판매된 실손의료보험과 자동차보험, 운전자보험 등이다.

2017년 4월 이후 판매된 신실손의료보험에 가입한 자가 2년 동안 비급여 의료비 보험금을 수령하지 않은 경우에는 그다음 해의 1년 보험료를 10% 이상 할인받을 수 있다. 자동차보험이나 운전자보험 등을 가입한 경우에도 보험회사에서 정한 일정 기간 사고가 없어 보험금을 수령하지 않은 경우에는 보험료를 할인1~10%받을 수 있다. 이 경우 보험회사가 보험개발원 전산망을 통해 전체 보험회사의 보험금 지급내역을 조회해 무사고 여부를 확인하고 보험가입 시 또는 보험 갱신 시 자동으로 할인율이 적용되는데 할인폭을 세부적으로 확인한다.

## 14 의료수급권자 할인특약제도

의료급여법에 따라 생활이 어려운 저소득층 등 의료비 지원을 받는 의료급여 수급권자가 실손의료보장이 되는 보험을 가입하는 경우 수급권자 자격취득일 이후 최초로 도래하는 납입기일부터 보험료의 5%를 할인해주는 제도이다. 보험가입 시뿐만 아니라 보험가입 이후에도 수급권자 자격을 취득하면 수급권자임을 입증할 증빙서류를 보험회사에 제출하고 보험료를 할인받을 수 있다. 단, 피보험자가 의료급여 수급권자 자격을 상실한 경우 보험회사는 수급권자 자격을 상실한 날부터 할인혜택이 중지되어 할인되지 않은 영업보험료를 적용하므로 가입 시의 기본보험료를 납입해야 한다.

## 15 만기도래고객할인제도

실손의료보험 가입자가 가입한 보험회사에 다른 기존계약을 가입한 상품이 있을 경우 계약일로부터 최초가입에 한해 영업보험료의 5%를 할인해주는 제도이다. 단, ① 실손의료보험의 계약체결 시점에 기존계약이 유효하거나 기존계약의 만기가 이미 도래한 경우 또는 기존계약이 기존계약의 만기일로부터 3개월 이내에 임의 해지된 경우 ② 실손의료보험의 계약일이 기존계약의 만기일이 속하는 달을 기준으로 3개월 이전 달의 첫날부터 3개월 이후 달의 마지막 날 이내일 경우 등의 조건을 모두 충족해야 적용된다.

## 16 장기유지보너스서비스제도

보험 상품을 장기간 유지한 가입자에게 적립금을 추가로 지급해주는 장기유지자우대특별서비스제도이다. 장기유지자우대서비스는 가입상품의 보험료납입기간이 최소 3년 이상인 경우 납입보험료 규모 및 보험가입금액에 따라 우대 적립금액을 적용하여 계약자적립금에 더해 장기유지보너스를 지급한다.

매월 기본보험료납입금액을 기준으로 보험계약일로부터 보험료납입기간이 5년을 초과하면 이후 매달 납입보험료기본보험료의 최대 3%까지 장기납입보너스를 포인트로 적립하여 지급해준다. 또한 10년 경과시점의 계약 해당일에는 기본 계약자적립금에 일정률을 가산하여 최대 7%까지 추가 지급한다.

또한 주계약 보험가입금액을 기준으로 3~5년 이상 경과 시 보험가입금액 5,000만 원 미만은 주계약 기본보험료의 2%, 5,000만~1억 원은 3%, 1억 원 이상은 6% 등으로 차등 적용하여 보험료납입기간 종료 시까지 계약자적립금에 추가로 적립해주기도 한다. 장기유지보너스의 일정률 가산방법과 장기유지보너스 지급 시기는 보험료납입기간이 끝난 다음 날 또는 만기, 해지 및 보험사고 발생 시 등으로서 보험회사마다 각기 다르다. 손해보험의 경우 보험계약일부터 3년 경과시점에서도 별도로 포인트를 적립해주는 등 보험회사마다 상품에 따라 별도 적용하므로 가입 전 잘 살펴보도록 한다.

위에서 설명한 보험료할인특약제도 외에도 자궁경부암백신접종할인특약, 가족추가가입할인특약, 다문화가정할인특약, 시니어교통안전교육이수자할인특약, baby in car할인특약 등 다양한 보험료특약할인제도가 있으므로 상품가입 전 꼼꼼히 살펴보고 최대한 유용하게 활용하여 보험료를 절감하도록 한다.

# 상령월 이전
# 젊을 때 가입해야 유리

## 보험은 젊을 때부터 미리 가입해야 유리

　보험의 필요성과 목적이 분명하게 정해져 어느 상품을 가입하는 것이 좋은지 결정했다면 되도록 빨리 가입하는 것이 경제적으로 도움이 된다. 나이가 어리면 어릴수록 보험료가 저렴하기 때문이다. 한 살 차이는 그냥 단순히 가입할 때만 보험료 차이를 내는 것이 아니다. 의료실비보험이나 종신보험 등 생활보장상품의 경우 상품개발 시 손해율과 생존율을 따지므로 나이를 먹을수록 삶의 리스크가 커지기 때문에 당연히 보험료가 올라간다. 특히 연금보험이나 저축성보험 등 목적자금을 마련하기 위해 가입하는 생존보험 상품은 기간수익불입기간과 수령기간의 차이에 따라 발생하는 수익률을 고려해서 하루 빨리 가입해야만 재테크 실현이 좀 더 빨리 가시화된다.

　그리고 대부분 생활보장상품은 60세 이상이면 가입하기가 쉽지 않다. 특히 질병과 관련된 상품은 50세만 넘어가도 건강진단을 받아야 하는 등 가입조건도 까다롭고 보험료도 매우 비싸서 가입하고 싶어도 엄두가 안 나는 경우가 많다. 설령 나이가 많아도 가입할 수 있는 보험이 있다 해도 이런 보험은 일상생활에 별로 도움이 안 되는 단순조립형의 순수보장성 보험인 경우가 대부분이다. 따라서 가능한 한 젊었을 때 여러 질환이 많이 발생하는 노후에도 계속 보장을 받을 상품을 가입하는 것이 가장 현명한 방법이다.

## 반드시 상령월 이전 가입해야 이익

상령월이란 보험수리에서 사용하는 전문용어인데 보험연령의 계산에서 나이가 한 살 올라가는 달을 말한다. 즉, 주민등록상에 기재되어 있는 호적생일로부터 6개월이 경과한 날을 일컫는다. '나이 한 살 차! 그거 보험료 차이가 얼마나 난다고. 나중에 여유 있을 때 가입하지 뭐.'

만약 이렇게 생각한다면 정말 잘못 생각하는 것이다. 보험가입연령은 해당 보험 상품 가입 시점의 만 나이에 따라 다르게 계상한다. 같은 나이라도 보험 나이는 적용방식이 달라 주민등록상 만 나이를 적용하여 가입 시점에서 자투리가 6개월 미만인 경우에는 절사하여 만 나이만 계산하고, 6개월 이상은 반올림하여 주민등록상 나이보다 한 살 많게 계산하므로 조금 일찍 들면 더 많은 이익을 볼 수 있다. 장기보험에서 보험 나이 한 살의 차이는 누적보험료 규모에 많은 차이를 가져온다. 기간이 경과할수록 보험료지불액을 크게 한다. 보험료납입기간이 긴 종신보험 등 장기상품의 경우에는 자칫 하루 이틀 차이로 매월 보험료납입기간 동안 수백만 원의 추가 부담을 안게 된다. 따라서 같은 조건으로 보험을 가입하려 한다면 관심을 기울이고 조금만 신경 쓰면 더 이익을 볼 수 있다.

## 신규 경험생명표 적용으로 보험료 증가

보험은 보험가입자들의 성별, 연령별, 위험률사망률, 사고율과 남은 수명 등을 예측하여 상품을 만드는데 이때 보험료 산정기준이 되는 중요한 요소가 경험생명표이다. 경험생명표는 보험가입자만을 대상으로 하여 연령별로 사망률 및 잔여수명을 작성한 표로서 보험개발원이 약 3~5년 주기로 산출한다. 보험회사들은 이를 바탕으로 보험료나 연금액을 책정한다. 2019년 4월부터 9회 경험생명표가 적용되고 있다.

점점 평균수명이 증가되는 추세이므로 생존율이 늘어나는 연금보험이나 의료기술 발달로 질병치유 확률이 높아져 병원치료비가 증가되어 위험률이 높아지는 실손의료보험, 질병보험·건강보험·자녀보험·암보험 등 생활보장형 상품의 보험료는 경험생명표가 바뀔 때마다 올라가게 된다. 연금보험의 경우 연금 지급총액은 변하지 않지만 연금을 지급해야 하는 기간이 길어진 만큼 매월 받는 연금 액수가 줄어들게 된다. 대상은 연금저축보험, 변액연금보험, 일반연금보험 등 통상 개인연금상품으로 분류되는 연금보험이다.

## 가입 시기 늦을수록 손해폭이 더 큰 변액보험

변액보험은 가입하는 시기가 늦어지면 늦어질수록보험 나이가 많아질수록 동일기간 보험료를 불입하더라도 수익률이 떨어지게 되어 이에 따라 실질적인 손해를 보게 되는 결과를 초래한다. 그 이유는 변액보험 상품은 보험료 구성 요소 중 위험보험료의 적용 방법이 다른 보험 상품과는 다르기 때문이다. 피보험자가 사망할 위험은 나이에 따라 점점 증가하므로 원칙적으로 연령별로 위험보험료가 각각 다르다.

일반보험은 전 연령에 대한 각각의 위험보험료를 평균한 단일보험료를 가입 시 적용하므로 나이가 증가하더라도 이 보험료가 변동되지 않는다.

그러나 변액보험은 나이에 따라 매년 증가하는 해당 위험률을 적용자연보험료 방식하므로 나이가 많아짐에 따라 위험보험료도 증가하게 된다. 예를 들어 만약 40세가 되면 41세와 위험보험료 차이가 매월 2,000원 정도 나지만 50세와 51세는 5,000원 정도 차이가 발생하고, 60세는 매월 약 1만 5,000원 정도 차이 난다. 즉 나이를 먹을수록 한 살이란 단순한 차이가 더 크게 벌어지게 되는 것이다. 80세에는 무려 매월 10만 원 정도 차이가 발생한다. 90세가 되면 자그마치 매월 30만 원 이상 차이가 난다.

이와 같이 변액보험은 계약자가 매월 동일한 보험료를 납입하더라도 나이가 한 살 많아질 때마다 위험보험료가 많아지므로 특별계정으로 투입되는 저축보험료는 매년 줄어들게 된다. 펀드로 투자되는 금액이 점점 줄어들게 되므로 수익률이 떨어진다는 의미이다. 따라서 변액보험 상품으로 목적자금 마련 계획을 세웠다면 하루라도 빨리 가입하는 것이 가장 현명한 처세술이다.

참고로 '만(滿) 나이'로 통일한 나이계산법(2023년 6월 시행)의 경우 보험상품에서는 현재대로 '보험나이' 개념을 활용한다. 단, 관련 법규에서 나이를 특정하거나, 개별약관에서 나이를 별도 정하는 경우 등은 보험 나이를 적용하지 않고 그에 따른다. (예 : 15세 미만자의 사망을 보험사고로 한 보험계약은 무효(상법 제732조))

# 수익증대 위해 반드시
# 보험료추가납입제도 활용

    보험료추가납입제도란 보험 상품 계약 시 체결한 약정보험료인 기본보험료 이외에 보험기간 중 별도로 보험료를 추가하여 납입할 수 있는 제도이다. 기본보험료란 보험계약을 체결할 때 정한 일시납 계약의 일시납보험료 또는 월납 계약의 매월 계속 납입하기로 한 월납보험료로서 해당 보험 상품의 산출방법서에서 정한 방법에 따라 계산된 보험료를 말한다. 추가납입보험료란 계약자가 가입한 기본보험료의 납입주기와 달리 수시로 납입할 수 있는 보험료를 말한다.

    추가납입보험료는 보험 상품의 기본보험료 이외에 계약일로부터 1개월이 지난 후 보험기간 중 수시로 납입하는 다음과 같은 보험료를 말한다.

---

### 추가납입보험료의 성립요건

① 보험기간 중 납입하기로 정한 기본보험료 총액을 초과하여 납입하는 보험료

② 월납 계약에서 보험료납입경과기간 2년(24회 납입) 이내에 보험료납입 한도 내에서 계약자의 선택에 따라 납입하는 보험료

③ 계약자적립금의 인출로 인한 기본사망보험금의 감소가 있을 경우 기본사망보험금 감소분 이내에서 계약자의 선택에 따라 납입하는 보험료

---

보험료추가납입제도를 활용하면 별도의 저축성보험을 가입하는 경우보다 사업비가 훨씬 저렴하여 가입자에게 매우 유리하다. 추가보험료납입기능은 유니버설 기능이 있는 상품은 모두 해당된다. 따라서 저축성보험, 변액유니버설보험, 연금보험, 일시납, 적립형, 거치형 등 저축성보험상품의 경우 보험료 추가납입제도를 활용하면 수익률이 높아져 만기보험금이 늘어난다. 또한 유니버설 기능 없는 연금보험, 변액연금보험과변액종신보험, 변액CI보험 등의 상품도 주보험 또는 특약에 추가납입 기능을 설정하여 추가납입보험료를 추가로 납입할 수 있도록 대부분 설계되어 있다.

보험료 추가납입제도를 반드시 활용해야 하는 가장 큰 이유는 추가납입을 해야만 수익률을 최대한 많이 올릴 수 있기 때문이다. 모든 보험은상품설계 시 책임준비금의 재원이 되는 저축보험료와 사망보험금의 재원이 되는 위험보험료 등 가입자에게 돌아갈 순보험료와 더불어 보험회사의 운영, 내근사원 인건비, 모집자의 수수료 등 충당할 사업비 명목으로부가보험료를 별도로 책정하고 그 이외에 보험 상품 유지관리 시 필요한각종 비용과 수수료를 포함해 영업보험료를 책정한다.

추가납입보험료에는 보험관계비용 중 기본보험료에 들어가는 신계약비 계약체결비용와 위험보험료가 부과되지 않고 유지비 계약유지관리비용와 최저보증비용, 해지공제비용, 변액보험의 특별계정운용비용, 연금보험의 연금수령기간 중 관리비용 등의 각종 비용 및 수수료만 차감하기 때문에저축으로 적립되는 적립금액 변액보험은 펀드로 운용하는 특별계정이 그만큼 많아지게 된다.

계약체결비용인 신계약비는 기본보험료에 비례 형태로 매월 부과된다. 보험모집 시 발생하는 제반비용으로 계약체결 초기에 거의 지출되지만 보험료납입기간 동안 발생한 수익과 계약비용의 지출기간 불일치 때문에 회계기준상 이를 맞추기 위해 초기에는 자산으로 분류했다가 나중에 비용으로 반영하는데 현재 저축성보험의 경우 예정신계약비를 첫해에 70% 부가하고 나머지 30%를 차년도 이후부터 10차년도까지 이연상각하는 방식이다. 이 경우 1~7차년도와 8~10차년도를 공제 비율을 달리 적용하는 회사도 있다.

따라서 추가납입보험료에는 신계약비용이 붙지 않아 이연상각에 따른 불이익도 발생하지 않으므로 그만큼 수익을 증대시킬 수 있어 가입자로서는 매우 큰 이익이다.

보험료추가납입 가능기간은 해당 상품의 계약일로부터 보험료납입기간 1개월 전까지다. 단, 연금보험 상품은 연금지급 개시나이 연계약해당일의 1개월 전까지이다. 추가납입보험료 적용은 적립형과 거치형일시납 상품 모두 가능하다.

보험회사에서는 가입자가 추가보험료납입제도를 역이용하는 것을 방지하기 위해 추가납입할 수 있는 보험료 규모를 제한하고 있다. 추가보험료납입 한도는 적립형의 경우 연간 기본보험료의 200~300% 이내이고, 총한도는 보험료납입기간 동안 납입하기로 약정한 기본보험료 총액기본보험료×12×보험료납입기간의 200~300%이다.

거치형일시납의 추가납입보험료 한도는 경과기간별로 차등 적용하는데 가입 초년도는 '일시납 기본보험료×110%'이고 차년도부터는 '일시납 기본보험료×10%'이다.

단, 해당 약관에 따른 중도인출금액이 있을 경우 해당 중도인출금액만큼 추가로 납입가능하며 특약이 부가된 경우 특약보험료는 보험료 추가납입한도에서 제외한다. 계약자적립금의 인출이 있을 경우에는 보험료납입한도에 인출금액의 누계를 더한 금액을 납입한도로 한다. 추가납입보험료의 1회당 최저 납입한도는 1만 원 이상, 천 원 단위이다. 적립형은 횟수에 관계없이 수시로 납입이 가능하다.

이때 보험회사에 따라 보험료 추가납입한도를 보험료납입경과기간 경과별로 달리 적용하고 또한 납입한도 적용률도 상품별로 각기 다르므로 잘 살펴보아야 한다.

---

**1회 납입 가능한 추가납입보험료의 납입한도**

= {(월납 기본보험료 × 가입 후 경과월수)+선납보험료} × 200% − 이미 납입한 추가납입보험료 합계액+중도인출금의 합계액

(* 가입 후 경과월수는 가입 시를 1개월로 하며 보험료납입기간을 최고한도로 함)

**추가납입보험료의 총한도**

= 기본보험료총액{(월납 기본보험료 × 12 × 납입기간) + 선납보험료} × 200% − 이미 납입한 추가납입보험료 합계액 + 중도인출금의 합계액

---

추가납입보험료의 한도는 시중금리 등 금융환경에 따라 매년 약정한도 이내에서 해당 보험회사가 정한 한도로 하는데 보험회사마다 상이할 수 있다. 만약 시중금리에 따라 추가납입보험료의 납입한도를 축소하는 경

우에는 국고채수익률이 해당 계약의 공시이율이 최저보증이율<sub>예를 들어 가</sub>입 후 5년 이내에는 연복리 1.25%, 5년 초과 10년 이내에는 연복리 1.0%, 10년을 초과한 경우에는 연복리 0.5% 적용 등 이하로 하락하여 3개월 이상 계속 하회하는 경우에 한한다. 국고채수익률은 한국금융투자협회가 매일 공시하는 5년 만기 국고채권의 최종호가 수익률로 한다.

보험료추가납입제도 활용 시 유념할 사항은 보험료를 추가납입하더라도 위험보장금액<sub>사망보험금</sub> 등은 증가하지 않는다는 점이다. 기본보험료와 달리 추가납입보험료에는 위험<sub>상해, 사망</sub> 등을 보장하는 보험료<sub>위험보험료</sub>가 포함되어 있지 않기 때문에 추가납입보험료를 많이 납입하더라도 사망 등 보험사고 시 지급되는 보험금은 계약체결 시 약정된 가입금액 이상으로 증가하지는 않는다. 예를 들어 사망 시 500만 원을 지급<sub>기본보험료 월 10만 원</sub>하는 저축성보험에서 추가납입보험료를 월 20만 원까지 추가납입하더라도 사망 시 사망보험금은 500만 원으로 변동사항이 없다.

### 추가납입보험료 비용 및 수수료 부과 방법

보험료 추가납입제도의 운용방식은 표준화되어 있지 않고 보험회사별로 또는 상품별로 각기 다르다. 추가납입보험료에 대해서는 추가보험료 납입 시 보험계약의 유지관리에 필요한 계약유지관리 비용과 최저보증 등에 필요한 수수료가 부과되는데 이를 계약유지관리 비용이라고 한다. 계약유지관리 비용은 일반적으로 다음과 같이 부과한다.

① 추가보험료납입 시 추가납입보험료의 1.0~2.0% 정도 부과한다. 단,

중도인출금액<sub>인출수수료 포함</sub>을 재납입할 경우에는 최대 7만 원 한도로 부과한다.

② 추가보험료를 납입한 다음 납입 후 도래하는 매월 계약 해당일에는 추가납입보험료 기준금액의 0.015% 정도를 부과한다. 추가납입보험료 기준금액이란 이미 납입한 추가납입보험료 총액에서 인출금액 <sub>인출수수료 포함</sub>을 차감한 금액을 말한다.

그런데 추가납입보험료의 비용 부과 규모가 보험회사에 따라서는 적게는 0.5%에서 많게는 3%까지 차이가 발생하고 온라인 출시상품은 수수료가 없는 경우도 있다. 추가납입 시 계약관리 비용의 누적금액이 추가납입보험료 총액의 1%를 초과하면 더 이상 수수료를 차감하지 않는 보험상품도 있으므로 가입 전 추가납입보험료의 규모와 비용 및 수수료의 책정기준을 잘 살펴보고 자신의 재무목적과 부합되는 상품을 선택하여 가입한다.

추가보험료를 납입기간 중도에 납입할 경우 당초 계약서상에 약정한 매월 불입해야 하는 기본보험료는 반드시 납입해야만 추가납입이 가능하다. 기본보험료와 마찬가지로 추가납입보험료도 은행 등 금융기관 자동이체로 납입이 가능하다.

# 사업비 규모 및
# 보험가격지수가 낮은 상품 선택

　보험회사가 보험계약을 체결하고 유지 및 관리하는 등 사업을 추진해 나가는 데는 여러 가지 비용·사업비이 소요되는데 상품 개발 시 보험료를 산출할 때에는 이러한 필요 운영경비를 미리 책정하여 일정한 비율로 영업보험료에 계산하여 넣는데 이 비율을 예정사업비율·Assumed rate of expense이라고 하고 책정된 운영경비를 예정사업비라고 한다. 사업비, 즉 부가보험료는 보험회사가 보험을 유지관리하는 데 필요한 경비로 보험료에서 공제하는 부분인데 이 금액을 사전에 책정하는 요율이 예정사업비이다. 따라서 예정사업비율이 낮으면 낮을수록 보험료가 싸지고 적립금액책임준비금이 많아져 만기보험금과 해지환급금이 많아진다. 반대로 예정사업비율이 높으면 높을수록 보험료가 비싸지고 상대적으로 적립금액책임준비금은 적어져 만기보험금과 해지환급금 또한 적어지게 된다. 따라서 예정사업비율이 낮은 보험회사의 상품을 골라 가입해야 더 유리하다.
　계약자가 납입하는 보험료는 크게 순보험료와 부가보험료로 구분하여 운영된다. 순보험료는 저축보험료와 위험보험료로 구분하며 부가보험료는 신계약비, 유지비, 수금비로 구분한다. 이 중 보험계약의 유지관리 및 운영에 필요한 보험관계비용으로 공제되는 부분은 저축보험료를 제외한 위험보험료와 신계약비, 유지비다현재 수금비는 거의 발생하지 않고 있다. 위험보험료는 사고 발생 시 사망보험금 지급 재원이 되는 부분으로서 매월 보험료 납입기간 동안 동일한 비용으로 공제한다.

보험관계비용 중 사업비부가보험료 공제방법의 경우 신계약비계약체결비용는 가입 1차년도부터 신계약비 이연상각기간인 10차년도까지 매월 공제한다. 이 경우 1~7차년도와 8~10차년도 공제비율을 달리 적용하는 회사도 있다.

유지비계약관리비용는 납입기간 이내또는 10년 이내와 납입기간 이후또는 10년 초과로 구분하여 비용을 차등 적용해 매월 공제하는데 납입기간 이내또는 10년 이내가 납입기간 이후또는 10년 초과보다 3배 정도 높게 책정되고 있다. 사업비는 향후 만기보험금 또는 해지환급금, 연금지급액에 싱딩한 영향을 미친다. 사업비 규모는 보험회사의 예정사업비율의 설정에 따라 비용 부과 비율이 각기 다르므로 잘 살펴본다.

그리고 보험료 가격수준을 객관적으로 상대 비교평가를 통해 보험가입자들이 알아볼 수 있도록 하기 위해 만든 제도인 보험가격지수를 눈여겨 보아야 한다. 보험가격지수는 보험회사에서 판매하는 같은 유형의 상품별로 사업비 부과 규모에서 얼마나 편차가 나는지 쉽게 알 수 있도록 하기 위해 각 상품의 예정사업비 규모를 보험업계의 평균 사업비 규모와 비교한 평가지수로서 예정사업비지수라고도 한다.

보험 상품은 동일한 유형의 상품이더라도 보험회사마다 상품설계와 조립방법에 따라 보장내용이 각기 다르고 사업비 책정 수준도 다르기 때문에 보험료를 단순하게 비교하기 어렵다. 이런 경우에는 가입하려는 상품과 비슷한 유형의 상품과 보험가격지수를 비교해 상대적인 보험료 수준을 파악할 수 있다.

보험가격지수는 연금보험은 연금보험끼리, 변액보험은 변액보험끼리 전체 보험회사별 동일유형 상품들의 평균적인 보험 상품 가격을 보험업계 평균 100으로 잡고서 이를 기준점으로 하여 보험회사별로 판매상품에 대해 어떻게 사업비 규모를 책정하는지 한눈에 비교하면서 살펴볼 수 있도록 만든 매우 유용한 지표이다.

보험가격지수가 100보다 낮으면 업계의 다른 상품 평균보다 사업비 수준<sub>예정사업비 지출규모</sub>이 낮음을 의미하고, 반대로 예정 보험가격지수가 100보다 높으면 업계 평균 이상으로 사업비를 지출하는 것이므로 예정사업비가 높으면 사업비 부과 규모 또한 커져서 만기보험금이나 해지환급금이 상대적으로 적어지게 된다. 저축성보험은 적립금액이, 연금보험은 연금적립금이, 변액보험은 펀드로 투입되는 특별계정비용이 적어지게 된다.

이렇듯 다른 보험회사들과 비교평가해주는 보험가격지수는 매우 중요하므로 반드시 살펴보고 동일한 보장조건일 경우 보험가격지수가 낮은 상품을 선택하도록 한다. 단, 구체적인 보장범위와 특약담보의 방법<sub>의무특약과 선택특약</sub> 등에서 차이가 있을 수 있으므로 이러한 점도 함께 고려한다.

보험 상품유형에 따라서는 보험가격지수 말고 예정사업비율을 공시하는 경우도 있으므로 잘 살펴본다. 이 경우 또한 당연히 예정사업비율이 낮은 상품이 보험료도 상대적으로 저렴하다. 보험가격지수와 예정사업비율은 생명보험협회와 손해보험협회의 홈페이지를 통해 공시하도록 되어 있다.

## 보험료산출 방법

보험회사가 보험료를 산출할 때 사용되는 예정기초율, 즉 3이원인 예정위험률, 예정이율·예정이자율, 예정사업비율과 더불어 현금흐름방식Cash Flow Pricing을 사용하는 방식을 말한다. 현금흐름방식은 3이원에다가 보험계약 유지율, 판매 규모, 보험회사 목표이익, 기타 가격요소금리예측, 보증·옵션 등를 추가로 반영해 보험료 산출 시 예상 가능한 모든 기초율을 사용하는 방식이다. 현금흐름 방식을 사용하면 동일한 상품이라도 보험회사나 판매 방식에 따라 보험료가 다양해진다.

**예정이율, 예정사업비율, 예정위험률과 보험료 규모의 상관관계**

| 구분 | 예정이율 | 예정사업비율 | 예정위험률 | |
|---|---|---|---|---|
| | | | 생존보험 | 사망보험 |
| 보험료가 비싸진다 | 낮을 때 | 높을 때 | 낮을 때 | 높을 때 |
| 보험료가 저렴해진다 | 높을 때 | 낮을 때 | 높을 때 | 낮을 때 |

* 주) 예정위험률의 경우 사망보험의 보험료는 생존보험의 보험료와 정반대로 보험료 가격이 책정된다. 즉, 예정위험률이 높아지면 종신보험, 질병보험 등 사망보험의 보험료는 비싸지며 저축성보험, 연금보험 등 생존보험의 보험료는 싸지게 된다. 따라서 사망보험은 예정위험률이 낮은 상품, 생존보험은 예정위험률이 높은 상품을 선택하도록 한다.

보험회사에서 사업비 운영방식은 크게 선취방식(Front-End-Loading)과 후취방식 (Back-End-Loading)이 있다. 선취방식은 사업비를 납입된 보험료납입기간 초기에 차감하는 방식이고, 후취방식은 사업비를 전 보장기간에 걸쳐 차감하는 방식이다 (단, 해지 시 해지수수료 부과). 변액보험 상품은 실적배당형의 투자형 상품으로 미국 등 선진국과 같이 납입된 보험료를 자산운용계정(특별계정)에 먼저 투입한 후 보험기간에 걸쳐 신계약비를 차감하는 형태를 취하게 된다.

# 예정이율과 공시이율, 최저보증이율이 높은 상품 선택

## 예정이율에 따라 보험료 책정규모 상이

똑같은 보험 상품이라 하더라도 보험회사의 예정이율에 따라 보험료 규모에 차이가 발생한다. 보험회사는 장래 보험금 지급을 위하여 계약자 납입보험료의 일정 부분을 적립해나가는데 이 적립금을 적립할 때 적용되는 이율을 예정이율Expected interest rate이라 한다.

보험은 보통 장기간에 걸친 계약이므로 계약자와 보험회사 간에 접수되는 보험료에 대한 이자의 요소를 무시할 수 없다. 이 때문에 장래에 납입할 보험료를 일정 이율로 계산하기 위하여 적립금을 일정한 이율로 운용할 것을 예정하는데, 이 예정한 이자율을 예정이율 또는 예정이자율이라고 한다.

즉, 보험료를 납입하는 시점과 보험금 지급 사이에는 시차가 발생하므로 이 기간 동안 기대되는 수익을 예상하여 일정한 비율로 보험료를 할인해주는데 이 할인율을 예정이율이라고 한다. 예정이율은 고정금리를 적용하는데 예정이율이 낮아지면 보험료는 비싸지고, 예정이율이 높아지면 반대로 보험료가 싸지게 된다. 예정이율은 보험료 산출요소<sub></sub>예정사업비율, 예정사망률, 예정위험률과 함께 3대 이원이라 함 중 저축보험료 산출 시 적용된다.

보험 상품을 유지하는 기간 동안<sub></sub>보험기간 적용하는 이자율인 예정이율은 보험회사가 보험기간 동안 대출, 유가증권에 대한 투자, 부동산 투자 등으로부터 발생한 자산운용수익을 예측하여 정한다. 따라서 예정이율이 높으면 보험회사의 자산운용 실적이 양호하다는 것을 의미하므로 이로써 상대적으로 보험료가 낮아지게 된다. 주계약과 특약에 적용되는 예정이율은 고정금리로서 주로 금리확정형 상품에 적용하고 보험회사별로 예정이율이 다르므로 가장 높은 예정이율을 적용하는 보험회사의 상품을 선택하도록 한다.

## 예정이율이 높고 예정사업비율이 낮아야 이익

변액보험의 경우 특별계정이 아닌 일반계정<sub></sub>일반보험에 들어가는 예정이율은 대부분 채권에 투자해서 얻은 수익을 토대로 산출된다. 여기서 알아둘 사실은 예정이율이 높다고 해서 무조건 환급률이 높다거나 펀드에 투입되는 돈이 많아지는 것은 아니라는 것이다. 예정사업비지수가 낮아야 실질적인 환급률이 더 높아진다.

예정이율이 높을수록 보험료는 싸지고, 예정사업비가 낮을수록 펀드에 투입되는 돈이 많아지게 되는 것이다. 따라서 보험회사가 쓰는 예정사업비는 낮고 예정이율은 높은 상품을 선택해야 한다. 예정이율이 낮고 예정사업비율이 높은 상품은 경과기간이 길면 길어질수록 그렇지 않은 상품보다 동일한 수익률을 낸다 할지라도 실질수익률, 즉 환급률이 많이 떨어진다. 즉, 가입자에게 돌아오는 돈이 적다.

따라서 예정이율이 높고 예정사업비 지수는 낮으면서도 해약환급금이 높은 상품이 가장 좋은 보험 상품이다. 나에게 돌아오는 파이를 키우려면 늘 심도 깊은 통찰력이 필요하다.

## 공시이율에 따라 보험금 지급규모 상이

공시이율이란 보험회사가 장래 보험금 지급을 위하여 계약자가 납입한 보험료의 일정 부분순보험료을 적립해 나가는데 이 적립금액의 운용을 부리하는 적용이율-Application rate을 말한다. 보험 상품의 적립부분저축보험료과 보장부분위험보험료의 적용이율은 대부분 공시이율을 연단위 복리로 적용하여 운용하는데 적립부분의 적용 공시이율이 변동될 경우에는 만기보험금 또는 해지환급금도 변동된다. 그리고 보장부분의 적용공시이율이 변동될 경우에는 사망보험금이 변동된다. 따라서 적용되는 공시이율이 높아야 적립금액책임준비금이 많아지고 만기보험금이나 연금총액, 해지환급금, 사망보험금 등이 많아진다.

적립부분에 적용하는 공시이율은 저축성보험과 연금보험 등 생존보험 상품의 적립금 규모에 직접적으로 작용하므로 향후 목적자금 마련에 매우 큰 요소로 작용한다. 생사혼합보험 상품 또한 마찬가지로 만기환급부형 상품의 경우 공시이율은 큰 작용을 한다.

물론 해약해지환급금이 있는 종신보험 등 사망보험과 제3분야의 보험 및 손해보험의 장기보험의 경우 또한 보험금 및 보험료에 많은 영향을 미친다. 현재 만기보험금과 해지환급금이 발생하는 보험 상품은 대부분 공시이율을 적용하는 금리연동형상품이며 확정이율 적용상품확정형을 거의 판매하지 않고 있다. 보장부분에 적용하는 공시이율은 사망보험금에 직접적인 영향을 미친다.

금리연동형 보험 상품에 적용하는 공시이율은 매월 1일 보험회사가 정하는 이율로서 보험회사의 운용자산이익률과 객관적인 외부지표금리를 가중평균을 통해 산출한 공시기준이율을 토대로 장래운용수익률과 향후 예상수익 등 경영환경을 고려한 조정률을 가감하여 책정하는데 매월 1일부터 당월의 마지막 날까지 매 1개월간 확정 적용한다. 공시이율은 연단위 복리를 적용하며 현재 대부분 보험 상품의 공시이율은 2.0~3.0% 정도를 적용하여 운용하고 있다.

### 공시기준이율 산출방법

= (운용자산이익률 × 60%) + (객관적인 외부지표금리 × 40%)

### * 운용자산이익률 및 객관적인 외부지표금리 산출방법

운용자산이익률은 직전 12개월간의 운용자산에 대한 투자영업수익과 투자영업비용 등을 고려하여 산출한다. 객관적인 외부지표금리는 시중 실세금리를 반영한 것으로서 국고채 수익률, 회사채 수익률, 통화안정증권 수익률, 양도성예금증서 유통수익률 등을 가중 이동평균하여 산출하며, 공시기준이율 적용시점의 전전월말 직전 3개월을 기준으로 산출한다.

예정이율과 공시이율 내용 비교

| 구분 | 예정이율 | 공시이율 |
|---|---|---|
| 개념 정의 | 보험회사가 상품개발 시 보험료를 산정하는 데 기준이 되는 이율 | 보험개발원에서 공표하는 평균공시이율을 기준으로 일정 기간마다 금리연동형 상품에 적용하는 이율 |
| 적용 대상 | 보험료에 영향 (보험료 산출 시 기초자료) | 보험금에 영향 (보험금 산출 시 기초자료) |
| 적용 보험료 | 저축보험료 부분 | 순보험료 부분 (저축보험료, 위험보험료) |
| 적용 이율 변동성 | 고정금리 | 금리변동 |
| 적용 시기 | 상품개발 및 개정 시 적용 | 상품개발 판매 후 매월 적용 |
| 보험료 및 보험금 변동 | 예정이율이 낮아지면 보험료는 비싸지고, 예정이율이 높아지면 반대로 보험료가 싸지게 된다. | 공시이율이 높으면 적립금액(책임준비금)이 많아지고 공시이율이 낮으면 적립금액(책임준비금)이 적어진다. |

\* 주) 1. 평균공시이율은 보험회사별 공시이율의 평균으로 보험계약이 체결되는 연도의 이율을 매 사업연도 말까지 산출하여 다음 사업연도에 적용한다. 보험개발원에서 공시한 현재 평균공시이율은 연 2.50%이다.
2. 보험회사별 공시이율은 매월 말 보험료적립금을 기준으로 가중평균하여 산출한다.

## 장기운용상품은 최저보증이율이 높은 상품 선택

최저보증이율은 해당 상품의 운용자산이익률 및 시중금리가 하락하여도 가입한 보험회사에서 지급을 보증해주는 적용이율의 최저한도를 말한다. 최저보증이율은 연단위 복리로 운영되며 보험가입 후 경과기간별로 차등 적용하는데 일반적으로 계약일로부터 5년 이내의 경우는 연복리 1.25~1.5%, 5년 이상 10년 미만은 연복리 1.0~1.5%, 10년 이상은 연복리 0.5~1.0% 등의 기준율을 적용하고 있다. 보험회사에 따라서는 이보다 높은 기준율을 적용하는 곳도 있으므로 잘 살펴본다(단기 저축성상품의 경우 적립부분

　현재 공시이율을 적용하는 상품 중 최저보증이율 정도 또는 그 이하의 수익률을 보이는 상품도 있고 특히 공시이율은 매월 변동하므로 아무리 현재 시점에서 공시이율이 높아도 미래 적립금 필요시점에서 공시이율이 하락하면 소용이 없다.

　그러므로 장기 운용상품은 최저보증이율이 높은 상품을 선택하는 것이 더 안정적인 기대수익을 확보할 수 있다. 특히 유념할 점은 최저보증이율 비교 시 가입 후 10년 이하보다는 10년 이상 유지 시 최저보증을 얼마 해주는지 확인한다. 연단위 복리를 적용하여 최저보증을 해준다 해도 보험상품의 특성상 보험관계 비용이 초년도에 많이 발생하여 수익률이 높아도 해지환급금이 기납입보험료보다 적으며 이로써 복리로 운용해도 별로 실질적 효과가 크지 않다.

　따라서 신계약비 이연상각기간이 끝나고 보험차익비과세가 적용되는 10년 이후부터 실질적인 이익이 많이 발생하고 운용기간의 경과기간이 길면 길수록 연복리 효과도 더 커지므로 반드시 10년 이후 최저보증이율이 얼마인지 살펴본다예를 들어 가입 후 9차년도와 10차년도 환급률 차이가 8차년도와 9차년도 환급률 차이보다 훨씬 크다.

　공시이율의 적용이율과 최저보증이율은 보험회사마다 상이하므로 가입 전 반드시 확인한다. 공시이율과 최저보증이율의 적용에 관련된 사항은 해당 상품의 기초서류인 사업방법서와 상품약관, 보험료 및 책임준비금산출방법서와 보험요율 등에 자세히 기재되어 있다.

　상품가입 시 향후 수익률을 고려하여 가능한 한 예정이율과 공시이율 및 최저보증이율이 높은 회사의 상품을 선택해 가입하는 것이 현명한 보험재테크이다.

**예정위험률과 보험료의 상관관계**

예정위험률이란 보험가입자가 사망하거나 질병 또는 상해로 일정한 보험사고가 발생할 위험 확률을 예측한 보험료계산의 기초가 적용된 특정생명표의 연령별 사망률의 수열을 말한다. 즉, 한 개인이 사망하거나 질병에 걸리는 등의 일정한 보험사고가 발생할 확률을 예측한 것을 예정위험률이라고 한다. 예정이재율 또는 예정사망률이라고도 한다. 예정위험률은 실제로 사망을 정확하게 예측해야 하나 이는 곤란하므로 과거 일정 기간 동안 일어난 보험사고의 발생 통계를 기초로 하여 앞으로 보험사고가 일어날 사고율(확률)에 안정성을 예측해 예정사망률을 나타내고 있다. 예정위험률이 높아지면 사망보험의 보험료는 비싸지며 생존보험의 보험료는 싸지게 된다. 반대로 예정위험률이 낮아지면 사망보험의 보험료는 싸지게 되고 생존보험의 보험료는 비싸지게 된다. 예정위험률은 보험료 산출요소 중 위험보험료 산출 시 적용된다.

# 경험생명표 변경 시 보험 상품별 보험료 변동 여부 미리 확인 후 가입 시기 결정

경험생명표Experience life table란 대수의 법칙에 입각하여 피보험자의 생명현상을 일정 기간 집단적으로 관찰하고 연령과 함께 변화하는 사망률에 관련된 사실을 분석하여 실제 사망경험치를 근거로 일정한 보험사고가 발생할 확률을 예측해놓은 통계표를 말한다. 경험생명표는 보험개발원이 보험회사를 비롯하여 그밖의 보험단체 피보험자 집단의 사망경험을 통계적으로 분석하고 생사와 관련된 통계치성별, 연령별 생존자수, 사망자수, 생존율, 사망률, 평균수명, 기대여명 등를 예측하여 작성한 사망표로서 생명보험 및 제3분야 보험질병보험, 상해보험, 장기간병보험 상품의 보험료 산출 시 적용하고 있다. 또한 책임준비금 및 손해율 산정의 기준으로 사용한다.

보험회사에서 현재의 경험생명표를 사용하기 전에는 국민을 대상으로 만든 국민생명표를 보정하여 작성한 제1회 조정국민생명표를 1976년 3월 처음으로 사용하였다. 그 후 제2회 조정국민생명표를 1981년 3월부터 사용하다가 1982년 2월 최초로 보험가입자를 대상으로 작성한 간이경험생명표를 사용하였다.

경험생명표는 보험개발원이 1982년부터 1986년까지 5년간의 개인보험계약자 자료 900만 건을 분석·작성하여 인가된 제1회 경험생명표를 1988년 10월 처음 시행한 이후부터 지금까지 9회에 걸쳐 3~5년 주기로 변경하여 사용하고 있다.

보험가입 시 경험생명표의 변동 시기가 중요한 가장 큰 이유는 질병, 상해, 사망 등의 위험을 담보로 하는 예정위험률 산정 시 기초자료로 적용되기 때문이다. 특히 경험생명표 요소 중 남녀별 평균수명은 생명보험 상품의 보험료 산출 시 절대적인 영향을 미친다.

보험가입자들의 평균수명이 올라가면 예정사망률보다 실제사망률이 낮아지므로 연금보험, 교육보험 등 생존율이 늘어나는 생존보험 상품과 실손의료보험, 질병보험, 장기간병보험, 암보험 등 의료기술로 질병치유

**경험생명표상 남녀별 평균수명 변동추이**

| 회차 | 변경연도 | 평균수명 | |
| --- | --- | --- | --- |
| | | 남성 | 여성 |
| 1회 | 1988년 10월 | 65.74세 | 75.65세 |
| 2회 | 1991년 8월 | 67.16세 | 76.78세 |
| 3회 | 1997년 1월 | 68.39세 | 77.94세 |
| 4회 | 2002년 12월 | 72.32세 | 80.90세 |
| 5회 | 2006년 4월 | 76.40세 | 84.40세 |
| 6회 | 2009년 10월 | 78.50세 | 85.30세 |
| 7회 | 2012년 7월 | 80.00세 | 85.90세 |
| 8회 | 2015년 4월 | 81.40세 | 86.70세 |
| 9회 | 2019년 4월 | 83.50세 | 88.50세 |

확률이 높아져 기대여명이 증가하는 생활보장형 건강보험 상품의 보험료는 올라간다. 반대로 종신보험, CI보험, GI보험, 정기보험, 상해보험 등 사망을 담보로 하는 보장성보험 상품의 보험료는 내려간다.

예를 들어 연금보험 상품의 경우 가입 시점의 경험생명표를 기준으로 평생 받을 연금 재원을 산출한다. 따라서 평균수명이 길어짐에 따라 종신형 연금보험 상품의 경우에는 연금을 지급해야 하는 기간이 늘어나게 되므로 납입하는 보험료가 동일할 경우 지급받는 총연금수령액 또한 같아져서 매월 또는 연간 수령하는 연금액은 당연히 줄어들게 되어 가입자에게 불리하게 작용한다. 즉, 매년 동일한 연금을 받으려면 보험료가 올라가야 한다. 반대로 오래 살 경우 종신보험이나 정기보험 등 사망보험 상품은 평균수명의 증가로 인하여 사망확률이 줄어들므로 보험료는 내려가게 된다.

따라서 연금보험과 질병보험 상품은 경험생명표 개정 이전에 가입하고, 정기보험과 종신보험 상품은 경험생명표 개정 이후에 가입하는 것이 보험료를 절약하는 바람직한 보험재테크 전략이다.

**경험생명표 변경에 따른 보험 상품별 보험료 변동 여부**

| 구분 | 신규 경험생명표 적용 시 | |
| --- | --- | --- |
| | 보험료 하락 상품 | 보험료 증가 상품 |
| 해당 상품 | 정기보험, 종신보험, CI보험, GI보험, 상해보험 등 질병과 상해, 사망을 담보로 하는 보장성보험 상품 | 연금보험, 실손의료보험, 질병보험, 장기간병보험, 암보험 등 연금 지급과 질병치료비를 담보로 하는 생존보험 상품 |

보험 상품 가입 시에는 가입 당시 경험생명표를 적용하므로 경험생명표 변경 시점에서 자신이 가입하려는 상품이 보장성보험인지 생존보험인지를 잘 판단하여 슬기롭게 대처하면 알차게 보험을 가입할 수 있다.

단, 일반연금보험, 연금저축보험, 변액연금보험, 퇴직연금보험 등 순수한 연금보험 상품이 아닌 연금전환 기능이 부가된 특약으로 연금전환이 이어지는 종신보험, 변액CI/GI보험, 변액유니버설적립형 및 보장형 등 연금전환기능이 부가된 보험 상품은 차후 연금전환시점의 경험생명표를 적용한다는 점을 유념한다.

# 변액보험 펀드수익률 하락 시 효율적 대처 꿀팁 5

변액보험은 장기투자상품의 특성상 운용되는 펀드 종목의 해당 주가가 하락할 경우 어느 정도까지는 효과적으로 대처해나갈 다양한 제도와 자산운용옵션이 마련되어 있다. 변액보험가입 이후 주가가 하락하여 투자 수익률이 갑자기 예상외로 많이 떨어질 경우 투자 리스크를 회피할 수 있는 다음 5가지 방법을 꼭 숙지하여 적기에 활용하면 효과적이다.

## 1 적시 펀드변경으로 수익률 하락 방지

적시에 펀드변경을 통해 투자 수익과 손실의 효율적 관리가 가능하다. 주식이 오를 때는 주식형 펀드, 내릴 때는 채권형 펀드로 자유롭게 변경할 수 있다. 변액보험에서 펀드변경은 적립식 투자가 어느 일정 기간 이상 진행된 후 축적된 펀드투입금액적립금을 현재 운용 중인 다른 펀드로 한꺼번에 이전하는 것이므로, 거치식 펀드로의 전환효과와 더불어 펀드변경 시점에 그동안의 이익을 실현하는 동시에 향후 수익률보전과 재상승을 목적으로 재투자하기 위한 사전조정 작업이다.

펀드변경을 통해 얻을 수 있는 가장 큰 효과는 ① 변경시점에서 수익이 가장 높은 펀드에 적립금 전액을 거치식으로 투입함으로써 그간 쌓아놓은 펀드누적수익률을 보존하고 ② 향후 펀드기준가의 하락으로 더 나쁜 결과를 초래할 가능성을 미연에 차단하기 위한 사전조치로 수익률 하락을 막아 투자리스크를 최소화할 수 있으며 ③ 단순히 펀드변경만으로도 적립금의 증가효과를 가져와 고수익을 올릴 수 있다는 것이다.

부수적인 효과는 ① 투자자 스스로 주도적으로 리스크를 최소화하면서 자신의 자산적립금액을 잘 관리해나갈 수 있는 투자 인프라가 생기고 ② 자기책임에 입각해 주식과 채권, 파생상품 등 시장 흐름을 따라 인플레 헤지 기능을 수행함으로써 금융 전반에 대한 트렌드를 종합적으로 알 수 있으며 ③ 이로써 재테크 혜안이 넓어져 저금리시대 중장기 투자를 향한 포트폴리오 안배를 유효적절히 잘해나갈 수 있다는 점 등이다.

그리고 기존 펀드를 유지하면서 보험료 추가납입을 통해 원하는 펀드의 비중을 늘리도록 한다. 펀드변경과 펀드 배분비율 변경은 연 12 이내에서 가능하며 변경하려면 가입한 보험회사에 직접 전화하여 신청평일 09:00~18:00하면 된다. 펀드변경 신청 후 펀드변경 시기는 일반적으로 '펀드 신청일 + 제2~5영업일 기준'으로 이루어지는데 보험회사마다 약간씩 다르다.

## 2 계약을 의도적으로 실효시켜 자금 안전성 도모

계약을 실효시키면 특별계정에 투입된 금액펀드 전액이 일반계정으로 이체된다. 그러면 보험특성상 위험보장을 받을 수 없다. 이 경우 변액유니버설보험 적립형 또는 변액연금보험은 부활이 가능하지만 변액종신보험, 변액CI보험 등 보장형 변액보험은 효력이 상실되면 피보험자의 신체적 위험, 직업적 위험, 도덕적 위험의 증가로 자칫 부활효력회복 승낙을 받지 못할 우려도 있음을 유념한다.

### 3 보험계약대출을 한도까지 일단 받는 방법

보험계약대출약관대출을 활용하면 내 돈을 추가로 들이지 않으면서도 지혜롭게 펀드보유좌수를 늘려나갈 수 있다. 특별계정에 투입된 적립금 전액에 대한 투자리스크를 모두 회피할 수는 없으나 펀드잔액의 최소화로 어느 정도는 상쇄할 수 있다. 약관대출로 인한 활용 효과의 즉시성은 약관대출 원리금을 상환할 때 그 시기를 잘 포착해 활용하는 데서 나타난다. 대출금은 본인이 언제든지 신청하여 활용하고 갚을 수 있으며 대출금 신청 횟수에 대한 조정이 필요 없으므로 금상첨화이다. 주가 하락 시 적립금규모가 약관대출을 받아 리스크를 회피해나갈 수 없을 정도로 작다면 굳이 약관대출제도를 활용할 필요는 없다.

### 4 중도자금을 인출하여 손실폭을 줄이는 방법

중도자금인출제도는 은행예금처럼 자유롭게 적립금의 범위 내에서 돈을 찾아 가계의 현금흐름을 원활히 할 수 있는 변액보험만의 장점이다. 해약환급금의 일정범위 내에서 언제든 수시로 인출하여 활용할 수 있으므로 긴급자금으로 융통성 있게 활용하는 이외에도 주가가 심하게 하락한다면 이를 대안 삼아 이용할 만하다. 이 경우 중도인출금액은 총납입금액

이 아닌 해약환급금의 약 60% 범위 내에서 활용할 수 있다. 단, 일정 기간
이 경과해야 가능하고, 자금을 중도인출하게 되면 보험가입금액이 줄어
들게 되어 당초 목적한 생활보장플랜상에 지장을 초래할 수 있다는 단점
이 있다중도인출 시 기본보험금은 인출금액만큼 감소되며 적립금액은 인출금액을 차감한 후 공시이율
로 적립함. 또한 향후 해지환급금에서 월대체보험료를 충당할 수 없을 때 종
신보장이 불가능하고 계약이 조기 해지될 수 있다는 단점이 있다.

### 5 코스트 애버리징 효과 노려 역으로 추가납입 활용

적립식 펀드에서 투자자가 스스로 펀드를 관리해 큰 수익을 올릴 수 있
는 방법 중 하나가 보험료추가납입이다. 추가납입제도란 현재 가입한 적
립식 펀드에서 정기납입일뿐 아니라 다른 날도 활용해 적립금을 쌓는 것
을 말한다.

변액보험에서 보험료추가납입은 기본보험료의 일정 적용률에 따라 합
당한 금액을 적합한 시기에 추가로 납입하는 것을 의미한다. 특히 변액보
험에 가입한 이후 추가납입을 하지 않는다는 것은 고수익을 올리기를 포
기하는 것과 마찬가지다. 코스트 애버리징 효과Dollar Cost Averaging Effect를
노려 추가납입시점을 잘 모색하면 펀드보유좌수를 늘려 수익률제고에 도
움이 된다. [* 코스트 애버리징 기법은 주식의 정기분할 매수방법으로 주가 하락 시에는 매입좌
수가 증가되어 전체적으로 가입한 변액보험 특별계정 펀드의 평균매입단가를 낮추는 효과가 생기는
데 이를 펀드매입비용 평균화 효과라고 한다.] 또한 추가보험료에는 사업비 중 신계약
비가 공제대상에서 제외되어 기본보험료를 납입할 때보다 그만큼 펀드에
투입되는 보험료 규모가 커지게 되기 때문이다.

펀드재테크를 위해서는 때론 공격적인 역행투자전략도 필요하다. 단, 전제조건은 펀드시장에 대한 종합적인 판단력과 집중력을 어느 정도는 겸비하고 난 다음 추진해나가야 하며 이 경우 또한 전문가의 도움을 받는 것이 중요하다는 점을 유념한다.

## 보험클리닉 TIP

### 펀드변경 잘못하면 오히려 수익률 저하 초래

변액보험은 펀드종목의 변경과 추가납입 시점의 변경, 약관대출 상환시점의 변경 등을 통해 마켓타이밍을 할 수 있다. 그런데 변액보험의 펀드를 변경할 경우 명심할 것은 특별계정 펀드의 변경은 현재 펀드에서 보유하고 있는 주식을 처분하는 것이므로 증권거래세가 붙는다는 사실이다. 펀드변경을 많이 하면 할수록 매매회전율이 높아지고 이에 따라 비례하여 증권거래세를 물어야 하므로 펀드변경으로 수익률을 올리는 폭보다는 증권거래세로 빠져나가는 돈이 자칫 더 많아질 수도 있다. 증권거래세는 매도 시에만 약정대금(양도가액)에 대해 세금이 발생하는데 부과방식은 종목합산방식이 아닌 체결건수방식이다. 즉, 매도종목에 대한 일괄과세가 아닌 매도 시 체결건수에 대해 부과한다. 체결권별 방식은 원단위 이하는 절사하기 때문에 종목합산방식에 비해 거래세가 소폭 줄어드는 효과가 있다. 단, 조세특례제한법의 적용을 받는 펀드는 증권거래세가 붙지 않는다. 또한 변액보험 상품에 따라서는 펀드를 변경할 경우 수수료를 공제하는 보험사도 있으므로 이를 잘 살펴본다.(* 참고로 현재 증권거래세는 주식을 팔 때 코스피와 코스닥 종목은 0.25%, 코넥스 종목은 0.1%를 부과한다.)

# 자동차보험료 알뜰히 절약하는 특급 꿀팁 18

　자동차보험은 보험회사마다 상품별로 성격이 조금씩 다르고 특약을 어떻게 활용하는가에 따라 많은 차이가 난다. 선택 부가특약의 종류는 개인용 자동차의 경우 70여 종 이상으로 매우 많다. 특히 손해보험회사별로 일정 조건 해당 또는 기타 장치 활용 시 보험료를 추가로 할인해주는 등 다양한 할인특약제도를 운용하는 만큼 보험가입 시 본인의 차량운행 행태에 맞는 할인특약을 잘 활용하면 보험료를 절감할 수 있다.

　자동차보험료는 아래 제시한 보험료 절약 솔루션을 살펴보고 머리품과 발품, 손품을 팔아가면서 실천하는 것이 현명한 보험료 절약 비결이다. 단, 자동차보험의 보험료 할인율과 혜택 및 특약 설정 기준은 각 손해보험회사의 상품별로 차이가 있으므로 각각 꼼꼼하게 비교분석하여 선택하도록 한다.

## 1  가입 전 상품별 보험료 차이 비교분석

동일한 보장을 제공해도 손해보험사별 계약자가 속한 그룹의 손해율에 따라 보험료에 차등을 두기 때문에 회사별 보험료에 차이가 많이 발생하므로 자동차보험료 비교견적서비스로 보험료 차이를 비교하는 것이 중요하다. 자동차보험료 자유화로 보험료 차이가 보험회사 간 30% 정도 차이 나는 경우도 있다. 또한 보험회사들이 1년에도 몇 차례씩 보험료 폭을 조정하므로 가입 전에는 반드시 보험회사또는 담당자와 인터넷을 통해 확인하는 습관을 들인다.

### 2 가능한 한 운전자 범위 축소하여 가입

자동차보험은 1년에 한 번씩 갱신되고 실제 운전자가 적을수록 보험료는 낮게 책정되므로 운전자의 범위를 가족 전체로 하지 말고 현재 시점에서 운전 가능한 가족 위주로 한정하면 10% 이상 할인받는다. 1인한정, 가족한정, 부부한정, 부부한정 외 특정 1인 지정, 가족 및 형제자매한정 등 다양한 특약이 있고 자동차보험회사마다 차이가 있으므로 비교견적 사이트에서 자신에게 유리한 특약을 선택한다.

### 3 운전자 연령제한특약 선택 가입

연령한정특약에서 정한 연령이 높을수록 보험료가 저렴하다. 자동차보험회사에서는 21, 24, 26, 30, 35, 38, 43, 48세 등 다양한 연령한정으로 보험료에 차이를 두고 있으므로 연령한정으로 가입해서 보험료를 줄일 수 있다. 무조건 만 21세 이상으로 지정하면 할증된 보험료를 내야 한다. 단, 보험료 할인 때문에 실질적으로 운전하는 연령보다 나이를 높게 가입하는 것은 사고발생 시 보상이 안 되므로 반드시 운전자의 연령에 맞게 가입해야 한다.

**최초가입자는 자동차보험 가입(운전)경력 인정제도 활용**

자동차보험을 신규 가입 시 운전한 경력최대 3년이 있을 경우 자동차보험 가입운전경력 인정제도를 적용받아 보험료를 할인받도록 한다. 보험가입자의 차량이 소형이고 연식이 오래되었을수록 보험료를 더 많이 절약할 수 있는데 소형·중고차이면서 운전경력을 인정받을 경우 보험료를 최대 30% 이상 줄일 수 있다. 자동차보험 가입 시 보험가입 경력으로 인정받을 수 있는 운전경력은 ① 군 운전병 복무 ② 관공서·법인체 운전직 근무 ③ 해외 자동차보험 가입 ④ 택시·버스·화물차 공제조합 가입 ⑤ 가족 등의 자동차보험에서 추가 보험가입경력 인정대상자종피보험자로 등록된 경우 등이다. ⑤의 경우 기명피보험자보험증권에 기재되는 주된 운전자 본인 외에 함께 운전하는 가족 중 최대 2명까지 운전경력을 인정받을 수 있다.

운전경력 인정은 일반적으로 보험가입 시 신청하지만 보험기간 중 또는 종료 후 언제든지 신청할 수 있다. 만약 보험료납부 후 운전경력을 인정받아 부담해야 할 보험료가 줄어든 경우에는 더 많이 납부했던 금액과 납보험료을 환급받을 수 있다. 가족 등 다른 사람종피보험자이 운전경력을 인정받고자 하는 경우에는 보험계약자가 사전에 종피보험자 등록을 해두면 향후 종피보험자가 보험가입 시 별도의 추가 신청이나 서류제출 없이 자동으로 운전경력이 반영되므로 유의한다.

## 운전자 범위에 따른 운전경력 인정대상자

| 운전자 범위 | 인정대상자 | 운전자 범위 | 인정대상자 |
|---|---|---|---|
| 누구나 운전, 가족한정 | 가족 중 2인 | 가족 + 1인 | 가족 또는 지정인 중 2인 |
| 가족 + 형제자매 | 가족 또는 형제자매 중 2인 | 부부 + 1인 | 배우자와 지정인 2인 |

* 주) 1. 보험계약 시 보험계약자가 가입했던 운전자 범위한정 특약에 따른 운전자 범위 의미
  2. 종피보험자 등록은 개인용 및 개인소유 업무용 자동차보험에 한해 가능

## 운전경력에 따른 제출 서류 안내

| 운전경력 종류 | 제출 서류 | 발급 장소 |
|---|---|---|
| 군 운전병 | 주특기, 운전기간이 명시된 병적증명서 등 | 병무청, 지방경찰청(경찰 복무) |
| 관공서 · 법인체 운전직 | 운전직 경력증명서, 재직증명서, 원천징수영수증 등 | 근무했던 관공서, 법인체 |
| 해외 자동차보험 가입 | 출입국사실증명서, 여권사본, 해외보험가입증명서 등 | 해외보험가입증명서는 해당 외국 보험회사, 출입국사실증명서는 행정 복지센터, 출입국관리사무소 등 |
| 택시 등 공제조합 가입 | 공제조합 가입경력증명서, 운전면허증 등 | 해당 공제조합 |
| 종피보험자 등록 | 보험가입증명서(사후등록 시) | 해당 보험회사 |

* 주) 종피보험자는 가족 등 다른 사람의 자동차보험에서 추가 보험가입경력 인정대상자로 등록되어 운전했던 경력자를 말한다.


## 5 무사고 안전운전은 최선의 보험료 절약 방법

가족 중 무사고 운전자가 있을 경우 그 사람 명의로 자동차보험을 가입하면 보험료 할인을 받는다. 무사고 운전자는 일반 운전자에 비해 매년 납입하는 자동차 보험료를 10% 할인받을 수 있다. 또한 가입 후 최고 7년간

무사고로 운전하면 무려 60%까지 절약할 수 있다.

자동차보험료를 책정할 때 운전자의 사고경력에 따라 할인·할증등급 요율 및 사고건수요율NCR을 적용하고 있다. 안전운전특약 가입 시 안전 운전으로 사고가 발생하지 않으면 다음 해 자동차보험 갱신 시 보험료가 3~13%가량 할인되고, 무사고경력을 18년간 유지하면 보험료가 약 70% 까지 할인된다. 그러나 사고가 발생한 경우에는 사고의 크기부상 정도, 손해 규 모 및 건수에 따라 다음 해 보험료가 5~100% 할증된다직전 1년간 사고가 3건 이 상인 경우 약 100% 할증.

또한 보험기간 중 사고가 없으면 자동차보험을 갱신할 때 5~10% 정도 보험료가 할인된다. 보상받은 보험사고가 12년 이상 없으면 할인적용률 이 40%까지 내려간다. 보험료 할증그룹에 속하는 교통법규를 위반하면 향후 2년 동안의 보험료가 할증된다.

음주운전이나 무면허운전 등 교통법규 위반, 신호위반으로 2회 이상 적 발된 운전자는 보험료가 5~20% 할증된다. 또한 운전하는 도중에 휴대전 화로 통화하거나 DMB디지털 멀티미디어방송 시청을 하다 사고를 내면 과실비 율이 10% 과중되어 보험료가 할증된다. 만약 사고를 내면 최고 150%까 지 보험료가 할증된다. 특히 사망사고 등 중대형사고의 경우에는 보험료 가 대폭 할증된다. 또한 음주운전이나 뺑소니운전 중 사고 시에는 운전자 가 부담해야 할 자동차 임의보험 사고부담금대인배상II 책임보험 초과손해담보 1억 원, 대물배상 5,000만 원 등 최대 1억 5,000만 원이 대폭 늘어나 가계에 엄청난 부담을 안 겨준다. 따라서 자동차보험 가입 후 보험기간 중 사고가 없으면 매년 보 험 갱신 시 보험료가 내려가므로 무사고 안전운전을 통해 사고를 예방하는 것이 가장 좋은 보험료 절감방법이다.

## 6 주행거리가 짧을 경우 관련 특약 가입

주행거리를 줄이는 방법은 크게 ① 주행거리가 짧을수록 보험료가 싸지는 주행거리연동특약마일리지보험 가입 ② 승용차요일제특약 가입 ③ 대중교통이용특약 가입 등 세 가지다. 마일리지주행거리 특약은 주행거리를 기준으로 보험료를 차등 적용하여 보험료 부담의 형평성을 높이고, 가급적 차량운행 감소를 유도해 에너지를 절약하는 정부의 저탄소 녹색성장 정책에 부응하기 위해 개발된 상품이다.

주행거리연동특약을 선택하면 연간 주행거리에 따라 보험료를 약 5~35% 할인받을 수 있고 승용차 요일제특약을 선택하면 요일제를 실천하여 운행할 경우 보험료를 8% 정도 절약할 수 있다. 대중교통이용특약은 대중교통을 이용할 경우 보험료를 할인해주는 특약으로 일반적으로 최근 3개월간 대중교통수단을 이용한 교통요금이 1인 기준 12만 원, 부부한정기준 24만 원 이상으로 카드사용액이 증빙되면 자동차보험료를 약 4~10% 할인받을 수 있다. 보험료 할인폭은 보험회사마다 다르다.

## 7 금액이 적은 보험사고는 자비로 처리

보험사고가 많으면 1~2년 만에도 할증적용률이 최고 250%까지 올라간다. 할증적용률은 3년간 지속되다가 할증된 상태에서 다시 할인이 시작되므로 무사고에 비해 장기간 누적적인 보험료 할증을 피할 수 없게 되므로 적은 금액의 손해는 자비처리를 하는 것이 바람직하다. 자차담보금액을 일정비율 낮춰서 가입하는 것도 요령이다.

## 8 좋은 안전운전습관 길러 보험료 할인

보험회사는 운전자의 운전습관에 따라 자동차 보험료를 할인해주는 다양한 서비스를 제공하고 있다. 티맵Tmap 할인특약은 티맵 운전자의 빅 데이터를 활용해 500km 이상 주행 시 안전운전 점수가 일정 기준을 넘기면 보험료를 최대 10% 할인해준다. 안전운전 UBI 특약개인용은 급가속, 급감속, 운행시간대 등을 고려한 안전운전습관 점수가 61점 이상일 경우 보험료의 5~11%까지 할인해준다.

## 9 2대 이상 자동차 소유자는 보험증권 하나로 통합

개인이 차승용차, 1톤 이하의 화물, 경화물 및 경승합 등를 2대 이상 보유한 경우 자동차보험을 하나로 통합동일증권 계약하면 자동차보험 증권 중에서 가장 낮은 할인할증률을 적용받을 수 있다. 사고 시에는 사고차량에 대해서만 할증한다. 이때 보험회사와 보험기간을 일치시켜야 한다.

## 10 보험료 할인할증률 비교 후 선택

보험료는 할인할증등급에 따라 할인할증률이 다르고 할인할증률은 보험회사별로 조금씩 다르므로 할인율과 등급별 할인할증률을 잘 살펴보고 자신에게 유리한 보험회사를 선택한다. 할인할증등급은 신용등급과 같은 개념으로 사고를 많이 낼수록 등급이 올라가므로 할인할증등급 관리를 잘하도록 한다. 처음 운전을 시작하는 경우는 11등급이다. 본인의 등급은 현재의 보험회사에 문의하면 알 수 있다.

## 11 장착된 첨단안전장치 고지해 보험료 할인

가입 시 자동변소기, 에어백, ABS, 도난방지장치, 블랙박스, 내비게이션, 전방충돌경고장치FCW, 자동비상제동장치AEB 등 안전장치를 설치 또는 장착하면 해당 특약에 따라 보험료 할인혜택을 받을 수 있으므로 가입 시 이를 알린다.

## 12 제휴 신용카드 꼼꼼히 체크 활용

손보사들의 제휴 신용카드를 일정 금액 이상 활용하면 보험료를 할인받을 수 있다. 보험료를 일시납으로 내면 저렴하며 카드결제를 통해 카드 포인트도 챙길 수 있다.

## 13 자녀할인특약을 적극 이용하여 보험료 할인

임신 중이거나 만 12세 이하의 어린 자녀가 있는 가입자가 자녀할인특약개인용 가입 시 임신한 경우에는 약 15%, 그리고 자녀 연령에 따라 4~10% 정도 보험료 할인을 받을 수 있다. 어린 자녀의 연령 적용 기준이 보험회사마다 다르므로 잘 살펴본다.

## 14 교통법규 준수는 보험료 절감의 기본원칙

보험회사들은 자동차보험료 책정 시 안전운전을 유도하기 위해 음주, 무면허 등의 중대교통법규위반자 및 신호위반 2회 이상 등의 상습 교통법규위반자에 대해서는 보험료를 5~20% 할증하고 있다. 반면, 교통법규를 잘 지킨 사람에 대해서는 할증보험료를 재원으로 보험료를 0.3~0.7% 할인해주고 있다.

## 15 실버운전자는 교통안전교육 꼭 이수

만 65세 이상의 운전자는 고령자 교통안전교육 이수 할인특약에 가입한 후 도로교통공단에서 실시하는 교통안전교육을 이수하면 약 5%의 자동차보험료를 할인받을 수 있다. 단, 교통안전교육을 이수한 다음 운전에 필요한 인지기능검사에서 42점 이상을 획득해야 한다. 교육이수 후에는 도로교통공단이 발부하는 합격 여부를 확인할 수 있는 이수증 등을 보험회사에 제출해야 한다. 실버운전자는 이를 적극 활용하도록 한다도로교통공단 홈페이지www.koroad.or.kr에 접속하여 교육 일정, 장소 확인 예약 실시.

## 16 서민우대자동차보험 가입대상 여부 확인

기초생활수급자 등 일정 요건을 충족하면 보험료를 추가 할인받을 수 있다. 자동차보험을 갱신할 때뿐만 아니라 계약기간 중에도 언제든지 할인 가능하므로 자신이 서민우대자동차보험 가입대상인지 꼭 확인한다.

서민우대자동차보험은 서민들의 자동차보험료 부담을 줄여주기 위해 가입대상자가 일정 기준에 부합하는 경우 자동차보험료를 할인해주는 자동차보험 상품을 말한다. 서민우대자동차보험 가입대상은 기초생활수급자 또는 만 30세 이상이면서 만 20세 미만의 부양가족이 있는 경우, 피보험자 또는 피보험자의 동거 가족 중 1~3급의 장애인이 있는 경우, 장애인 운송차량 보유자의 경우 연소득 4,000만 원 이하<sup>배우자 합산</sup>이며 만 20세 미만의 부양자녀가 있는 자로 연식 5년 이상 차량 또는 4년 이상 이륜차 보유자 중 배기량 1,600cc 이하 승용차 또는 1.5t 이하 화물차 소유자, 장애인 운송 휠체어리프트나 슬로프 설치차량 등이다. 단, 만 65세 이상으로 연소득 2,000만 원 이하<sup>배우자 합산</sup>인 경우에는 부양자녀 요건을 적용하지 않고 할인해준다.

## 17 자동차세 연납제도를 활용하여 할인받기

자동차세 연납제도란 자동차세를 6월과 12월에 나누어 납부하지 않고 한꺼번에 1년 연세액을 납부하면 납부할 세액의 일부를 공제하는 제도를 말한다. 자동차세를 매년 1월에 연납하면 연납부 세액의 10%를 할인해주므로 시중금리를 고려해 기회비용 차원에서 연납하여 할인받도록 한다. 자동차세 연납은 1월, 3월, 6월, 9월에 신청하여 납부할 수 있다.

## 18 자동차보험 비교 후 저렴한 CM 통해 직접 가입

자동차와 자동차보험에 대해 기본적인 지식이 있고 사고발생 시 보험금 청구 등을 알아서 처리할 수 있다면 인터넷, 모바일 등 사이버마케팅 CM을 이용하는 것이 보험료를 좀 더 절약할 수 있다. 이 경우 대면채널보다는 약 10~15%, TM<sup>텔레마케팅</sup>보다는 약 4% 보험료를 절감할 수 있다.

## 자동차보험 주요 할인특약 비교분석

| 특약명 | 가입대상 및 가입요건 | 보험기간 중 가입 | 할인율 | 특이사항 |
|---|---|---|---|---|
| 마일리지 | 운전을 자주 하지 않는 사람, 보험기간 1년 미만인 단기계약은 가입 불가, 승용차요일제와 중복 가입 불가능할 수 있음 | 가능(잔여 보험기간 3개월 이상 필요) 단, 일부 보험회사 불가능 | 운행거리에 따라 2~35% | 다양한 상품형태(계약 시 할인형, 만기 시 할인형 등) 중 선택 가능 |
| 승용차 요일제 | 잔여 보험기간이 3개월 이상 남은 경우, 운행정보 기록장치 설치 필요 | | 8.3~9.4% | 2회까지 비운행요일 변경 가능 |
| 자녀할인 (개인용) | 본인이나 배우자가 임신 중이거나 만 12세 이하의 어린 자녀가 있는 운전자, 기명피보험자 한정 운전 특약 또는 부부 한정 운전 특약 가입 필요 | 가능 | 자녀 연령에 따라 4~10% | 태아는 의료기관에서 임신 확인한 날부터 잔여 보험기간의 보험료 할인, 출생한 자녀는 보험기간 중 가입해도 전체 보험기간 대상 보험료 할인 |
| 렌터카 손해담보 | 여행·출장 중 렌터카를 빌릴 때 이용 가능, 본인 자동차보험에서 자기차량손해 상품 등 가입한 운전자(일부 보험회사는 본인 차량이나 자동차보험 없어도 이용 가능) | 가능 | 렌터카업체 차량손해면책금 서비스의 20~25% 수준 | 운전자 본인이 가입한 자기차량손해의 보상한도 내에서 보상, 렌터카 파손 시 수리비, 일부 보험회사는 휴차료(파손된 사업용 차량을 사용하지 못해 발생한 영업손해)도 보상 |

| 특약명 | 가입대상 및 가입요건 | 보험기간 중 가입 | 할인율 | 특이사항 |
|---|---|---|---|---|
| 운전자 범위한정 | 운전자 범위를 넓히거나 줄일 때 이용 가능. 가입조건 없음 | 가능 (잔여 보험기간에 따라 보험료 정산) | 연령 및 운전자범위에 따라 다양 | 운전자 범위에 속하지 않는 자가 발생시킨 사고는 보상하지 않음. 대인배상 I 은 특약 상관없이 보상 |
| 단기 운전자 확대 | 운전자 범위한정 특약의 가입 필요 | | 해당 사항 없음 | 운전자 추가가 필요한 날의 전날까지 가입(특약효력이 가입일 24시(자정)부터 발생) |
| 전자매체 | 종이 보험서류가 필요 없을 때 이용 가능. 가입조건 없음 | 해당 사항 없음 | 0.3% | 종이 계약서류의 재발급 요청 가능(할인받은 보험료 반납 필요) |
| 블랙박스 | 블랙박스를 설치했을 때 이용 가능. 블랙박스를 차량에 고정 정착해야 함 | 가능 | 1~5% | 보험기간 동안 블랙박스를 정상 작동해야 보험료 할인 가능(기기 고장을 알게 되면 즉시 보험회사에 연락). 블랙박스 설치 후 기기상태 및 저장용량의 지속적 관리 필요 |

* 주) 보험회사별로 적용대상 및 할인율이 상이할 수 있으므로 상세한 적용대상 및 할인율은 보험가입 시 반드시 확인 필요

# 평생 도움 줄
# 보험컨설턴트 잘 만나는 비법

보험은 단순히 상품을 가입한다는 생각으로 접근해서는 안 된다. 생애 재무설계를 하려는 철저한 계획하에 그 일환으로 선택해야 한다. 특히 변액보험이나 주가연계보험, 외화보험 같은 보험투자상품의 경우 투자수익률을 제고하는 데 가입자들이 일일이 알지 못하는 다양한 변수들이 많다.

또한 보험사고 발생 시 제대로 대처하지 못해 보험금을 제때 제대로 못 받는다거나 또는 미처 놓치고 지나가면 혜택을 받지 못해 나중에 후회할 서비스제도도 많다. 이런 중요한 요소와 변수들을 알려주고 완전판매하면서 종합적으로 잘 관리해주는 보험컨설턴트를 만나야 한다. 특히 보험에 대해 문외한이거나 바쁜 업무 때문에 향후에도 신경 쓸 겨를이 없을 것 같은 사람들은 담당설계사를 잘 선택해 가입하는 것이 현명한 보험재테크 방법이다. 제품구입 시 가격도 중요하게 보지만 애프터서비스를 중요시하는 이유도 바로 여기에 있다.

더구나 보험은 일회성으로 끝나는 제품이 아닌 경우에 따라서는 평생 동안 매월 지불해야 하고 중도에 각종 보험사고가 발생하여 그에 따른 수혜를 받아야 할 경우가 발생할 수 있으므로 이의 사후관리와 서비스는 매우 중요하다.

독일 속담에 '인생에서 꼭 필요한 친구 셋으로 ① 의사 ② 변호사 ③ 보험에이전트Insurance Agent'를 꼽는다'는 말이 있듯이 보험이 발달한 선진국 사람들은 직거래 대신 가입자 보호기능이 있는 보험컨설턴트와 보험대리점 등 대면채널을 선호하는 추세인데 바로 이런 이유 때문이다.

'누가 나의 보험파트너가 되어 기나긴 인생 가계 재정을 안정적으로 꾸려갈 수 있도록 보장플랜을 해주면서 같이 가줄까?'를 염두에 두면서 삶의 문지기Gate Keeper 역할을 자임해주는 전문 라이프케어Life Care에게 컨설팅을 받아 가입해야 한다. 능력 있고 신용 있는 보험컨설턴트를 만나 재무컨설팅을 받아 자신의 인생 5L을 토대로 라이프 맵을 계획한 다음 보장자산과 연금자산, 재무자산의 파이를 키우려면 어느 상품이 가장 적합한지 심도 깊게 조언을 구하여 가입하는 것이 중요하다.

보험컨설턴트에게 보험을 가입할 경우 유념할 것은 첫째, 보험료수령권과 고지의무수령권이 없다는 점이다. 보험가입 시 해당 상품 인수 여부 및 보험료 결정에 영향을 미치는 중요한 사항들에 대한 보험설계사의 고지는 고지의무, 즉 계약 전 알릴 의무의 이행으로 보지 않으므로 반드시 청약서에 직접 고지해야 함을 유념해야 한다.

둘째, 맨 처음 컨설팅할 때의 진정성 있는 자세로 일관되게 사후관리를 전문적·지속적으로 해주면서 보험효력을 볼 때까지 고아계약Orphaned Policy이 안 되도록 하는 것이다. 고아계약은 담당설계사가 신계약을 체결한 이후 회사를 그만둬 별도로 관리해주는 붙박이 설계사가 없는 계약을 말한다. 담당설계사가 없으면 보험사고 발생 시 또는 보험회사에서 각종 보험서비스 제공 시 불이익을 받는 경우가 생길 수 있다. 보험은 효용가치가 가입 이후 유지 시 나타나므로 올바로 유지관리해주면서 다양한 보험 서비스제도의 혜택에 대해 아낌없이 조언해주고 보험사고 발생 시 신속하게 업무처리를 대행해주는 전문설계사의 도움이 반드시 필요하다. 맨 처음 보험을 가입할 때 내 계약을 확실히 잘 관리해주고 평생 직업관이 있어 믿을 만한 금융주치의인지를 꼼꼼히 따져보아야 한다.

## 평생 도움 줄 보험컨설턴트 판단 꿀팁 10

**1** 고객 입장에서 꼭 필요한 상품을 알뜰히 컨설팅하면서 완전판매하는 FC

**2** 내 일처럼 여기면서 보험 정보와 서비스를 정기적으로 확실하게 제공해주는 FC

**3** 한번 맺은 인연은 저버리지 않고 끝까지 보험서비스를 해주는 초지일관 FC

**4** 보험사고 발생 시 솔선수범하여 보험금 수령까지 깔끔히 처리해주는 사후관리 철저 FC

**5** 보험뿐만 아니라 은행, 증권 상품, 부동산 등 금융전반에 대하여 자산관리와 형성에도 도움되도록 재무클리닉 해주는 FC

**6** 취급상품 중 고객에게 적합한 상품이 없을 때 다른 회사 상품도 적극 알선해주는 FC

**7** 신용과 공사구별이 확실하고 예의범절과 직업윤리의식이 강한 믿음직한 FC

**8** 다른 사람들에게 소개해주고 자랑할 정도로 능력 있고 고객관리를 잘하는 FC

**9** 계약자를 가족처럼 배려하며 허물없이 상담할 수 있는 인생카운슬러 같은 FC

**10** 직업을 천직으로 여기며 가치관이 뚜렷하고 귀감이 되는 프로십의 소유자

* 주) FC에는 보험대리점 GA과 직급사원도 포함됨

# 요주의 보험컨설턴트 유형 12가지

**1** 고객 입장을 고려하지 않고 자기 위주로만 행동하는 제멋대로형

**2** 복장이나 예의범절이 올바르지 못하고 수다스러워 신용이 안 가는 자기만족형

**3** 판매에만 집착하고 아무 때나 불쑥 찾아와 막무가내로 권유하는 무대포형

**4** 고객서비스는 등한시하고 자기이익이 되는 상품만 판매하려는 염치불고형

**5** 상품지식이 부족하고 보험사고 발생 시 사후처리를 잘 못하는 수박겉핥기형

**6** 자신이 최고이고 자기가 권유하는 상품만이 제일 좋다고 말하는 자화자찬형

**7** 경쟁관계에 있는 다른 회사와 설계사들을 흉보며 험담하는 이간질형

**8** 비전 없이 마지못해 활동하고 평생 고객관리 의지가 부족한 중도포기형

**9** 계약하고 나면 발길 뚝 끊는 계약 전과 후의 태도가 다른 이중인격형

**10** 거절당했다고 고객에게 화풀이하며 안면 무시하는 철부지형

**11** 계약할 때는 곧바로 오면서 도움을 요청하면 바빠서 못 온다고 핑계 대는 님비형

**12** 보험만 권유할 줄 알지 다른 금융상품의 재무설계는 잘 못하는 빈수레형

# 평생 후회 않도록
# 보험회사 잘 선택하는 비법

남에게 돈을 빌려주거나 보증을 서줄 때 사람 됨됨이와 능력을 신중히 판단하듯이 보험을 가입할 경우에는 좀 더 저렴하게 가입하면서 내 돈보험료를 안전하게 운영하고 나중에 약정된 보험금은 확실히 줄 수 있는 회사인지 판단하는 것이 중요하다. 비슷한 유형의 상품이라도 보험회사별 사업비 책정 규모가 모두 다르기 때문에 보험료 차이가 많이 난다.

보험 상품 가입 시 납입보험료에서 공제되는 비용은 보험관계비용인 신계약비 계약체결비용와 유지비 계약유지관리비용 등 사업비부가보험료뿐만 아니라 특별계정운용비용, 보증비용최저연금적립금보증, 최저사망지급금보증, 연금수령기간 중비용, 해지공제비용, 추가납입보험료비용, 중도인출수수료, 특별계정 운용보수 및 비용정보운영보수, 일임보수, 수탁보수, 사무보수, 기타비용 등 수수료 공제 부분이 많다. 이들 공제되는 비용과 수수료가 보험회사마다 각기 다르며 이 규모의 차이는 저축보험료의 적립금액에 많은 영향을 미쳐 결국에는 가입자에게 지급되는 보험금과 해지환급금, 연금액의 규모를 좌우하게 된다. 따라서 사업비 등 보험관계비용과 기타 공제비용 규모가 어떠한

지 잘 살펴보고 이 중 공제비율이 가장 낮은 보험회사의 상품을 선택해 가입하도록 한다.

또한 질병보험과 장기간병보험, 종신보험, CI/GI보험 등은 나이를 먹을수록 더 많이 차이 나므로 보험회사별 보험료 규모와 상품내용을 꼼꼼히 따져보고 실속 있게 가입해야 한다.

보험투자상품을 가입할 경우에는 동일한 상품이라 하더라도 보험회사의 자산운용 능력이 뛰어날수록 수익률이 높아지므로 시드머니의 파이를 좀 더 많이 키우는 회사에 가입한다. 그리고 보험회사의 재무상태는 보험금의 지급불능으로 계약자들에게 피해를 줄 수 있으므로 보험회사 선택 기준 중 매우 중요한 고려사항이다. 부실보험회사에 보험을 가입하였을 경우 보험기간 중도에 해당 회사가 파산하거나 퇴출되면 5,000만 원 한도 내에서만 보장을 받는다. 따라서 무조건 금리가 높다고, 보험료가 저렴하다고, 아는 사람이 다닌다고 단순한 실리추구나 안면 때문에 보험 상품을 가입하면 안 된다.

많은 보험가입자가 사고를 당했거나 또는 사고가 난 이후 보험회사와 사고 뒤처리를 하는 과정에서 분통을 터뜨리는 일이 종종 발생한다. 가입자로서는 보험료 지급상 아무런 하자가 없고 당연히 빨리 지급되어야 한다고 판단함에도 불구하고 이상하게 미적거린다. 사고조사를 해야 한다며 보험금 지급을 차일피일 미루는 회사도 있다. 도덕적으로나 사고발생 정황상 누구나 객관적으로 인지하는 사실인 경우에도 그러하다.

이렇게 보험금 지급에 능장을 부리거나 해서 계약자의 민원이 많은 회사는 각종 내규나 회사방침이 계약자가입자 위주라기보다는 회사 위주인 경우가 많으므로 가입한 보험의 안전을 위해서라도 피하는 것이 좋다. 항상 고객을 먼저 생각하면서 모든 업무를 신속히 처리해주는 보험회사를 선택해서 가입한다.

보험 상품이 재테크상품으로서 효용가치를 드높이는 요소 중 하나는 보험가입 시 부가적으로 주어지는 다양한 보험서비스 혜택이다. 보험은 위험에 대한 보장뿐만 아니라 생활상에 다양한 혜택을 제공해줌으로써 재테크 효과를 더 누릴 수 있게 해준다.

상품 자체가 단지 구입하는 것으로 끝나는 것이 아니라 경우에 따라서는 평생 유지해야 하므로 기나긴 기간 동안 가입자가 만족하도록 보험에 관한 서비스뿐만 아니라 재테크정보, 건강정보, 생활정보, 주식정보, 문화정보, 리빙케어정보 등 누구나 부담 없이 쉽게 접할 수 있는 다양한 서비스를 제공해준다.

보험회사에서 수혜를 받을 수 있는 서비스는 크게 가입 전, 가입 시, 유지 시, 만기 시, 만기 후 등으로 구분되어 운용되는데 이런 부가서비스제도를 유효적절하게 활용할 줄 알아야만 제대로 된 보험재테크가 이루어질 수 있다.

따라서 보험에 가입할 때는 어떤 혜택이 있는지 그 내용을 반드시 따로 적어놓고 유용하게 활용하도록 한다. 이왕 가입한 보험 더 좋은 보험회사를 선택하여 누릴 수 있는 혜택 요소들을 최대한도로 찾아 적극 활용하는 지혜를 발휘한다.

# 보험가입 시 좋은 보험회사 판단 꿀팁 17

**1** 사업비를 적게 쓰면서도 이익을 많이 내는 회사

**2** 보험금 청구 시 보험금을 신속하게 제때 잘 주는 회사

보험회사 선택 시 가장 중요한 체크 항목이다. 보험의 가입 목적 중 가장 큰 이유는 보험금 수혜이기 때문이다. 보험사고 발생시 불필요한 서류 제출이나 까다로운 절차 없이 보험금 (보상처리)을 적기에 신속하게 지급해주는 보험회사를 선택해야 불이익을 안 당한다. 특히, 질병 또는 사고관련 보험금 청구 시 유념한다.

**3** 고객이 원하는 최적의 상품을 제안하며 완전판매를 하는 회사

**4** 판매상품이 질적 또는 양적으로 업계에서 가장 좋은 회사

**5** 생존 시 지급되는 보험금이 다른 회사보다 상대적으로 많은 회사

**6** 부가보험료를 타사보다 상대적으로 적게 적용하여 상품을 만드는 회사

**7** 책임준비금을 많이 적립해놓고 지급여력비율이 200% 이상으로 양호한 회사

**8** 재무건전성이 좋고 부실자산비율은 상대적으로 매우 낮은 회사

**9** 가입한 고객들이 만족하면서 다시 가입하고 싶어 하는 회사

**10** 고객만족을 위해 끊임없이 연구 노력하며 모니터링하는 회사

**11** 보험서비스 센터 지점가 고객 근처에 잘 배치되어 있는 회사

**12** 계약유지율과 보험컨설턴트 정착률이 상대적으로 양호한 회사

**13** 보유재산과 자산규모가 크며 자산운용능력이 좋고 부실채권이 없는 회사

**14** 상품운용 시 적용이율 공시이율 등은 높고 대출이율은 낮은 회사

**15** 보험컨설턴트와 내근사원의 1인당 생산성이 높은 회사

**16** 고객의 이익을 최우선시하며 컴플레인과 클레임이 상대적으로 적은 회사

**17** 고객 불만이 거의 없고 민원이 가장 적으며 대외적으로 이미지 좋은 회사

# 전화통화로 보험 상품 가입 시 꼭 유의할 점 4가지

## 1 보험 상품의 장단점에 대한 설명을 끝까지 듣고 가입 여부 결정

전화™를 통한 보험모집은 고객에게 상품을 소개하는 권유단계와 보험계약을 체결하기 위한 청약단계가 모두 전화로 진행된다. 이 과정에서 설계사는 전화로 고객에게 불이익이 될 수 있는 상품의 중요 내용을 설명하고 이해 여부를 확인하여야 한다. 단, 보험설계사가 권유단계에서는 상품의 장점만 설명하고, 고객이 가입의사를 밝힌 후인 청약단계에서 고객에게 불이익이 될 수 있는 내용을 포함하여 상품의 중요 내용을 자세하게 설명하는 경우도 있으니 주의해야 한다. 모집과정이 전화로만 진행되므로 청약이 완료될 때까지 모든 설명을 주의 깊게 들어야 하며, 상품의 장단점을 모두 고려하여 가입 여부를 결정하도록 한다.

## 2 가입한 상품내용을 해피콜로 재확인

보험 상품은 용어와 상품내용 자체가 전문적인 부분이 많아 이해하기 쉽지 않다. 대면이 아닌 전화로 상품 컨설팅을 하면 상품 설명내용이 길다보니 설명시간을 단축하기 위해 알아듣기 힘들 정도로 빠른 속도로 설명하며 고객의 이해 여부를 확인하는 사례가 발생하기도 한다.

가입자는 본인이 상품을 제대로 이해하였음을 녹취로 남기게 되는 것이므로 귀찮고 지루하더라도 상품설명을 잘 듣고 설명 속도가 빠르면 천천히 말해달라고 요청해야 한다.

### 3 가입 전 상품요약자료를 반드시 받도록

TM은 전화로만 상품설명이 이루어져 판매자와 가입자 간의 정보 비대칭으로 불완전판매 발생 가능성이 높다. 보험설계사가 상품의 유리한 점만 강조하면 가입자가 불리한 점을 알기는 어렵다. 특히 보험 상품은 대부분 보험기간이 장기이고, 변액보험은 원금손실이 발생할 수도 있으므로 상품요약자료를 문자LMS, 이메일, 우편 등으로 꼭 받아보고 내용을 확인한 다음 가입을 신중하게 결정한다.

### 4 가입한 상품내용을 해피콜로 재확인

전화로 체결된 보험계약은 모두 해피콜이 실시되고 있다. 해피콜은 보험회사가 신규가입한 보험계약자를 대상으로 청약철회 가능 기간 내에 전화 등의 방법으로 보험계약의 중요 내용을 재확인하는 절차이다. 해피콜 내용이 기억하고 있는 상품내용과 다르다면 주저하지 말고 즉시 재설명을 요청해야 한다. 특히 상품내용을 이해한다고 대답한 해피콜 녹취자료는 향후 분쟁 시 불리한 증거 자료로 사용될 수 있으므로 이해 여부를 묻는 질문을 주의 깊게 듣고 신중하게 대답해야 한다.

# 보험가입 시 체크하면
# 매우 유익한 주요 지표 7가지

## 1 어느 회사 보험 상품이 더 좋은지 알고 싶으면 상품비교공시 확인

보험 상품의 유형 및 종류별로 상품내용을 알고 싶다든지 또는 자신이 가입하고자 하는 보험에 대하여 보험회사별로 상품내용을 알고 싶다면 생명보험협회와 손해보험협회에서 운영하는 보험 상품 공시제도의 각종 공시지표를 통해 자세히 알 수 있다.

보험 상품 공시제도에서 가입 시 미리 체크하면 도움이 되는 주요 체크 항목은 보험회사 상품별 보험가입금액 대비 보험료 규모, 건강인 할인 정보, 금리연동형보험의 적용이율, 보험회사별 실손의료보험 보험료 인상률 등이다. 일일이 보험회사에 연락하여 상품에 대해 설명을 듣거나 자료를 요청하지 않아도 상품비교공시를 통해 보험 상품 전체에 대한 개괄적인 정보를 수집한 다음 가입하려는 보험회사의 담당설계사를 통해 해당 상품설명서를 구해서 자세히 살펴보고 가입을 결정하는 것이 현명한 방법이다.

상품의 보장내용과 보장범위 등에 대하여 좀 더 자세히 알려면 해당 약관을 참조하면 된다. 보험약관은 해당 보험회사 홈페이지의 상품공시실에서 온라인으로 확인 가능하다. 보험회사 홈페이지 상품공시실의 보험상품 목록 공시에는 보험회사가 과거에 판매하였거나 현재 판매 중인 모든 보험 상품의 약관과 사업방법서, 상품요약서가 파일 형태로 공시되어 있다.

## 2 어느 상품이 보험료가 저렴한지 알고 싶다면 보험가격지수 체크

보험 상품은 동일한 유형의 상품이더라도 보험회사마다 상품설계와 조립방법에 따라 보장내용이 각기 다르고 사업비 책정 수준도 다르기 때문에 보험료를 단순하게 비교하기 어렵다. 이런 경우에는 보험가격지수를 비교해 상대적인 보험료 수준을 파악할 수 있다. 보험가격지수는 보험회사별 동일유형 상품의 평균가격을 100으로 해서 이를 기준으로 해당 보험회사 상품의 가격수준을 나타낸 지표로서 암보험은 암보험끼리, 종신보험은 종신보험끼리 보험료 수준을 비교해준다.

예를 들어 보험가격지수가 80인 상품은 동일 유형 상품의 평균가격 대비 20% 저렴하다는 것을 의미하므로 보험가격지수가 낮은 상품이 보험료 규모면에서는 유리하다. 따라서 동일한 보장조건일 경우 보험가격지수가 낮은 상품을 선택하도록 한다. 단, 구체적인 보장범위와 특약담보의 방법 의무특약과 선택특약 등에서 차이가 있을 수 있으므로 이러한 점도 함께 고려한다.

## 3 어느 저축성보험 상품이 좋은지 확인하려면 수익률 체크

목적자금을 마련하기 위해 가입하는 저축성보험 상품은 향후 기대수익이 얼마나 날지 또는 얼마나 적립되었는지 적립률과 환급률을 미리 확인하는 것이 무엇보다 중요하다. 특히 특별계정 부분이 펀드에 편입, 투자운용되는 변액보험 상품은 납입보험료 대비 실질수익률을 확인해야 하는데 이는 과거수익률과 연환산수익률, 상품수익률을 살펴보면 알 수 있다. 연금저축보험은 판매 이후 연평균수익률과 적립률을 살펴보면 알 수 있다.

수익률을 객관적으로 비교분석할 수 있는 이런 각종 지표를 보험가입 전 반드시 미리 체크한 후 목적자금 마련 계획과 가장 부합하는 상품을 선택해 가입하도록 한다.

## 4 보험 상품을 제대로 판매하는지 궁금하면 불완전판매비율 체크

보험판매자가 보험 상품에 대해 충분히 설명하지 않거나 사실과 다르게 설명하는 등의 불완전판매로 인한 피해를 예방하기 위해서는 보험회사의 불완전판매비율을 살펴보면 도움이 된다.

불완전판매비율이란 새로 체결된 보험계약 중 가입자가 중요사항에 대한 설명을 듣지 못하거나 또는 판매과정에서 발생한 문제로 계약이 해지되거나 무효가 된 비율을 말한다. 불완전판매비율이 높은 보험회사는 그렇지 않은 보험회사에 비해 보험 상품을 가입자에게 제대로 판매하지 않았다는 것을 의미한다. 같은 보험회사 상품이라도 어떠한 채널을 통해서 가입하느냐에 따라 불완전판매비율이 상이하기 때문에 판매채널별 현황을 알아두면 도움이 된다.

## 5 보험금을 잘 지급하는지 확인하려면 보험금 부지급률 체크

보험가입 후 막상 보험사고가 발생했을 때 보험회사로부터 보험금을 제대로 받지 못한다면 보험에 가입한 의미가 없게 되는 것은 물론 그보다 더 억울하고 황당한 경우도 없을 것이다. 보험가입 시 해당 보험회사가 보험금을 제대로 지급하고 있는지 알려면 보험금 부지급률을 확인하면 된다. 보험금 부지급률이란 보험회사에 보험금을 청구한 건 중 보험금이 지급되지 않은 비율을 말한다. 보험금 부지급 비율이 높은 보험회사는 그렇지 않은 보험회사에 비해 보험금을 제대로 지급하지 않았을 가능성이 높다.

단, 보험회사가 보험금을 지급하지 않은 건 중에는 가입자가 보험회사에 알려야 할 사항을 알리지 않았거나 보험약관상 보험금을 지급하지 않는 사유면책사유 등으로 보험회사가 정당하게 지급하지 않은 건이 포함되어 있음을 유념한다.

## 6 보험소송을 남용하는지 알아보려면 소송공시 체크

보험가입 후 하자 없이 보험금이 잘 나올 줄 알았는데 안 나오고 오히려 보험회사에서 소송을 제기해 경제적·시간적·심적으로 많은 고통을 당한 사례가 매스컴에 나오곤 한다. 실제로 이런 일을 당하면 얼마나 억울하겠는가? 보험회사가 보험금 지급과 관련하여 법적인 다툼이 있을 때 소송을 제기하는 경우가 있다.

보험회사는 합리적인 사유에 기해 소송을 제기하지만 고의로 보험금 지급을 지연하는 등 부당한 목적으로 소송절차를 이용할 수도 있다. 소송

관련 공시生命보험협회 및 손해보험협회의 소비자포털에서는 보험회사별 보험금 청구 지급 관련 소송제기 횟수, 결과 등을 확인할 수 있다.

이 중 특히 보험회사가 가입자를 상대로 제기하는 소송 건수가 많거나, 소송제기 건수 중에서 보험회사가 패소한 비율이 높은 경우에는 소송을 남용했을 가능성이 높으므로 이런 보험회사 상품은 신중히 가입하는 것이 좋다.

### 7 보험금 지급여력이 충분한지 궁금하면 지급여력비율 체크

보험사고가 발생했을 때 보험회사가 보험금을 제대로 지급하는지뿐만 아니라 지급할 능력이 충분한지도 합리적인 선택을 하기 위해 미리 알아둘 필요가 있다. 지급여력비율을 가장 쉽게 알 수 있는 방법은 보험회사의 지급여력비율을 확인하면 된다.

지급여력비율RBC: Risk Based Capital이란 보험회사가 보험금을 지급할 여력을 충분히 갖추고 있는지를 숫자로 나타낸 것이다. 지급여력비율이 높다는 것은 해당 보험회사의 재무상태가 건전하다는 것을 의미한다. 모든 보험회사는 지급여력비율을 100% 이상으로 유지하도록 정부당국에서 권고하고 있다.

상품비교공시지표와 보험가격지수, 저축성상품의 수익률, 불완전판매비율, 보험금 부지급률, 소송공시 등을 확인하려면 생명보험협회www.klia.or.kr 또는 손해보험협회www.knia.or.kr 홈페이지에 접속하고, 지급여력비율은 파인fine.fss.or.kr에 접속해 관련 사항을 클릭해보면 된다.

# 4장

# 계약체결 및 가입 후 반드시 알아둘 꿀팁

보험설계는 단순히 상품을 선택하여 가입하는 것이 아니다. 보험을 통해 웰빙과 웰에이

징, 웰다잉이 이루어질 수 있도록 인생설계 차원에서 추진해야 한다. **- 김동범**

# 계약체결 시 꼭 알아둘 핵심요소 11가지

어떤 보험 상품을 가입할지 결정했으면 가입을 원하는 판매채널에 알려 계약을 체결한다. 보험은 장기간 유지해야 하므로 다시 상품내용을 꼼꼼히 살펴보고 청약한다. 담당자만 믿고 '여기다 서명만 하면 되느냐?' 하면서 맡기면 안 된다.

어떤 내용을 다시 체크하고 어디에 서명하며 무엇을 보관하고 챙겨야 하는지 세밀히 관찰하고 꼼꼼히 따져야만 나중에 후회 않고 이익을 본다. 청약서에 사인한 후 제1회 보험료를 지불한 그 순간부터는 모든 책임은 오직 가입자에게 있음을 유념하면서, 보험계약을 체결할 경우 주의 깊게 꼭 살피고 알아둘 11가지 핵심요소를 익혀두고 실천에 옮긴다.

## **1** **가장 적합한 상품인지 냉정히 분석한다.**

내가 원하는 적합한 상품인지, 보장내용은 괜찮은지, 보험기간은 적절하게 선정했는지, 갱신 시 보험료 인상률은 얼마나 되는지, 자산운용옵션은 수익률 제고에 적합한지, 혹시 보험컨설턴트의 정에 이끌려 가입하는 것은 아닌지 다시 한번 냉정하게 생각하고 분석한 다음 결정한다. 단순히 괜찮은 상품인 것 같다는 막연한 생각으로 가입하면 절대로 안 된다. 매월 내 호주머니에서 장기간에 걸쳐서 고정적으로 소중한 돈보험료이 지출됨을 상기한다. '과연 이 보험상품이 정말 좋다' 하는 확신이 섰을 때 계약을 체결하도록 한다.

### 2 주요 보상범위 등 상품설명 내용이 약관과 같은지 확인한다.

보험 상품 가입 시 중요한 요소는 해당 상품의 보상범위와 보장내용 및 보험금과 보험료의 규모이다. 특히 보장보상받을 수 있는 부분과 보장보상받지 못하는 부분에 대한 명확한 구분과 이의 인지가 필요하다.

보험 계약을 체결할 때 이런 사항에 대해 약관 내용은 안 보고 모집자가 설명하는 내용과 제공하는 모집안내 자료에 의존하는 경향이 많다.

계약 전에는 반드시 청약서의 모태인 약관의 내용을 자세히 살펴보는 것이 중요하다. 특히 보험금의 지급사유 및 보험금을 지급하지 않는 사유 등을 반드시 확인한다. 만에 하나라도 약관과 상품설명 내용 또는 청약서에 기재된 내용이 다를 때는 이의를 제기하여 정정받도록 한다.

### 3 보험료 규모와 납입기간을 살펴본다.

보험료는 향후 생활패턴을 고려해서 책정했는지 살펴보고 만약 많다고 판단되면 보험료납입기간을 늘리든지, 보험료 규모를 줄이든지, 또는 보험료 할인혜택 등으로 해결한다. 은퇴시점에 보험료납입에 대한 부담감을 줄이고 싶다면 보장기간보다 보험료납입기간을 짧게 설계한다. 보험료납입기간은 가정경제의 여건과 불입능력을 고려하여 결정한다.

여건이 허락하면 단기납으로 하는 것도 좋지만 가능하면 전기납으로 하여 보험기간 내내 납입하는 것이 좋다. 보장성보험과 연금계좌 상품은 납입한 보험료에 대해 매년 세액공제 혜택이 주어지기 때문이다. 장기보험의 경우 단기간에 걸쳐 납입하고 나면 보험료납입 완료 후의 잔여 보험기간 동안 무신경해 자칫 각종 보험 혜택을 제때 정상대로 못 받을 수도 있다.

### 4 보험료납입일자와 납입방법을 결정한다.

사망보험 상품은 괜찮지만 저축성보험 상품은 보험료납입일자의 선정이 매우 중요하다. 공시이율 등 변동이율을 적용하는 저축성 상품은 납입일자를 기준으로 하여 해당 수익률을 계산하기 때문이다. 매월 1달을 기준으로 하여 이자를 계산하지 않고 납입한 날짜별로 이자를 계산하기 때문에 매월 계약 해당일 이전에 보험료를 내야만 보험회사에서 제시한 만기 시 약정한 보험금을 보험기간 종료 시 제대로 받을 수 있다.

따라서 계약 해당일 이후 보험료를 내면 약정된 만기보험금을 받을 수 없다. 유예월로 계속보험료를 내면 많은 손해를 보게 된다. 납입일자는 봉급생활자는 급여 수령일 + 1일 정도로 하고, 자영업자는 월말 자금 회전이 안 될 경우를 대비해 중순경으로 하는 것이 좋다. 보험료납입은 은행의 자동이체방법, 보험컨설턴트 방문 시 보험료납입, 지로GIRO로 납입하는 방법, 월급공제 방법, 보험회사 직접 납입방법 등이 있는데 제일 좋은 방법은 은행의 자동이체를 이용하는 것이다.

자동이체로 납입하면 납입보험료에 대해서 1~2% 정도 할인혜택을 준다. 보험컨설턴트 방문 시 납입, 은행 GIRO, 소속기관에서의 급여공제이체, 보험회사 직납 등은 할인혜택이 없다. 신체 건강한 우량체는 성별, 나이 등에 따라 할인율이 조금 다르지만 보통 10% 정도 할인된다. 고액계약할인, 단체계약할인 등 할인제도가 많으므로 반드시 확인하여 적극 이용하도록 한다. 보험료 할인율과 조건은 보험회사마다 상품별로 각기 다르므로 꼭 체크한다.

**6** **보험료납입이 면제되는 경우를 확인한다.**

보험료납입기간 중 해당 약관에서 정한 질병 또는 상해로 일정률 이상의 후유장해가 발생하거나 또는 암으로 진단확정 시 차회부터 보험료를 납입 면제해준다.

예를 들어 종신보험이나 LTC보험은 장기요양상태LTC 및 장해지급률 50~80% 이상일 때 또는 암, 뇌졸중, 급성심근경색증이 발생하였을 경우 CI보험은 CI상태이거나 또는 장해지급률 50~80%일 때, 암보험 상품은 일반 암이 발생하여 진단 확정되었거나 또는 장해지급률 50~80%일 때 추가보험료납입 없이 보험기간 동안 보장해준다.

손해보험 상품은 생명보험 상품보다 납입면제 조건이 까다로운데 일반 암 또는 장해지급률 80% 이상 발생 시 면제해준다.

생명·손보 모두 일반암이 아닌 제자리암, 기타피부암, 갑상샘암, 경계성종양 등은 제외되므로 약관 내용을 꼼꼼히 살펴본다. 보험료납입면제제도를 잘 활용하려면 보험료납입기간을 길게 하는 것이 좋다.

## 7 상품별 면책기간(대기기간)을 꼭 알아둔다.

약관에는 보험가입자의 역선택이 가능한 특정질병 상품에 대해서는 제 1회 보험료의 납입일 이후 일정 기간 동안 해당 질병이 발생하더라도 보장하지 않는 대기기간Waiting Periods, 즉 면책기간을 설정해두고 있다. 예를 들어 암보험은 계약일로부터 90일의 면책기간을, LTC보험장기간병보험은 일상생활장해상태는 90일, 중증치매상태는 2년의 면책기간을 설정해두고 있다. 치아보험은 진료별로 충전, 크라운 등 보존치료는 90일 또는 180일, 틀니, 브리지, 임플란트 등 보철치료는 180일 또는 1년의 면책기간을 두는데 보험회사마다 상품별로 조금씩 차이가 있다.

실손의료보험의 면책기간은 해당 상품을 언제 가입했는지에 따라 달라진다. 가입한 시점마다 지급 횟수, 기간 등에 따라 면책기간이 180일6개월, 90일3개월 등으로 각기 다르므로 미리 꼭 확인하도록 한다. 상해보험은 외래성, 급격성, 우연성 있는 사고를 담보하므로 면책기간을 두지 않는다. 따라서 천재지변, 낙뢰, 폭염, 폭우 등 자연재해로 인한 보험사고는 면책기간 없이 보험금을 지급한다.

## 8 고지의무(계약 전 알릴 의무)는 반드시 이행한다.

보험계약 체결 시 보험계약자와 피보험자는 반드시 계약 전 알릴 의무를 이행해야 한다. 사실대로 알리지 않은 경우에는 해당 약관에 의거 불이익이 발생할 수 있다.

청약서에 서면으로 질문한 중요한 사항인 피보험자의 직업, 과거 병력과 현재의 건강상태, 장애상태, 고위험 취미암벽등반, 패러글라이딩, 직업 또는 직무 변경자가용운전자가 영업용운전자로 직업 또는 직무 변경 포함, 운전 여부, 타사 보험계약 가입 여부 등에 대하여 사실대로 기재하고 자필서명전자서명 포함을 해야 한다. 만약 사실대로 기재하지 않을 경우에는 계약인수에 영향을 미치거나 보험계약이 성립되지 않으므로 반드시 사실 확인을 한다.

이 경우 보험회사는 해당 보험계약의 청약을 거절하거나 보험가입금액 한도 제한, 일부 담보 제외, 보험금 삭감, 보험료할증 등과 같은 조건부로 인수하거나 또는 아예 인수를 거절하여 해지할 수 있음을 유념해야 한다.

계약 전 알릴 의무 위반으로 계약해지를 한 경우에는 해당 계약이 해지되기 이전에 발생한 사고라고 할지라도 고지의무 위반과 인과관계가 없다는 사실이 입증되지 않는 한 해당 사고에 대하여 보험회사는 보험금 지급 책임을 지지 않는다. 특히 질병에 걸렸거나 최근 5년 이내에 앓은 적이 있을 경우에는 반드시 청약서에 명시해야지 고지의무 수령권이 없는 보험컨설턴트에게 말로만 얘기하면 절대 안 된다는 점을 유념한다. 과거에 앓았던 병의 판단기간은 가입 시점부터 거슬러 올라가 5년이 되는 시점까지이다.

## 9 청약서는 반드시 자필로 서명한다.

보험청약서에 기재된 내용보험 상품명, 보험기간, 납입기간, 보험료 등을 보험계약자 본인이 직접 확인한 후 반드시 자필서명 또는 날인도장을 찍음을 하도록 한다. 만약 계약자나 피보험자가 만 20세 미만의 미성년자일 경우에는 친권자 또는 후견인이 해당란에 성명을 기재하고 자필서명 또는 날인을 한다. 무심코 지나치기 쉬운 자필서명 하나 때문에 보험금이 지급되지 않아 억울한 일을 당하는 실수를 범하지 말아야 한다. 대리 서명은 원칙적으로 무효이다. 단, 인터넷 또는 전화로 계약이 체결된 경우에는 전자서명, 녹음 등으로 대신할 수 있다.

## 10 특별한 약속은 서면으로 받아놓는다.

보험은 상품내용이 매우 복잡하여 보험금 지급사유, 보험금 지급내용, 보장제외 사항 등 세부적인 사항들은 주의 깊게 보지 않으면 잘 알지 못한다.

상품수익률 등 계수화되는 민감한 부분은 대개 보험회사에서 모집안내자료를 통하여 제시하는 경우가 많으므로 꼼꼼히 살펴보아야 한다. 특히 해당 자료가 보험회사에서 만든 것인지 아니면 지점 또는 보험컨설턴트 개인이 만든 것인지를 눈여겨보면서 반드시 소속회사와 담당자의 서명이 되어 있는 자료를 받아 보관한다. 만약 제공처가 명시되어 있지 않으면 서명날인을 받아놓는다.

특히 단기 일시납 상품의 경우에는 보험원리상 만기 시 금액이 증권에 찍혀서 나오지 않으므로 반드시 만기 시 약정금액의 수령을 보장하는 확인서를 청약서 부본 이외에 별도로 받아놓는다. 청약서에 명시된 것과 약관내용이 다르다거나 보험컨설턴트의 말과 상품안내장의 내용이 서로 다를 때는 반드시 서면으로 보장 약속을 받아두어야만 나중에 불이익이 없다.

## **11** 다수보험 중복가입 여부를 반드시 확인한다.

가입 전에 기존에 가입한 상품과 보장부분이 겹치는지 보험증권을 분석하거나 또는 보험가입내역 조회서비스를 통하여 중복가입 여부를 반드시 확인한다. 만약 가입한 상품이 기억나지 않는 경우에는 금융감독원에서 운영하는 금융소비자정보포털 사이트 파인fine.fss.or.kr이나 생명보험협회www.klia.or.kr, 손해보험협회www.knia.or.kr 홈페이지에 들어가 보험가입내역 및 보험계약 조회를 클릭하면 본인이 가입한 보험내역을 확인할 수 있다.

# 보험가입 시
# 올바른 자가진단방법 10계명

올바른 보험클리닉과 보험재테크의 출발은 최적의 보험 상품을 잘 골라 적은 보험료로 가입하여 최고의 수혜를 보는 것이다. 보험가입 시에는 우선 아래에 제시한 문항을 집중 검토해 정확하게 진단한 가정의 재무분석을 토대로 최적의 재정안정설계를 하고 이를 모태로 마음에 맞는 보험 상품을 취사선택하여 가입하는 지혜를 발휘한다면 손해 안 보고 기쁜 마음으로 유지하면서 보험 혜택을 많이 볼 수 있다. 보험 상품의 선택과 가입을 좀 더 확실히 하여 보험재테크 효과를 톡톡히 볼 수 있도록 하는 보험 상품 진단방법을 제시한다.

### 1 일상생활에서 발생하는 위험대비책은 잘 세웠는가?  (  )

보험가입 시 가장 중요한 것은 생활보장테크가 잘 이루어지도록 가족 모두 살아 있을 때 발생할 위험에 대해 확실히 담보해놓는 것이다. 살아 있을 때 정작 아무런 도움이 되지 못하는 보험이라면 반드시 재고한다. 평상시 생활위험 요소를 헤지해줄 수 있는 실손의료보험, 질병보험 등 생활보장형보험은 반드시 필요하다. 특히 후유장해의 발생으로 인한 고통은 본인은 물론 가족 모두에게 짐을 안겨주므로 유가족이 겪는 고통보다 몇 배로 더 크게 다가올 수 있다.

### 2 보험가입 시 가계재정에 대한 재무분석을 받았는가?　　(　)

보험가입 시 가장 우선시되어야 할 요소는 가정의 재무분석이다. 보험 상품도 재무설계를 토대로 반드시 생활치수에 맞게 가입해야만 가입 후 보험료 부담이 안 되고 잘 유지하여 확실한 보장을 받을 수 있다. 만약 재무설계를 하지 않고 가입했다면 지금 즉시 보험포트폴리오 리밸런싱을 해 가정에 꼭 알맞은 상품으로 리모델링을 한다.

### 3 현재 가입한 보험의 보장내용을 잘 살펴보았는가?　　(　)

바람직한 보험은 언제 어떤 이유의 사망이건 보험금이 동일하게 지급되든지 또는 실손보상으로 지급되어야 한다. 휴일, 평일 또는 재해사망, 일반사망, 차량탑승 중 등 사망원인이 맞아떨어져야 보험금이 지급되는 보험을 가입했다면 곤란하다. 또한 삶의 여정 내내 보장이 이루어지는 상품이어야 한다. 일정 기간 동안만 보장되면서 보험기간이 종료되는 상품은 사망률이 높아지는 시기에 보장이 끝나 정작 필요한 때 보험의 혜택을 못 보게 된다.

### 4 노후에 대한 대비책은 확실하게 세워놓았는가?　　(　)

노후가 자기책임인 헌드레드시대, 기나긴 노후는 삶의 행복 척도를 가름하는 중요한 제2의 인생이다. 반드시 경제력 있는 시기에 경제력 없는 은퇴 이후를 대비하여 짬짬이 노테크를 해야 한다. 연금설계를 할 경우에는 반드시 평생 동안 매월 월급형식으로 나오도록 해야 노후가 평안하다.

## 5 얼마 정도의 수익률이 보장되는 상품인가? ( )

보험 상품에 따라서는 확정금리를 통한 일정액 이상의 수익률을 보존해주는 상품도 있다. 공시이율을 적용할 경우 회사에 따라 적용이율이 각기 다르다. 만약 20년 이상의 장기보험인 경우 공시이율이 매년 1%만 차이가 난다 해도 그 폭은 기납입보험료 이상 될 수 있으므로 신중하게 결정한다. 변액보험이나 주가연계보험, 달러보험 등 보험투자상품이나 저축성상품, 연금상품을 가입할 때에는 기본적으로 얼마만큼의 수익률을 올릴 수 있는지 꼭 살펴본다. 특히 투자 리스크를 방지하고 안정된 수익 실현을 위해 수익을 보장해주는 스텝업 기능이 잘 구비되어 있는지 반드시 확인한다.

## 6 자녀들의 미래를 위해 상속이 가능한 보험인가? ( )

보험 상품은 보장테크와 재테크 및 세테크가 가능하도록 안분비례하여 설계해야 한다. 자녀들의 미래를 위해 현금으로 상속유산을 준비한다는 것은 현실적이지 못하지만 보험을 통해 현실적인 상속금을 남겨줄 수는 있다. 특히 상속세 과세는 상속기능과 절세기능이 있는 보험의 장점을 이용해 이루어지는 것이 가장 실속이 있다.

**7 건강진단 시 최상의 몸 상태를 유지하고 있는가?**　　　( 　)

보험회사의 정식검진은 평소 컨디션 조절에 신경을 쓴 후 최상의 건강 상태에서 받아야 한다. 검진결과로 가입이 거절될 경우 다른 보험의 가입 도 힘들어지기 때문이다. 물론 숨길 수는 있지만 그 기록은 언제까지 남 아 있기 때문에 안심하지 못한다. 혈압이나 당뇨의 경우 그날의 몸 또는 음식섭취 상태에 따라 다르게 나올 수도 있으므로 평소 컨디션 조절에 신 경 쓴 후 건강진단을 받는 것이 바람직하다.

**8 보험가입 시 해당 약관은 꼼꼼히 살펴보았는가?**　　　( 　)

간혹 상품설명 내용과 보험 사고 발생 시 실제 보장급부가 달라 낭패 를 보는 경우가 있다. 이는 보험컨설턴트가 제대로 상품내용을 전달하지 않았다거나 또는 해당 약관을 잘 살펴보지 않고 가입했기 때문이다. 보 험 상품이 좋다고 해서 무조건 가입하면 정말 필요할 때 큰 피해를 볼 수 있다. 특히 질병을 보장할 경우 그 보장범위를 정확하게 살펴봐야 한다. 반드시 보험회사에서 설명하는 상품내용이 정확하게 맞는지 가입 전 해 당 약관을 꼼꼼히 살펴보고 실질적으로 도움이 되는 보장상품인지 따져 본 다음 가입한다.

**9 고지의무를 위반한 사항은 없는지 점검했는가?**　　　( 　)

보험가입 시 고지의무의 이행은 향후 보험사고 발생 시 보험금 지급과 직결되는 사안이므로 매우 중요하다. 특히 면책기간과 제한 조건을 확인 한다. 질병을 담보로 하는 건강보험은 다른 유형의 상품보다 고지내용의 조건이 까다로우므로 가입 시에는 과거 병력이나 약물복용 여부를 스스로 체크한다.

만약 최근 5년 이내에 입원이나 수술한 경력이 있으면 먼저 의사들이 보는 차트인 의무기록부환자에 대한 치료, 처방에 대한 자료 검색을 병원에 요청해 복사해서 면밀히 살핀다. 고지의무를 위반하거나 또는 위반한 사실을 모르고 가입했다면 차후 보험사고 발생 시 많은 문제를 야기하여 보험금이 지급되지 않는 불상사를 당하는 등 분쟁의 소지가 있음을 유의하며 고지한다. 특히 면책기간과 그 제한 조건을 확인한다.

특정 질병의 징후가 있을 경우는 일정 기간 보험금 지급을 하지 않는다거나 또는 보험금 삭감지급 방식인 부담보 형태로 가입도 가능하다.

### 10 나와 가족만이 아닌 이웃을 위한 배려도 해놓았는가?　(　)

보험은 자신과 가족을 위한 생명보험과 다른 사람을 위한 배상책임보험으로 크게 구분할 수 있다. 일상생활 시 다른 사람에게 부득이한 사유로 상해사고, 자동차사고, 화재사고 등의 피해를 안겨주었다든지 또는 피해를 당했을 때 그 손해를 보상해주는 배상책임보험은 공들여 모아놓은 소중한 자산을 효율적으로 관리하기 위해서도 반드시 필요하므로 가입해둔다.

# 보험가입 직후 마음에 안 들면 청약철회청구제도 및 품질보증해지 권리제도 적극 활용

가입목적에 맞는 보험 상품을 선택해서 계약을 체결했는데 곰곰이 따져보니 마음에 안 든다거나 또는 생활치수와 맞지 않아서 가계 살림에 많은 부담이 될 것 같을 때는 신속하고 현명하게 대처해야 한다. 또한 보험회사에서 불완전판매를 했을 경우에는 해결방법을 곧바로 적극 모색해야 한다. 매월 장기간 불입해야 하는 보험료 규모가 만만치 않으므로 자칫 돈만 낭비할 수 있기 때문이다.

보험가입 후 상품이 마음에 들지 않거나 잘못된 의사결정이라고 판단됐을 경우 또는 불완전판매를 했을 경우 이를 처리하는 방법은 크게 청약철회제도를 활용하는 방법과 보험품질보증제도를 활용하는 방법 등 2가지로, 이는 모든 보험회사의 상품에 적용된다.

## 청약철회청구제도 적극 활용

청약철회Cooling-off란 보험계약자가 보험계약을 취소하고자 할 경우 아무런 불이익 없이 일정 기간 내에 청약을 철회하여 계약을 취소할 수 있는 제도를 말한다. 보험가입 후 불필요한 보험에 가입하였거나 형편상 도저히 매월 보험료납입이 힘들다고 판단될 경우 보험계약자는 가입한 상품의 청약을 철회할 권리가 있다. 권리행사로 인한 청약철회는 보험계약자가 계약을 체결한 후 보험증권을 받은 날부터 15일 이내에 가능하다. 단, 보험증권을 받은 날부터 15일 이내라 하더라도 청약한 날부터 30일 이내인 경우에만 청약을 철회할 수 있다.

예를 들어 9월 1일 보험계약을 청약하고 3주 후인 9월 22일에 보험증권을 수령한 경우에는 9월 1일부터 계산하여 9월 30일 이내에만 청약철회가 가능하다. 이 경우 만 65세 이상의 계약자가 전화로 체결한 계약은 45일 이내까지 청약철회가 가능하다.

그러나 진단계약이나 또는 보험기간이 1년 미만인 계약 그리고 전문보험계약자가 체결한 계약, 청약한 날로부터 30일을 초과하는 경우에는 청약을 철회할 수 없다. 보험계약자가 청약을 철회하면 보험회사는 청약철회를 신청받은 날부터 3일 이내에 보험료를 돌려주어야 한다.

만약, 보험료 반환이 3일보다 늦어질 경우는 보험료에 이자보험계약대출이율을 연단위 복리로 계산한 금액를 더해 보험계약자에게 환급해야 한다. 보험계약자가 제1회 보험료를 신용카드로 납입한 계약의 청약철회 시 보험회사는 신용카드의 매출을 취소하고 제1회 보험료만 반환하고 이자는 가산하여 지급하지 않는다. 청약철회를 원할 경우에는 청약서의 청약철회란을 작성한 후 보험회사에 송부하거나 가까운 영업점 방문 또는 콜센터, 해당 보험사 홈페이지를 통해 신청하면 된다.

## 청약을 철회할 수 없는 보험 상품 5가지 유형

보험기간이 1년 미만인 보험 등 청약철회 시 실익이 없는 보험 상품은 청약철회가 불가능하므로 보험가입 시에는 뚜렷한 가입목적 아래 미리 기존 가입상품과 중복 여부 등을 꼼꼼히 살펴보고 난 후 신중히 가입하는 것이 중요하다. 청약을 철회할 수 없는 보험 상품에는 다음과 같은 5가지 유형이 있다.

---

1. 자동차보험 중 의무보험(대인배상Ⅰ, 대물배상(보상한도 2,000만 원까지))
2. 보험기간이 1년 미만인 단기보험
3. 보험에 가입하기 위해 피보험자가 건강진단을 받아야 하는 보험
4. 타인을 위한 보증보험(채권자를 피보험자로 하는 채무자의 보증보험). 단, 보험계약자(채무자)가 채권자의 동의를 얻으면 보험계약 철회 가능
5. 단체보험계약

---

청약철회의 신청이 접수된 이후에는 사고가 발생해도 보상하지 않는다. 단, 보험사고가 발생한 사실을 모르고 보험계약을 철회한 경우에는 보장받을 수 있다. 특히 보험계약자와 피보험자가 다를 경우 피보험자에게 입원, 수술 등 보험사고가 발생한 사실을 알지 못한 상황에서 해당 보험계약의 청약을 철회하는 일이 벌어질 수 있다. 이와 같은 불상사를 방지하기 위해 보험계약자가 보험사고 발생사실을 모르고 청약을 철회한 경우에는 청약철회를 신청했더라도 보험계약이 그대로 유지되어 해당 보험약관에서 정한 바에 따라 보장받을 수 있다.

# 품질보증해지 권리제도 적극 활용

품질보증제도는 보험계약자가 보험계약 시 불완전판매행위가 발생한 경우 보험계약이 성립된 날부터 3개월 이내에 해당 계약을 취소해지할 수 있는 권리를 말한다. 보험 상품을 완전판매하지 못하였을 경우에 보험회사가 계약자 보호차원에서 계약자에게 불이익이 발생하지 않도록 조치해주는 제도로서 보험품질보증리콜제도라고도 한다. 보험 상품을 판매할 경우에는 적합성 원칙, 적정성 원칙, 설명의무, 불공정영업판매행위 금지, 부당권유행위 금지, 금융상품 등에 관한 광고 관련 준수 등 불완전판매 금지 6대 원칙을 지켜야 한다.

품질보증제도의 적용으로 해지가 가능한 경우는 3가지로 ① 보험 상품 약관 및 계약자 보관용 청약서청약서 부본를 계약자에게 전달하지 않은 경우 ② 약관의 중요 내용인 세약무효 사유, 계약해지 효과 등 보험계약상 주요 사항을 보험계약자에게 설명하지 않은 경우 ③ 보험계약자가 청약서에 자필서명 내지 전자서명을 하지 않은 경우 등이다. 단, 전자거래기본법에 따른 사이버몰 등을 이용한 계약체결 시에는 청약서 부본을 제공하지 않을 수 있다.

이 3가지를 보험회사와 보험컨설턴트가 지켜야 할 3대 지킴이라고 한다. 보험 상품을 완전판매하지 않았을 경우 보험계약자는 이의 부당함을 들어 보험계약을 체결한 날로부터 3개월 이내에 품질보증을 신청계약 취소해 계약을 해지할 수 있으며 이때 해당 보험회사는 보험계약자에게 불이익 없이 이미 납입한 보험료와 그에 대한 이자를 돌려주어야 한다.

## 청약철회제도와 품질보증제도를 이용한 해지내용 비교

| 구분 | 청약철회제도 | 품질보증제도 |
|------|------------|------------|
| 해지 사유 | 보험계약자의 자유의사(청약철회의 전제가 되는 사유 없음) | 보험회사 등이 약관설명의무, 약관 및 청약서 교부의무를 불이행, 보험 계약자가 청약서에 자필서명하지 않은 경우 등 3대 기본 지키기 위반 |
| 대상 보험 상품 | 모든 보험 상품(단, 단기보험 상품 등 일부 보험 상품은 청약철회 불가) | 모든 보험 상품 |
| 해지가능 기간 | 보험증권을 받은 날부터 15일(단, 청약일부터 30일 이내), 계약 성립 전에도 행사 가능 | 계약 성립일부터 3개월, 계약 성립 후에만 해지 가능 |
| 기대 효과 | 납입보험료 전액 환급·철회신청일로부터 3일 경과 후에는 이자 가산 지급(단, 신용카드 납부 시 제외) | 납입보험료와 보험료납입일 이후의 이자 가산 지급 |

* 주) 이자는 보험계약대출이율을 연단위 복리로 계산한 금액임

# 보험가입 후
# 현명한 대처방법 꿀팁 15

보험 상품을 가입했다고 끝난 것은 아니다. 지금부터가 시작이다. 보험 상품에 따라 짧게는 1년단기보험, 길게는 종신토록 유지되어야 하는 보험을 계약했다고 해서 마음 놓으면 자칫 낭패를 당할 우려도 있다. 목적과 생활치수에 맞게 보험 상품을 가입한 이후부터 보험수혜를 보고 계약기간이 종료될 때까지 어떤 서류를 보관해야 하고 보험료납입은 어떻게 해야 하는지 등 유지관리 시에 필요한 제반사항을 반드시 알아두고 실천해야만 원하는 혜택을 두루 볼 수 있다.

## 1 보장개시일을 반드시 미리 확인해놓는다.

가입한 보험 상품의 보장개시일을 꼭 확인한다. 보장개시일이란 가입한 보험 상품에 대하여 보험회사가 책임을 지고 보장을 개시하는 날보험 효력이 발생하는 날로서 해당 보험계약이 성립되고 제1회 보험료를 받은 날을 말한다. 보장개시일은 보험계약일 또는 책임개시일을 의미한다.

보험회사가 승낙하기 전이라도 청약과 함께 제1회 보험료를 받은 경우에는 제1회 보험료를 받은 날을 보장개시일로 본다. 따라서 만약 보험회사가 청약과 함께 제1회 보험료를 받고 청약을 승낙하기 전에 보험금 지급사유가 발생하였을 경우에도 보장한다.

제1회 보험료를 자동이체 또는 신용카드로 납입하는 경우에는 자동이체신청 또는 신용카드 매출승인에 필요한 정보를 제공한 때를 제1회 보험료를 받은 때로 한다. 이때 보험계약자의 책임 있는 사유로 자동이체 또는 매출승인이 불가능한 경우에는 보험료가 납입되지 않은 것으로 여기므로 돈이 인출되었는지 반드시 확인한다.

일반적인 보험 상품은 대부분 보장개시일이 청약의 승낙과 제1회 보험료를 받은 때부터 시작된다. 그러나 암보험은 면책기간이 경과해야만 보장개시가 된다. 따라서 암보험의 보장개시일은 면책기간인 가입일을 시작으로 90일이 지난 날의 다음 날부터 시작된다.

암이 계약일 또는 부활효력회복일로부터 보장개시일 전일 이전에 발생하였는데 계약자가 계약을 취소하지 않은 경우 진단 확정된 암과 동일하거나 다른 신체기관에 재발 또는 전이되어 암진단 보험금 지급사유가 발생하더라도 보장이 안 되므로 보험금을 지급하지 않는다.

단, 계약일 또는 부활효력회복일로부터 중대한 질병 및 수술 보장개시일 전일 이전에 암진단 확정을 받더라도 그로부터 5년이 지나는 동안 추가적인 진단단순 건강검진 제외 또는 치료사실이 없을 경우 중대한 질병 및 수술 보장개시일부터 5년이 지난 이후에는 해당 약관에 따라 보장이 개시되며 보험금을 지급한다.

치매보장개시일은 계약일 또는 부활효력회복일로부터 그날을 포함하여 만 2년이 지난 날의 다음 날부터이다. 단, 질병이 없는 상태에서 재해로 인한 뇌의 손상을 직접적인 원인으로 중증치매상태가 발생한 경우에는 계약일 또는 부활효력회복일을 중증치매보장개시일로 본다. 당뇨병당화혈색소 6.5% 이상의 보장개시일은 계약일 또는 부활효력회복일로부터 그날을 포함하여 1년이 지난 날의 다음 날부터이다.

노인장기요양보험 1등급, 노인장기요양보험 2등급 또는 노인장기요양보험 3등급으로 판정받은 장기요양상태일상생활장해상태의 보장개시일은 계약일 또는 부활효력회복일로부터 그날을 포함하여 90일이 지난 날의 다음 날부터이다. 단, 재해를 직접적인 원인으로 장기요양일상생활장해상태이 발생한 경우에는 계약일 또는 부활효력회복일을 일상생활장해보장개시일로 한다.

유병자보험도 기본적으로 면책기간이 90일이며 치아보험 등 질병보험 상품은 면책기간이 상품마다 다르고 이에 따라 보장개시일이 각기 다르므로 가입하는 상품의 보장개시일을 미리 꼭 알아보는 것이 중요하다. 면책기간과 보장개시일이 존재하는 이유는 병력을 숨기고 가입하는 문제를 예방하기 위해서다. 유념할 사항은 보험회사의 책임개시, 즉 보장개시일이 되었더라도 아래 중 한 가지에 해당되는 경우에는 보장하지 않는다는 사실을 명심해야 한다.

## 보험회사의 책임개시(보장개시)일 적용 면책사유 4가지

1. 계약 전 알릴 의무에 따라 계약자 또는 피보험자가 회사에 알린 내용

이나 건강진단 내용이 보험금 지급사유의 발생에 영향을 미쳤음을 회사가 증명하는 경우

2. 계약 전 알릴 의무 위반의 효과를 준용하여 회사가 보장하지 않을 수 있는 경우

3. 진단계약에서 보험금 지급사유가 발생할 때까지 진단을 받지 않은 경우. 단, 진단계약에서 진단을 받지 않은 경우라도 재해로 보험금 지급사유가 발생하는 경우에는 보장한다.

4. 청약서에 피보험자의 직업 또는 직종별로 보험가입금액의 한도액이 명시되어 있음에도 그 한도액을 초과하여 청약을 하고 청약을 승낙하기 전에 보험금 지급사유가 발생한 경우에는 그 초과 청약액에 대하여는 보장을 하지 않는다.

## 2 계약 관련 서류는 반드시 보관한다.

청약서에 자필서명을 한 후에는 제일 먼저 청약서부본과 해당 상품의 약관, 가입안내서<sup>상품 팸플릿</sup>, 가입설계서 등의 계약 관련 서류를 반드시 받아 보관하도록 한다. 저축성 상품은 상품수익률 비교표 등 별도로 약정된 자료가 있으면 그 자료도 함께 보관한다. 이러한 자료는 향후 보험금 청구 시 중요한 근거자료가 된다. 아무리 보험컨설턴트와 친하다고 해서 또는 보험회사가 튼튼하여 믿을 수 있을 것 같다고 지레짐작하여 계약 관련 서류를 보관하지 않았다가는 자칫 낭패를 볼 수 있다. 만사는 불여튼튼임을 명심한다.

**3** **보험회사는 가입자에게 약관교부 및 설명의무가 있다는 점을 알아둔다.**

보험회사는 청약할 때 계약자에게 약관의 중요한 내용을 반드시 설명해야 하며 청약 후에 지체 없이 약관 및 계약자 보관용 청약서를 제공해야 한다. 단, 계약자가 동의하는 경우 약관 및 계약자 보관용 청약서 등을 광기록매체CD, DVD 등, 전자우편 등 전자적 방법으로 송부할 수 있으며, 계약자 또는 그 대리인이 약관 및 계약자 보관용 청약서 등을 수신하였을 때에는 해당 문서를 제공한 것으로 본다.

그러나 통신판매계약의 경우 회사는 계약자의 동의를 얻어 다음 중 한 가지 방법으로 약관의 중요한 내용을 설명할 수 있다. [* 통신판매계약이란 전화나 우편, 인터넷 등 통신수단을 이용하여 체결하는 보험계약을 말한다.]

1. 인터넷 홈페이지에서 약관 및 그 설명문약관의 중요한 내용을 알 수 있도록 설명한 문서을 읽거나 내려받게 하는 방법. 이 경우 계약자가 이를 읽거나 내려받은 것을 확인한 때에 해당 약관을 주고 그 중요한 내용을 설명한 것으로 본다.

2. 전화를 이용하여 청약내용, 보험료납입, 보험기간, 계약 전 알릴 의무, 약관의 중요한 내용 등 계약을 체결하는 데 필요한 사항을 질문 또는 설명하는 방법. 이 경우 계약자의 답변과 확인내용을 음성녹음함으로써 약관의 중요한 내용을 설명한 것으로 본다.

보험회사가 약관 및 계약자 보관용 청약서를 청약할 때 계약자에게 전달하지 않거나 약관의 중요한 내용을 설명하지 않은 때 또는 계약을 체결할 때 계약자가 청약서에 자필서명날인 또는 도장을 찍음 및 전자서명법에 따른 전자서명공인전자서명 포함을 하지 않은 때에는 계약자는 계약이 성립한 날부터 3개월 이내에 계약을 취소할 수 있다. 그러나 전화를 이용하여 계약을 체결하는 경우 아래 각 호의 어느 하나를 충족하는 때에는 자필서명을 생략할 수 있으며 음성녹음 내용을 문서화한 확인서를 계약자에게 제공했을 경우 계약자 보관용 청약서를 전달한 것으로 본다.

1. 계약자, 피보험자 및 보험수익자가 동일한 계약의 경우
2. 계약자, 피보험자가 동일하고 보험수익자가 계약자의 법정상속인인 계약일 경우

계약이 취소된 경우에는 회사는 계약자에게 이미 납입한 보험료를 반환하며 보험료를 받은 기간에 대해서는 보험계약대출이율을 연단위 복리로 계산한 금액을 더하여 지급한다.

### 4 승낙 전 보장받을 권리를 행사한다.

보험계약을 체결 청약서에 사인하고 초회보험료제1회 보험료를 납입하였을 경우 보험사고가 발생했을 때에는 보험회사가 아직 승낙을 하지 않았다 하더라도 보장받을 권리가 있다. 보험계약은 보험계약자의 청약에 대하여 보험회사가 적격 여부를 심사한 후 승낙함으로써 체결된다. 보험회사는 청약을 승낙한 경우 지체 없이 보험증권을 보험계약자에게 교부해야 한다.

만약 보험회사의 승낙 전 또는 보험증권을 받기 전에 보험사고가 발생하였을 경우 보험계약자가 청약 시 초회보험료를 이미 납입했다면 보험계약이 성립된 것과 동일하게 보장받을 수 있다. 단, 초회보험료를 낸 후 승낙 전 보험사고가 발생한 경우라도 ① 보험계약자나 피보험자가 계약 전 알릴 의무(고지의무)를 위반했거나 ② 진단계약에서 진단을 받기 전에 사고가 발생한 경우 등에는 보장받지 못할 수 있으므로 유념한다.

### 5 보험증권 수령 시 가입내용을 재확인한다.

보험증권은 해당 계약을 체결한 상품내용이 고스란히 명기되어 있는 중요한 증서이므로 보험증권을 받으면 다시 한번 청약서와 대조하면서 청약한 내용에 이상이 없는지, 청약서의 내용과 다르지 않은지, 누락이 없는지 반드시 확인한다. 만약 본인(계약자) 실수나 또는 보험회사의 착오로 가입자의 성별, 이름, 주민등록번호 등이 잘못 기재되었을 경우 보험회사에 연락하면 계약을 정정한 후 증권을 다시 교부해준다. 이상이 없으면 계약 관련서류와 같이 보관하여 확인 시 불편함이 없도록 한다.

### 6 보험료납입시기를 준수하고 자동이체 납입한다.

보험을 가입한 후에는 보험료를 약정일시에 납입하는 등 올바로 유지되도록 항상 체크한다. 보험료는 납입 해당월의 계약일자 이전에 납입하는 습관을 길러야 한다. 유예월로 납입하다가 납입시기를 놓치면 실효되어 계약이 소멸된다. 또한 보험료납입을 일시중지하여 보험료납입이 연체 중일 경우 월공제액을 해지환급금에서 충당할 수 없게 되면 실효될 수 있다.

보험료납입이 연체되는 경우 보험회사는 14일보험기간이 1년 미만인 경우에는 7일 이상의 기간을 납입최고독촉기간으로 하여 개별 통지한다. 만약 납입최고독촉기간의 마지막 날이 영업일이 아닐 경우 납입최고독촉기간은 그다음 날까지 적용한다. 자동이체 시에는 수시로 계좌잔고를 확인하고 보험료가 제대로 인출되는지를 확인한다.

### 7 각종 대출제도와 대출가능 여부를 체크한다.

가입 후 보험사고 이외의 만일의 사태가 발생하여 경제적으로 어려움에 처했을 때는 보험회사의 대출제도를 이용하면 유익하다. 가장 쉬운 대출방법은 자신이 가입한 보험계약을 담보로 하여 대출을 받는 약관대출제도이다. 약관대출금은 보통 해약환급금의 80% 전후까지 가능하며 대출이자는 시중은행의 대출이자보다 보통 1~3% 정도 비싸다. 더 큰 목돈이 필요하다면 부동산 담보대출과 신용대출, 지급보증대출 등을 이용하면 된다.

### 8 주소 또는 직업 등 변경 시 반드시 통지한다.

청약서에 기재한 사항이 변동될 경우에는 보험회사에 통지해야 한다. 피보험자의 직업 또는 직무의 변경, 보험목적의 양도, 건물의 구조 또는 용도 변경, 보험의 목적을 다른 장소에 옮기는 경우, 이사하거나 수리하는 경우, 다수보험 시 다른 보험에 가입할 경우에는 보험회사에 통보해야만 보험에 관한 정보를 올바로 받을 수 있고 피해를 안 당한다. 가입한 이후 생명보험의 경우 직업변경 시 통지를 안 해도 되지만 손해보험 계약은 반드시 통지를 해야 한다.

## 9 변액보험 가입 시 자산운용옵션제도를 적극 활용한다.

변액보험과 퇴직연금보험 중 실적배당형 상품은 보험과 은행상품 및 펀드의 특성을 가미한 간접투자상품이라 자산운용옵션이 다양하다. 투자수익률 제고에 실질적 영향을 미치는 자산운용옵션은 실적배당형 상품 특성상 펀드운용의 장기화에 따르는 위험관리를 위한 안전장치로 활용되고 있다. 자산운용옵션 활용 시 펀드 자체적으로도 리스크의 상당부분이 헤지가 가능하므로 펀드조정을 통한 리스크 헤지 수단 및 자산배분에 따른 수익구조개선 수단으로 안성맞춤이다.

## 10 계약이 효력 상실되지 않도록 주의한다.

보험료납입기간 동안에는 보험료를 제때 납입하여 계약이 잘 유지되어야 보험사고가 발생하였을 경우 보장을 받는 데 아무런 이상이 없다. 만약 보험료납입유예기간을 경과하면 해당 보험계약은 효력을 상실하게 되어 계약은 자동 해지된다. 보험계약이 해지된 상태에서는 보험사고보험금 지급사유가 발생해도 보장을 일절 받을 수 없으므로 부활을 원할 경우에는 가급적 빨리 부활을 청약한다. 보험이 해지되는 경우는 가입자의 보험료 미납으로 인한 해지가 가장 많으므로 평소 계약관리에 신경을 쓴다.

## 11 계약소멸 시까지 도움을 줄 전문상담자를 확인한다.

보험을 가입하고 난 후 아무 일도 발생하지 않고 만기까지 가는 것이 가장 좋은 일이고 또 그렇게 되어야 하겠지만 '인간만사 새옹지마'라고 사람 마음대로 안 되는 것이 세상일이다.

대출을 받을 경우, 실효가 되었을 경우, 보험료 영수증이 제때 안 올 경우, 입원했을 경우, 사고가 나서 다쳤을 경우, 차량이 파손되었을 경우, 사망했을 경우, 화재가 났을 경우, 농작물 피해를 입었을 경우, 펀드 변동성이 심해 기준가가 하락할 경우 또는 자산운용 옵션을 선택할 경우, 자동차 사고가 났을 경우, 다른 사람이나 재물에 손해를 입혔을 경우 등 여러 가지 사건이 발생할 수 있다. 이럴 경우 처해 있는 상황에 따라 당황하거나 허둥지둥할 수도 있다. 가입한 보험을 통하여 혜택을 볼 수 있는데도 불구하고 대처방법을 제대로 몰라 헛고생하거나 헛돈을 낭비하는 경우도 비일비재하다. 이럴 때를 대비하여 보험을 든 후에는 반드시 그 보험이 유지되는 날까지 책임져주고 관리할 대상을 알아두어야 한다.

## 12 보험사고 발생 시 최대한 보험금을 받도록 노력한다.

보험사고 발생 시 청약 내용과 다르게 보험금이 지급되어 민원을 제기하고자 한다면 우선 담당설계사에게 연락한 후 다음 5가지 절차에 따라 일을 처리하는 것이 바람직하다.

① 해당 보험회사의 담당자나 소속 부서에 이의 분쟁 해결을 요청하고 ② 그래도 해결이 안 되면 직접 보험회사 본사의 소비자보호센터에 민원을 제기한다. 만약 여기서도 잘 해결되지 않으면 ③ 손해보험협회나 생명

보험협회의 민원창구로 민원을 제기하고 또 여기서도 안 되면 ④ 금융감독원에 설치된 금융분쟁조정위원회 또는 금융감독위원회나 한국소비자원에 분쟁조정신청을 한다. 만약 여기서도 안 되면 마지막으로 ⑤ 법원에서 민사소송을 한다.

이런 절차를 밟아나가려면 본인이 사전에 해당 보험과 관련 지식에 대해 어느 정도 알아야 한다는 것을 유념한다. 그렇지 않으면 아무리 보험소비자를 위해 일을 처리하는 국가기관들이라 하더라도 어디까지나 개인이 거대한 보험회사를 상대로 민원을 제기하여 이기기는 그리 쉽지 않은 것이 현실이기 때문이다. 보험회사와 보험가입자는 갑과 을의 관계이므로 반드시 전문가의 조언을 구하여 슬기롭게 대처한다.

## 13 보험수익자 지정·변경으로 보험금 수령분쟁을 미연에 방지한다.

보험수익자는 보험사고가 발생했을 때 보험회사로부터 보험금을 받을 수 있는 사람으로 보험계약자의 의사에 따라 특정한 사람으로 지정되거나 변경될 수 있다. 보험계약자가 보험수익자를 지정하지 않은 상태에서 보험사고가 발생하면 사망보험금은 민법상 법정상속인이, 장해보험금 등은 피보험자가, 만기 및 중도보험금은 보험계약자가 각각 받는다. [* 민법상 법정상속인의 상속순위는 ① 직계비속 → ② 직계존속 → ③ 형제자매 → ④ 4촌이내 방계혈족 순이다. 배우자의 경우에는 제1·2순위 상속인이 있는 경우에는 공동상속인, 없는 경우에는 단독상속인이 된다.]

만약 보험가입 시 보험계약자가 사망보험금의 보험수익자를 지정하지 않았다면 상속순위가 동일한 사람 모두가 각자 자신의 상속분에 따라 보험금을 수령하게 된다. 그런데 사망보험금의 수익자를 지정하지 않은 상태에서 피보험자가 사망하면, 나중에 사망보험금을 둘러싸고 수익자들 간에 분쟁이 생길 수도 있으므로 이런 문제를 예방하려면 보험계약자가 보험수익자를 미리 특정한 사람으로 지정하거나 변경해두는 것이 제일 좋다. 성명, 주민번호 등을 이용하여 보험수익자를 특정하면 보험수익자로 지정·변경된 사람만 사망보험금을 수령할 수 있다. 보험계약자가 보험수익자를 변경할 경우에는 변경내용을 보험회사에 알리면 되고 보험회사로부터 동의를 받을 필요는 없다. 단, 보험사고 발생 전에 반드시 피보험자로부터 보험수익자 변경에 관해 동의를 받아야 하며, 피보험자가 미성년자이면 친권자의 동의가 필요하다.

### 14 미처 알지 못한 숨어 있는 보험금이 있는지 꼭 확인한다.

보험을 가입해놓고도 보험금이나 해약환급금을 찾아가지 않는 사람들이 있다. 이를 숨은 보험금 또는 휴면보험금이라 한다. 숨은 보험금이란 보험계약에 따라 보험금 지급사유가 발생하여 지급 여부가 결정, 지급금액이 확정되었으나 아직 찾아가지 않은 보험금을 말한다.

즉, 보험료를 못 내어 효력이 상실되었다거나 계약이 만기가 된 후 2년이 지났어도 찾아가지 않는 보험금으로서 숨은 보험금의 종류는 중도보험금, 만기보험금, 휴면보험금, 생존연금, 사망보험금 등 5가지 유형이 있다. 보험금 지급사유가 발생한 지 2년이 지난 보험금은 보험회사의 잡수익으로 처리되지만 계약자 서비스 차원에서 계약자가 청구하면 언제든지 지급해준다.

혹시 깜박 잊고 안 찾은 숨어 있는 보험금이 있는지 보관해둔 보험증권을 살펴보는 일이 필요하다. 만약 보험에 가입한 기억이 잘 안 나고 어느 회사인지도 모를 경우에는 생명보험협회, 손해보험협회 또는 금융감독원으로 문의하면 알려준다. 이때 본인보험계약자의 이름과 주민등록번호, 전화번호 등을 정확히 알려주어야 한다.

## 15 가입 후 주소변경 시 금융주소처리서비스를 통해 일괄 변경한다.

보험회사는 보험계약자가 보험회사에 알린 마지막 주소로 등기우편 등을 보내어 보험금 지급사실이나 보험료 연체사실 등 가입자가 알아야 할 사항을 전달한다. 그런데 간혹 이사나 이직 등으로 주소가 변경되어 보험회사별로 주소가 상이하게 기록되어 있으면 보험료 연체사실 등 보험계약과 관련된 중요한 사항을 통지받지 못하여 보험계약 해지 등의 상황도 발생할 수 있다. 이럴 경우를 대비하여 보험회사들이 가입자의 금융주소를 한번에 처리해주는 금융주소처리서비스제도를 활용하면 좋다.

금융주소처리서비스는 보험계약자또는 보험수익자가 보험회사 영업점을 방문하거나 홈페이지에 접속하여 주소변경 신청 시 다른 보험회사에 기록된 주소도 함께 변경 신청하면 된다. 보험회사는 주소변경 처리가 완료되면 결과를 휴대전화 문자메시지로 통지해준다. 금융주소처리서비스는 금융감독원에서 운영하는 금융소비자 정보포털 사이트인 파인fine.fss.or.kr을 통해서도 할 수 있다.

# 보험료납입 힘들면
# 10가지 보험료조정제도
# 적극 활용

　보험은 장기상품이라 계약 유지기간 동안 많은 변수가 발생할 수 있다. 특히 사업이 힘들거나 또는 퇴직 등으로 가계운영이 힘들 경우에는 매월 납입해야 하는 보험료가 매우 부담스럽게 다가와 유지하기 힘든 상황에 직면할 수도 있다. 자신에게 꼭 필요한 보험 상품인데도 어쩔 수 없이 해약해야 할 상황에 처해 있다면 보험료 조정제도를 활용하면 경제적 위기를 슬기롭게 넘기면서 가입한 보험계약도 차질 없이 유지하여 차후 보험 수혜의 기쁨과 만족감도 맛볼 수 있다.

　보험료조정제도란 보험계약자가 보험료납입 기간 중 경제 사정 악화로 인하여 보험료를 납입하기 부담스러워 해약을 검토할 상황이 발생할 경우 보험료 조정을 통하여 경제적 부담을 감소해줌으로써 기존에 가입한 보험계약을 유지하도록 해주는 보험서비스제도를 말한다. 보험계약유지지원제도라고도 한다.

　불가피한 사정으로 경제적 어려움이 발생할 경우 무작정 해지하기보다는 해징 대상인 보험료조정제도를 잘 이용하여 지혜롭게 보험을 유지하는 것이 보험계약의 올바른 관리 노하우이며 현명한 방법이다. 보험료납입 곤란 시 유용한 보험료조정제도의 종류는 크게 10가지로 보험계약대출제도, 신용대출제도, 보험료감액제도, 감액완납제도, 보험료자동대출납입제도, 연장정기보험제도, 보험료납입유예기간활용, 보험료납입유예 또는 일시중지제도, 중도인출제도, 특약해지제도 등이 있는데 구체적으로 살펴보면 다음과 같다.

## 1 보험계약대출제도

보험계약대출제도는 보험의 보장은 그대로 유지하면서 해지환급금의 일정 범위50~95% 내에서 보험회사에서 정한 기준에 따라 필요한 자금을 자유롭게 이용할 수 있는 대출서비스제도로서 약관대출이라고도 한다.

보험계약대출은 신용도가 낮아 제1금융권으로부터 대출을 받는 데 제약이 있거나 긴급하게 단기자금이 필요할 경우, 대출상환 시점이 불명확하여 중도상환수수료 등이 부담되는 경우, 경제상황이 여의치 않아 보험료를 갑자기 납입하기 힘들 때 해지하지 않고 대출을 받음으로써 보험료 미납 방지장치로도 유용하게 활용할 수 있다.

보험계약대출은 ① 가입자가 직접 창구를 방문할 필요 없이 전화 등을 통해 24시간 보험계약대출 신청이 가능無방문하고 ② 신용등급조회 등 대출심사 절차가 일체 없으며無심사 ③ 수시로 상환하더라도 중도상환수수료를 부담하지 않고無중도상환수수료 ④ 약관대출 금액이 연체되더라도 신용도가 하락하지 않는無신용등급조정 등 4가지 특성이 있다.

해약환급금이 있는 보험 상품은 보험계약대출을 받을 수 있다. 보험계약은 계약기간이 장기간인 데다 중도에 해약하면 계약자의 손해가 크기 때문에 보험약관으로 보험계약대출을 명문화하고 있다. 보험계약대출 금리는 개별 보험계약의 적립금책임준비금 이율에 업무원가 등을 감안한 가산금리가 더해져 결정되는 구조이다. 대출이자는 1년을 365일로 보고 일할 후취로 계산함을 원칙으로 한다. 단, 금리변경 등과 같은 부득이한 사유가 발생할 경우에는 일단위로 계산할 수 있다. 보험계약대출을 이용할 경우에는 신청 전 은행이나 다른 금융회사의 대출금리 수준과 비교해보고 보험계약대출의 장점까지 종합적으로 고려하여 대출 여부를 결정하는 것이 바람직하다.

## 2 신용대출제도

가입한 보험을 통해 해당 보험회사의 신용대출제도를 활용할 수 있다. 신용대출은 보험계약약관대출과 별개의 대출상품으로 약관대출이 불가능하거나 또는 현재 약관대출을 활용 중이어도 신용등급이 양호하다면 신용대출이 가능하다.

신용대출은 보험료납입액을 소득으로 보고 대출해주는 서비스제도이므로 일반적으로 월보험료 10만 원 이상이고 보험료납입 연체나 대출이자 연체 이력이 없는 장기계약자에게 적용하고 있다. 대출 신청은 해당 보험회사의 콜센터를 통해 소득 증빙서류 없이 가능하고 대출금액은 최대 4,000만 원까지이다. 대출기간은 주로 1년이며 원금 동시 상환 또는 이자만 상환하는 방식이고 만기도래 시 추가 연장이 가능하다. 신용대출 상담을 할 경우에는 가급적 신용대출기록 조회가 남지 않는 가조회가 가능한 곳에서 하는 것이 차후 신용등급관리를 위해 바람직하다.

### 3 보험료감액제도(보험금감액제도)

보험료감액제도란 가입 당시의 보험계약에 따른 보장기간과 지급조건 등의 보험계약은 그대로 유지하면서 보험료와 보장내용·보험금, 급부금 등을 함께 축소하는 방법을 말한다. 즉, 보험료를 낮추는 대신 나중에 보장받는 금액을 낮추는 방법으로 보험금 감액제도와 같은 개념이다. 부분해지 제도로 보험계약자가 보험회사에 감액신청을 하면 보험회사는 감액된 부분의 보험계약을 해지처리하고 해지로 발생한 환급금·해지환급금을 계약자에게 지급한다. 보험료 감액또는 보험금 감액 신청 이후에는 감액된 후의 보험료를 납입하면 되며 보장범위는 종전보다 줄어든다. 단, 이 경우 주계약은 물론 특약에 대한 보장 부분도 같은 비율로 함께 줄어들 수 있다는 점을 유념할 필요가 있다.

### 4 감액완납제도

감액완납제도란 보험계약자가 보험기간 중 경제적 궁핍으로 보험료가 부담되어 매월 납입이 어려워졌을 경우 장래의 보험료납입을 중단하고 원래의 보험계약에서 전환시점의 해약환급금으로 전환한 후 그때의 해약 환급금을 재원으로 당초 보험계약의 보험기간과 보험금의 지급조건은 변경하지 않고 보험가입 금액만 삭감하여 동일한 종류의 일시납 보험으로 전환해 보험을 유지하는 것을 말한다. 감액일시납제도라고도 한다. 감액에 따라 해지된 부분에서 발생한 해지환급금이 차후 보험료를 내는 데 사용되기 때문에 보험료를 추가로 낼 필요가 없다.

예를 들면 맨 처음 가입한 보험금 2억 원짜리 월납계약을 보험금 1억 원으로 줄이면서 그동안 냈던 보험료를 한꺼번에 일시납으로 내는 것으로 계약내용을 바꾸어 보험을 유지하는 것이다. 이 경우에는 특약도 주보험과 동일한 비율로 감액 완납되어 처리된다. 보험가입 금액은 변경시점의 해약환급금을 일시납보험료<sub>단, 신계약비는 제외</sub>로 해서 결정되므로 변경 후 보험가입 금액은 당초 보험계약보다 적어진다. 감액완납제도는 보험료를 오랜 기간 납입하여 해지환급금이 많고 앞으로 낼 보험료가 많지 않을 경우 활용하면 좋다.

### 5 보험료 자동대출납입제도

보험계약자가 개인사정으로 보험료를 납입하지 않아 연체되었을 경우 계약해지에 따른 불이익을 당하지 않도록 납입최고기간이 경과되기 전까지 보험가입자가 보험료의 자동대출을 신청하면 약관대출을 통하여 약관대출이 가능한 금액의 범위 내에서 보험료가 자동 대출·납입되어 보험계약을 계속 유지할 수 있도록 만든 제도를 말한다. 보험료가 자동으로 보험계약의 대출금으로 처리되는 보험료 자동대출납입제도는 적립된 해약환급금 범위 안에서 자동대출납입이 가능하다. 따라서 대출금이 해지환급금을 초과하게 되면 자동대출납입이 중단되므로 활용 시 유의해야 한다.

### 6 연장정기보험제도

종신보험에 가입한 계약자가 장래의 보험료납입을 중단하고 원래의 보험계약하에서 보험기간을 줄이는 대신에 지급되는 보험금과 보험금액이 동일한 일시납 정기보험으로 변경하여 보험계약을 계속 유지하는 방법을 말한다. 즉, 연장정기보험은 사망보험금은 줄이지 않고 보험기간을 줄여 해약환급금을 기준으로 동일한 보장기능보장금액의 정기보험으로 변경해 유지하도록 설계한 보험 상품이다. 전환 시 특약은 자동으로 소멸된다. 이때 보험기간은 주보험과 특약을 포함하여 변경 당시 해약환급금 해당액을 정기보험의 일시납 해약환급금으로 하여 가입 가능한 기간을 의미한다.

### 7 보험료납입유예기간 활용

보험계약자의 편의제공 및 보호를 위하여 보험료납입 응당일에 보험료가 납입되지 않았어도 일정 기간까지 계약이 정상 유지되도록 하는 것을 말한다. 납입유예최고기간 내에 보험료가 납입되면 그 계약은 유효하다. 일반적으로 보험료납입유예기간은 보험료를 내야 할 달, 즉 보험료납입일의 다음 달 말일까지이지만 자동차보험의 경우에는 30일이다.

### 8 보험료납입 납입유예 또는 일시중지제도

보험가입자가 경제적 상황 등 피치 못할 사정으로 보험료납입이 곤란할 경우 보험료 의무납입기간 이후 일시적으로 보험료납입을 일시 유예중지할 수 있게 하는 보험료납입 일시중지제도를 말한다. 보험료 휴지기능으로서 보장은 지속적으로 유지하면서 어려운 시기 보험료 부담을 줄일 수 있고 여유가 생기면 다시 납입하면 된다. 보험료 자동대체제도 또는 월대체보험료납입제도라고도 한다.

보험료납입유예제도는 상품설계 시 유니버설보험 기능을 접목한 상품과 보험료납입유예제도 관련 특약을 조립한 상품만 해당된다<sub></sub>연금저축보험은 2014년 4월 이후 가입 상품만 가능.

보험료납입유예 신청은 일반적으로 보험료납입기간이 5년 이상인 상품에 대해 적용되고 보험료 의무납입기간이 지난 이후부터 가능한데 보험회사별로 상품마다 의무납입기간이 각기 다르다. 예를 들어 보험계약일로부터 일반보험 상품은 2~3년, 변액유니버설보험은 2~5년, 연금보험은 보험료납입기간 경과별로 차등적용하여 5년납은 3년, 7년납은 4년, 10년납 이상은 5년이 지난 이후부터 적용된다. 보험회사에 따라 보험료납입기간이 10년 미만인 경우 납입기간의 50%를 의무납입기간으로 책정하기도 한다.

보험료납입 납입유예는 특약을 제외한 주계약 기본보험료만 납입유예 신청이 가능하며 계약자는 기본보험료의 납입이 일시중지유예된 기간 동안 보험료를 납입하지 않아도 계약의 효력은 계속 발생한다. 보험료납입 일시중지 후 주계약 기본보험료납입기일 및 납입완료시점은 납입유예기간만큼 연기된다. 연금보험 상품은 연기된 납입완료 시점이 약정된 연금지급개시시점연금개시나이 이후인 경우 연금지급개시 시점이 자동으로 연기된다. 단, 납입유예로 인해 연기된 연금지급개시 시 적립금액이 이미 납입한 보험료를 초과하지 않는 경우에는 연금개시시점이 추가로 연기될 수 있다.

계약자가 보험료납입유예일시중지를 신청하면 신청한 날부터 납입 중지를 종료하는 날까지 납입유예기간 동안 계약을 유지관리하기 위해 보험회사는 적립된 해지환급금단, 보험계약대출의 원금과 이자를 차감한 금액 내에서 매월 소요되는 비용을 월계약해당일에 공제한다. 이를 월공제금액 또는 월대체보험료라고 하며 매월 공제되는 월공제금액의 비용항목은 다음과 같다.

> 월대체보험료(월공제금액) = 해당월의 위험보험료 + 신계약비(계약체결비용) + 유지비(계약유지관리비용) 중 유지관련비용 + 최저사망보험금보증비용 + 최저연금적립금보증비용(연금보험 상품 + 특약이 부가된 경우 특약보험료(계약관리비용 중 기타비용을 제외한 금액으로 보험료납입이 면제된 특약은 제외)

보험료납입유예는 월단위로 기산되며 보험료추가납입보험료 포함납입이 있을 경우 또는 누적하여 총납입유예기간이 36개월보험료가 연체된 경우 연체개월 수 포함을 초과할 경우에는 자동으로 종료된다. 연금저축보험은 1회당 최대 12개월, 최대 3회까지 납입유예가 가능하다. 납입중지납입유예기간 종료일 1개월 이전까지 보험회사는 계약자에게 보험료납입을 안내하고 계약자는 납입중지기간 종료 후 도래하는 기본보험료납입기일까지 기본보험료를 납입해야 한다. 만약 납입일시중지기간 중 월계약해당일에 해지환급금에서 해당월의 월공제액월대체보험료의 대체납입이 불가능할 경우에는 그때부터 보험료납입유예는 종료되며 주계약 기본보험료를 납입유예에 따라 연기된 기본보험료납입기일까지 납입해야 한다. 보험료납입유예 또는 일시중지제도의 세부 적용방법납입유예 가능시점, 납입유예 신청 횟수 등은 보험회사 별로 각기 다르므로 미리 잘 살펴보도록 한다.

## 9 중도인출제도

유사시 적립금액 범위 내에서 자금을 중도인출해 활용할 수 있게 한 제도로서 보험사고로 인하여 발생할 수 있는 소득의 공백 기간을 커버해주는 브리지자금Bridge loan으로 유용하게 활용할 수 있다. 유니버설보험 기능이 있는 상품은 적립금의 범위 내에서 중도자금 인출이 언제든지 가능하므로 매우 편리하다. 중도인출을 하려면 일정 기간이 경과해야 하고 연간 인출횟수가 정해져 있으며 인출 가능한 금액 또한 제한되어 있다.

일반적으로 중도인출은 보험계약일 이후 1개월이 지난 뒤부터 보험기간 중연금보험은 연금개시 전 보험연도 기준으로 연 12회에 한하여 1회당 인출신청시점 해지환급금단, 보험계약대출의 원금과 이자를 차감한 금액의 50% 범위 내에서 10만 원 이상 천 원 단위로 계약적립액의 일부를 인출할 수 있다.

계약일부터 10년 이내에 인출하는 경우 각 인출시점까지의 인출금액인출수수료 포함 총합계는 이미 납입한 기본보험료와 추가납입보험료의 합계를 초과할 수 없다. 중도인출 후 계약자적립금이 월납은 가입금액의 20% 이상, 일시납거치형은 일시납보험료의 30% 이상이 되어야 하는 등 조건을 설정해놓고 있는데 보험회사마다 많은 차이를 보이므로 잘 살펴본다.

중도인출 시에는 중도인출에 따른 비용인 수수료가 부과되는데 수수료 규모는 중도인출 시 인출금액의 0.2%2,000원 한도 정도이다. 단, 매년보험연도 기준 최초 4회까지의 인출에는 수수료를 부과하지 않는다. 중도인출은 추가납입보험료에 대한 적립금액에서 우선적으로 인출하고 추가납입보험료에 의한 적립금액이 부족한 경우에 한하여 기본보험료에 대한 적립액에서 인출하는데, 중도인출 시 적립금액 인출 순서는 ① 월납부분 추가적립액 ② 보너스적립액 ③ 일시납부분 기본적립액 ④ 월납부분 기본적립액 순으로 한다.

연금저축보험, 퇴직연금보험 등 연금계좌의 중도인출은 원칙적으로 할 수 없지만 세법상 부득이한 사유에 해당될 경우 해지하지 않고도 납입금액의 일부를 중도인출하거나 전액인출해지할 수 있다.

세법상 부득이한 사유란 ① 가입자 또는 그 부양가족의 3개월 이상 요양 시 진단서 첨부 ② 가입자의 사망 시 사망진단서 첨부 · 해외이주 시 해외이주신고서 첨부 ③ 가입자의 파산 또는 개인회생절차 개시 시 법원 결정문 첨부 ④ 천재지변 발생 시 신문, 방송, 포털 뉴스 등 객관적 증빙자료 제시 등을 말한다. 중도인출금액은 연금수령으로 간주하여 인출금액에 대해 낮은 세율의 연금소득세 연금소득세-70세 미만: 5.5%, 70~79세: 4.4%, 80세 이상: 3.3% 5.5~3.3% 지방소득세 포함가 부과된다. 단, 사유가 발생한 날로부터 6개월 안에 증빙서류를 갖추어 가입한 금융회사에 신청해야 한다.

## 10 특약해지제도

가입한 보험 상품 중 주보험계약 주계약을 제외한 특별보험약관 특약을 경제적 사정 또는 다른 보험 상품과의 보장 중복 가입 등의 사유로 해지하여 보험료를 조정하는 방식을 말한다.

보험계약자가 가입한 보험 상품의 특약 보장내용이 너무 적거나 또는 불필요하다고 생각되거나 다른 가입상품과 보장 부분이 중복되었을 경우, 경제적으로 납입이 힘들지만 주보험은 유지하고 싶을 경우 등의 상황 발생 시 해당 특약을 선택하여 해지하는 것이다. 이 경우 해지 가능한 특약은 종속특약인 선택부가 특약이다. 강제적인 계약조항인 고정부가 특약은 의무특약으로 해지가 안 된다. 그리고 제도성 특약은 보험가입자의 편의를 도모하기 위한 목적으로 개발된 부가특약으로서 선택부가특약과 달리 보험료 부담이 없으므로 해지할 필요가 없다.

# 변액보험 자산운용옵션
# 옵션제도 적극 활용

실적배당형의 간접투자상품인 변액보험을 가입하였을 때는 펀드변동성에 대비하여 자산운용옵션 옵션제도를 적극 활용함으로써 펀드보유 좌수를 늘려나가는 지혜를 발휘해야 한다. 자산운용옵션 옵션제도Asset management options란 변액보험의 특성상 펀드운용의 장기화에 따른 주가하락으로 인한 펀드 변동성 등 위험관리를 위해 마련한 다양한 안전장치로서 변액보험가입자가 펀드 운용에 직간접적으로 참여할 수 있는 펀드 선택권을 말한다.

투자수익률 제고에 실질적으로 영향을 미치는 옵션으로서 펀드조정을 통한 리스크 헤지 수단 및 자산배분에 따른 수익구조개선 수단으로 안성맞춤이다.

주요 헤징 대상인 자산운용 옵션 활용 시 펀드 자체적으로도 리스크의 상당부분이 헤지가 가능하다. 펀드의 종류는 상품개발 시 확정되어 있지만 자산운용과 관련된 세부 옵션은 확정된 경우도 있고 나중에 추가되는 경우도 있으므로 자산운용 옵션 내용을 꼼꼼히 살펴봐야 한다. 어떤 옵션을 선택하느냐에 따라서 수익률이 달라지기 때문이다. 펀드 가입 후에는 펀드변경 등 다양한 자산운용옵션을 통해 펀드기준가 변동성에 적극 대응하여 위험을 회피해나갈 수 있는 리밸런싱Rebalancing 효과를 실현할 수 있다. 이에는 변액유니버설보험과 변액연금보험, 변액종신보험, 변액CI/GI보험, 변액LTC보험 등 모든 변액보험 상품이 적용된다.

변액보험 펀드 운용 시 자산운용옵션은 크게 다음과 같이 펀드변경, 펀드별 편입비율 설정, 펀드별 자산배분비율 자동재배분, 보험료 평균분할 투자 등 4가지로 분류된다.

### 1 펀드변경(Fund Transfer)

변액보험 가입자가 언제든지 해당 상품의 펀드종목 안에서 펀드의 전부 또는 일부를 약정 회차 범위 내에서 다른 펀드로 전환할 수 있는 것을 말한다. 보험회사 선택 시에는 펀드유형이 얼마나 많으며 펀드변경은 1년에 몇 번 가능한지, 펀드 전환 시 몇 개의 펀드종목까지 한꺼번에 할 수 있는지 등을 세밀히 살펴보는 것이 중요하다. 종목이 많을수록 사후 펀드변경이 필요할 경우 다양한 경우의 수를 조립해나가면서 유효적절하게 활용할 수 있다.

### 2 펀드별 편입비율 설정(AA: Asset Allocation)

펀드 종목에 대해서는 가입자 선택에 따라 계약자적립금의 펀드 간 편입비율을 설정할 수 있도록 한 제도이다. AA는 보험회사마다 적용기준과 방식이 약간씩 다르다. 추가납입보험료에 대한 펀드별 편입비율 설정은 기본보험료의 편입비율과 다르게 별도의 편입비율 설정이 가능하다. 추가납입보험료의 별도 편입비율 설정이 없는 경우는 기본보험료의 편입비율을 따른다.

## 3 펀드별 자산배분비율 자동 재조정(AR: Auto Rebalancing)

투자성과Track Record에 따라 변동된 계약자 적립금액을 계약자가 지정한 날로부터 3개월, 6개월 또는 1년 등의 단위로 선택한 펀드자동 재배분 주기마다 계약자가 정한 펀드의 편입비율로 회사에서 자동으로 재배분하는 기능을 말한다. 펀드별 자산배분비율 자동재배분기능이라고도 한다.

## 4 보험료 평균분할투자(DCA: Dallar Cost Averaging)

가입자가 보험료를 추가납입할 경우 추가납입한 보험료 중 유지비계약유지관리비용를 제외한 나머지 보험금액을 우선 단기채권형 펀드에 투입한 다음 보험료를 균등하게 분할하여 정해진 기간 동안에 매월 계약자가 지정한 날짜에 단기채권형에서 펀드편입비율에 따라 설정된 펀드로 자동 투입되는 기능을 말한다.

추가납입보험료를 특정일자의 기준가를 적용하여 일시에 특별계정에 투입하면 기준가 변동에 따른 투자리스크가 발생하므로 평균분할투자 기법을 도입하여 위험을 분산하는 것이다. 보험료 정액분할투자라고도 한다.

### 안전자산과 위험자산

변액보험과 연금계좌를 가입할 경우 주로 펀드에 투자하는 상품이므로 반드시 해당 상품이 안전자산인지 위험자산인지를 확실히 알고 상품 가입 목적과 투자 성향, 기간, 기대수익률 등을 종합적으로 고려하면서 신중히 취사선택한다.

경제적 가치가 있는 화폐로 바꿀 수 있는 금융상품은 크게 안전자산과 위험자산으로 구분한다. 안전자산은 투자(가입) 시 확정된 수익률이 보장되어 위험도가 낮아 손실의 위험이 없는 무위험 금융자산을 말한다. 위험자산은 투자(가입) 시 확정된 수익률이 보장되지 않아서 위험도가 높아 손실의 위험이 있는 금융자산을 말한다.

안전자산으로는 국채, 미국 달러, 금 등이 있고, 위험자산으로는 정크본드(junk bond: 고위험 채권), 주식, 펀드 등이 있다.

안전자산과 위험자산은 기대수익과 투자 리스크에 큰 차이가 있다. 투자수익 모델 측면에서 안전자산은 안전하지만 상대적으로 기대수익은 적은 '로리스크 로리턴(Low Risk Low Return)형'이고, 위험자산은 위험하지만 기대수익은 큰 '하이리스크 하이리턴(High Risk High Return)형'의 금융상품이다.

따라서 안전자산과 위험자산을 적절히 선택 운용하는 포트폴리오(portfolio)가 필요하다.

# 연금계좌 운용수익률 저조 시
# 계약 이전 적극 추진

연금저축보험, 퇴직연금보험을 포함한 모든 연금계좌는 상호 계약이전이 가능하다. 즉, 연금저축보험·펀드계좌 간의 이체는 물론 연금저축계좌와 개인형 퇴직연금계좌IRP계좌 간의 계약이전도 가능하다. 연금저축과 퇴직연금 간의 계좌이체 대상은 연금저축계좌보험·펀드의 '세액공제받은 근로자 본인납부액 + 운용 실적에 따른 이익'과 개인형 퇴직연금계좌IRP의 '세액공제받은 근로자 본인납부액 + 운용실적에 따른 이익 + 사용자부담금으로 과세이연된 퇴직소득'이다.

계약이전 시에는 과세이연에 따라 중도해지에 의한 세제상의 페널티 없이 어느 금융회사로 이체하든 각각 동일한 세제혜택을 받을 수 있다. 따라서 연금저축보험 가입 이후 운용수익률이 저조하게 나타날 경우 기대수익률을 제고하기 위해서는 언제든지 다른 보험회사 또는 금융기관의 연금저축계좌 또는 IRP계좌의 상품으로 계약이전을 추진하는 것이 현명한 보험재테크 방법이다.

연금저축계좌 상호 간 또는 연금저축계좌와 퇴직연금계좌IRP 간 이체조건은 연금계좌는 가입자의 나이가 만 55세 이상으로 연금 수급요건을 충족하고 연금 불입기간이 가입일로부터 5년 이상 경과한 연금저축계좌보험, 펀드나 IRP계좌를 전액 이체할 경우에 한해서만 가능하다.

IRP계좌는 퇴직소득이 있을 경우 가입일로부터 5년이 지나지 않아도 이체가 가능하다. 또한 이미 실효되었으나 아직 해지환급금을 받지 않은 계약을 다른 연금계좌로 이전할 경우에는 부활효력회복 없이 계약을 이전할 수 있다. 단, 다음과 같은 경우에는 계약이전계약이체을 제한하므로 계약이전이 불가능하다.

## 연금계좌 이체용의 계약이전이 불가능한 경우 7가지

① 계약이전 신청일이 속한 연도를 기준으로 연금계좌의 1인당 납입한도를 초과하는 경우이전받을 금융회사에서 거절

② 금액을 분할하여 계약을 이전하는 경우전액 아닌 일부 자금이체

③ 압류, 가압류 또는 질권 등이 설정된 계약을 이전하는 경우
압류, 가압류 등 법적으로 지급이 제한된 계약 또는 보험계약대출이 있는 계약으로서 별도의 자금으로 상환이 되지 않은 보험계약

④ 배우자로부터 승계받은 연금계좌

⑤ 다음의 보험계약을 이전하는 경우
종신연금형으로서 연금이 지급 중인 보험계약, 보험사고가 발생하여 장해연금을 지급하고 있거나 보험료의 납입면제가 적용되는 보험계약, 보험사고 발생 후 보험금 지급이 확정되지 않은 보험계약 등

⑥ 이미 연금수령이 개시된 연금저축 또는 개인형 퇴직연금으로 이전

하는 경우

⑦ 계약자 나이가 만 55세 미만이거나 계약일로부터 5년이 경과하지 않
은 계약을 개인형 퇴직연금계좌로 이전하는 경우 등

연금계좌 상호 간 계좌이체를 할 경우 적용세법이 연금저축계좌는 기
타소득세를, IRP계좌는 퇴직소득세 및 기타소득세를 적용하는 등 두 상품
에 적용되는 세법이 서로 다르다. 따라서 계약이체를 할 경우에는 이전에
따른 불이익이 없도록 계좌이체를 신청하기 전에 가입한 보험회사와 이
체할 금융회사를 모두 방문하여 가입한 보험회사에서는 계좌이체 시 유
의사항과 현재까지 불입한 누계액, 해약환급금 규모, 연금계좌의 실질수
익률 등을 검토하고, 이체할 금융회사에서는 이체하고자 하는 연금계좌
의 특성과 운영방법, 수익률 제고 방식 등에 대해 충분히 파악한 다음 계
좌이체 여부를 결정하는 게 바람직하다.

특히 계약을 이전하려는 금융회사의 재무건전성은 양호한지, 계약이전
시 별도의 계좌이전 비용이 발생하는지, 사후서비스를 해줄 담당자는 있
는지 등 장단점을 꼼꼼히 따져본 후 결정 계좌이체 신청서 작성 후 서명한다.

계약이전 시 계좌이체 수수료는 없지만 연금저축계좌의 경우 상품의
특성에 따라 해지공제액 또는 환매수수료가 발생할 수 있다. 연금저축계
좌에서 개인퇴직연금계좌IRP로 이체하는 경우 운용관리수수료나 자산관
리수수료가 발생하거나 담보대출이 제한될 수 있다. 연금저축보험은 해
당 보험회사가 정하는 방법에 따라 해지환급금, 미경과보험료적립금 등
제지급금에서 소정의 계약이전수수료를 공제한 나머지를 계좌이체한다.

연금저축계좌를 이체하기 위해서는 먼저 새로 가입할 금융회사에서 신규계좌를 개설한 다음 계좌이체를 신청하면 금융회사 간 업무처리에 따라 적립금액이 신규 개설계좌로 이전된다. 계좌이체 소요기간은 통상 신청일로부터 제5영업일 이내이다.

연금수령을 개시하거나 연금계좌를 해지하려고 할 경우에는 연금수령 개시 및 해지신청서를 연금계좌취급자에게 제출하여야 하며, 해당 연금계좌취급자는 그 처리내역을 다음 달 10일까지 관할 세무서장에게 제출해야 한다. 그리고 연금저축보험 가입자가 사망하고 상속인인 배우자가 상속을 받는 경우 연금계좌의 계약을 승계받을 수 있으며 배우자는 계약자 사망일을 승계된 연금계좌 가입일로 한다. 단, 연금수령을 개시할 때 최소납입요건 경과판정을 위한 가입일 및 연금수령한도 산정을 위한 연금수령연차 기산일은 피상속인사망한 계약자을 기준으로 적용한다.

**개인연금계좌 및 퇴직연금계좌(IRP) 간 계좌이체 방법**

* 주) 퇴직연금과 개인연금 간 계좌이체 가능조건: 가입자 나이 만 55세 이상으로 연금 수급요건을 충족하고 연금 불입기간이 5년 이상인 경우
자료: 금융감독원 참조

## 연금계좌의 중도인출 시 적용 세율과 인출사유 반드시 체크

앞장에서도 설명했지만 경제 상황이 여의치 않아 불가피하게 연금계좌(IRP, 연금저축)를 중도인출할 경우 저율과세가 적용되는 인출 사유에 해당하는지 반드시 확인한 후 현명하게 대처한다. IRP는 소득세법에서 정한 제한적인 사유인 경우에만 중도인출을 할 수 있지만, 연금저축은 제약 없이 중도인출이 가능하다.

연금계좌를 중도인출할 경우 세액공제를 받은 자기부담금(납입원금)과 운용수익에 대해 기타소득세(16.5%)가 부과되지만, 소득세법(소득세법시행령 제20조의1)에서 정한 개인회생, 천재지변 등으로 '부득이한 인출'을 할 경우에는 연금소득세(3.3~5.5%)가 부과되므로 불가피한 사정으로 중도인출 시에는 인출사유가 소득세법상의 '부득이한 인출'에 해당하는지 우선 확인할 필요가 있다.

### 연금계좌의 중도인출사유 및 적용 세율

| 구분 | IRP 중도인출 | 연금저축 중도인출 | 중도인출 시 적용세율 | |
|---|---|---|---|---|
| | | | 자기부담금 및 운용수익 | 퇴직급여 |
| 6개월 이상 요양 의료비 (연간 임금총액의 12.5% 초과 시) | ○ | ○ | 연금소득세 (3.3~5.5%) | 연금소득세 (퇴직소득세의 70%) |
| 개인회생 · 파산선고 | ○ | ○ | | |
| 천재지변 | ○ | ○ | | |
| 가입자 사망 · 해외이주 | × | ○ | | |
| 3개월 이상 요양 의료비 | × | ○ | | |
| 연금사업자 영업정지 · 인가취소 · 파산 | × | ○ | | |
| 무주택자 주택구입 · 전세보증금 | ○ | ○ | 기타소득세 (16.5%) | 퇴직소득세 |
| 사회적 재난 (코로나19로 인한 15일 이상의 입원치료) | ○ | ○ | | |
| 그 외의 사유 | × (전부 해지는 가능) | ○ | | |

자료: 금융감독원 참조

# 실효된 계약은
# 6가지 주요 부활제도 적극 활용

가입한 보험 상품이 보험료연체 등 부득이한 사정으로 실효효력상실되어 해지된 경우라도 부활효력회복을 시키면 기존계약과 동일한 조건으로 보장 받을 수 있다. 계약의 부활은 신규 가입과 마찬가지로 보험회사의 승낙이 있어야 하므로 부활청약서를 작성하고 고지의무계약 전 알릴 사항를 다시 해야 한다. 해지된 보험계약을 부활하는 보험계약부활제도는 해지환급금을 받지 않았을 경우에만 활용이 가능하다. 보험계약부활제도에는 아래와 같이 6가지 종류가 있는데 보험회사별로 부활 조건과 부활 청약기간이 각기 다르므로 세부적인 적용방법은 가입한 보험회사에 확인한다.

## 1 보험료 연체로 해지된 계약의 부활

보험료를 제때 내지 못해 계약이 해지되었으나 계약자가 해지환급금을 받지 않은 경우 계약자는 해지된 날부터 3년 이내에 보험회사가 정한 고지의무, 가입심사 등 별도의 절차에 따라 계약의 부활효력회복을 청약할 수 있다. 보험회사가 부활가능 여부 심사 후 승낙한 때에는 계약자는 부활을 청약한 날까지의 연체된 보험료와 연체이율로 계산한 이자를 더하여 납입하면 부활 처리된다. 단, 보험료납입 일시중지기간에 납입하지 않은 기본보험료는 연체보험료에 포함되지 않는다.

부활할 경우 보험료를 납입하지 않은 날부터 부활하기 전까지의 기간에 대해서는 해당 보험 상품의 보험료 및 책임준비금 산출방법서에서 정한 계약체결비용·판매보수 및 계약관리비용·납입 후 유지관련비용 등 월 공제금액을 월계약해당일에 계약자적립금에서 공제한다.

해지된 계약을 부활한 경우 기본보험료납입기일 및 납입완료시점은 기본보험료를 납입하지 않은 기간만큼 자동 연기된다. 연금보험 상품의 경우에도 연기된 납입완료시점이 약정된 연금개시나이 이후인 경우 연금개시나이는 자동 연기된다.

보험료가 미납되면 보험회사는 해지에 앞서 14일·보험기간이 1년 미만이면 7일 이상의 납입최고기간을 정해 계약자에게 알려야 하며 이 기간에 약관에서 정한 보험사고가 발생하였을 경우에는 보장받을 수 있다.

## 2 보험모집자의 부당권유로 해지된 계약의 부활

보험모집자의 부당한 권유로 승환계약을 체결했을 경우에는 신규계약을 취소하고 기존계약을 부활·효력회복할 수 있다. 승환계약이란 보험모집자의 권유로 기존보험계약을 해지한 후 일정 기간 내에 유사한 보험에 신규가입하거나 또는 새로운 보험을 가입한 날부터 일정 기간 내에 기존에 가입되어 있는 유사한 보험계약을 해지하는 것을 말한다. 유사한 보험이란 기존의 보험계약과 피보험자가 동일해야 하며 위험보장의 범위가 비슷한 보험을 의미한다. 승환계약이 발생한 경우 해당 계약은 보험설계사 등의 부당한 권유로 인한 것으로 간주되므로 보험계약자는 좀 더 손쉽게 기존 계약을 부활하여 승환계약으로 인한 피해를 방지할 수 있다.

따라서 보험컨설턴트의 권유로 기존 보험계약을 해지하고 더 좋은 상품을 가입했는데 알고 보니 신규계약의 보장내용과 보장범위가 기존계약과 다르거나 보험료가 인상되는 등 불이익이 발생하였을 경우 가입자는 보험계약이 해지된 날부터 6개월 안에 소멸된 보험계약 부활을 요청하여 부활원상복구하고 새로 체결된 보험계약을 취소할 수 있다. 이 경우 신규계약의 보험료와 이자를 돌려받을 수 있다.

보험설계사 등의 부당한 권유로 인한 승환계약에 해당하는 경우는 ① 기존계약의 해지일로부터 1개월 이내에 기존계약을 해지한 후 신계약을 가입했거나 또는 신계약 가입일로부터 1개월 이내에 기존계약을 해지한 경우 ② 기존계약의 해지일로부터 6개월 이내에 기존계약을 해지한 후 신계약을 가입하거나 또는 신계약 가입일로부터 6개월 이내에 기존계약을 해지하게 하면서 보험기간 및 예정이율 등 중요한 사항을 비교하여 알리지 않은 경우 등이다.

### 3 압류 등으로 해지된 계약의 특별부활

보험계약자가 채무불이행으로 빚을 갚지 못해 압류, 담보권실행 등을 당해 해당 계약이 해지되었을 경우 보험수익자는 보험계약자의 지위를 이어받는 특별부활제도를 통해 계약을 유지할 수 있다.

이런 경우 보험수익자는 해지사실을 알 수 없으므로 보험회사는 해지일로부터 7일 이내에 보험수익자에게 해당 계약의 해지사실을 통지해야 하고, 보험수익자는 보험계약자의 동의를 얻어 압류 등을 유발한 채무를 대신 지급하고 15일 이내에 부활을 청약해야 한다. 단, ① 만기보험금 또는 해약환급금이 150만 원 이하일 경우 ② 보장성보험의 사망보험금이 1,000만 원 이하일 경우 ③ 상해·질병·사고 등의 치료를 위해 실제 지출되는 비용만 보장하는 실손의료보험 등은 보험계약자가 채무를 불이행했다 하더라도 압류가 금지된다.

### 4  간이부활제도를 활용한 부활

보험계약의 효력이 상실된 경우 효력 상실일로부터 1개월 이내실효 해당월 말일까지에 부활할 경우 별도의 절차나 추가 연체이자 부담 없이 기본보험료만 납입하면 보험을 계속 유지할 수 있도록 한 부활제도이다. 즉, 해당월의 보험료만 납입하면 부활 처리된다.

### 5  계약순연부활제도를 활용한 부활

보험료를 제때 못 내어 효력이 상실된 보험 상품에 대해 계약일자와 만기일자 등을 그 실효기간만큼 뒤로 미루어주고 계약을 부활시키는 제도이다. 이 제도는 가입연령을 순연된 계약일자를 기준으로 하여 다시 계산하므로 계약을 계속 유지하였을 경우보다는 보험연령이 많아져 보험료가 다소 비싸진다. 그러나 계약자는 연체보험료와 이자를 내지 않고도 보험계약을 살릴 수 있기 때문에 매우 편리하다. 적용대상은 주로 1년 이상 계약이 유지되다가 해약되었거나 효력이 상실된 계약이다.

## 6 계약내용변경부활제도를 활용한 부활

계약내용변경부활제도는 기존보험계약을 부활하는 동시에 해당 상품의 계약내용 일부를 일정한 심사를 거쳐 변경할 수 있는 제도를 말한다. 이 경우 주계약주보험 감액, 특약의 감액 및 해지, 납입기간 및 보험기간의 변경 등이 가능하다. 그러나 보험료납입주기, 납입기간, 보험기간연장 등은 불가능한데 보험회사별로 제도 실행 여부와 방법이 다르므로 확인하도록 한다.

# 일반적인 보험금 지급사유 5가지와 보험금 지급제한사유 5가지 미리 확인

보험금을 청구하기 전 일반적으로 어떤 경우에 보험금이 지급되며, 어떤 경우에 보험금이 지급되지 않는지 기본적인 보험금 지급사유와 제한사유를 사전에 꼭 확인하도록 한다. 그래야만 보험사고 발생 시 미리 대처할 수 있는 지혜가 생기고 시간을 절약할 수 있으며 원하는 대로 보험혜택을 받을 수 있다. 일반적인 보험금 지급사유 5가지와 보험금 제한사유 5가지는 다음과 같다. 물론 가입한 보험 상품에 따라 약관에서 규정하는 보험금 지급사유와 제한사유가 별도로 있는데 이는 상품마다 조금씩 다르므로 가입 시 또는 보험금 지급사유 발생 시 해당 약관을 꼭 체크하도록 한다.

## 일반적인 보험금 지급사유 5가지

보험회사는 피보험자에게 다음 중 어느 하나의 사유가 발생한 경우에는 보험수익자에게 약정한 보험금을 지급한다.

① 중도보험금: 보험기간 중의 특정시점에 살아 있을 경우

② 만기보험금: 보험기간이 끝날 때까지 살아 있을 경우

③ 사망보험금: 보험기간 중 사망한 경우

④ 장해보험금: 보험기간 중 진단 확정된 질병 또는 재해로 장해분류표 에서 정한 각 장해지급률에 해당하는 장해상태가 되었을 경우

⑤ 입원보험금: 보험기간 중 질병이 진단 확정되거나 입원, 통원, 요양, 수술 또는 수발이 필요한 상태가 되었을 경우

[* 용어 정의: '사망'에는 일반 질병사망 및 재해·상해사망 외에 보험기간 중 다음 어느 하나의 사유가 발생한 경우도 포함한다. ① 실종선고를 받은 경우: 법원에서 인정한 실종기간이 끝나는 때에 사망한 것으로 봄 ② 관공서에서 수해, 화재나 그밖의 재난을 조사하고 사망한 것으로 통보하는 경우: 가족관계등록부에 기재된 사망연월일을 기준으로 함 ③ 호스피스·완화의료 및 임종과정에 있는 환자의 연명의료 결정에 관한 법률에 따른 연명의료중단 등 결정 및 그 이행으로 피보험자가 사망하는 경우 연명의료중단 등 결정 및 그 이행은 사망의 원인 및 사망보험금 지급에 영향을 미치지 않음]

## 일반적인 보험금 지급 제한사유 5가지

생명보험 및 제3분야 보험에서 일반적인 보험금 지급제한사유는 크게 ① 계약 전 알릴 의무고지의무 위반 ② 계약의 무효 ③ 사기 등에 의한 보험계약 체결 ④ 보험당사자 간에 의한 보험사고 발생 시 ⑤ 중대사유로 인한 해지 등 5가지 유형으로 구분할 수 있다.

## 1 계약 전 알릴 의무(고지의무) 위반

계약자 또는 피보험자는 청약할 때 진단계약의 경우에는 건강진단 시 청약서의 질문사항에 대하여 알고 있는 사실을 반드시 사실대로 알려야 하는 계약 전 알릴 의무(상법상 고지의무라고도 함)를 이행해야 하며 사실을 토대로 청약서에 기재하고 자필서명을 꼭 해야 한다.

진단계약의 경우에는 의료법 제3조(의료기관)의 규정에 따른 종합병원과 병원에서 직장 또는 개인이 실시한 건강진단서 사본 등 건강상태를 판단할 수 있는 자료로 건강진단을 대신할 수 있다. 특히 보험가입 시 청약서상 보험회사에 알려야 할 사항 중 직업, 운전, 현재와 과거의 건강상태, 신체장해 등은 피보험자가 직접 사실대로 작성해야만 보험금 지급이 보장된다.

보험 상품 가입의 중개역할을 하는 보험컨설턴트에게 청약 시 구두로 알린 사항은 효력이 없으며, 전화 등 통신수단을 통해 가입하는 경우에는 서면을 통한 질문절차 없이 안내원의 질문에 답하고 이를 녹음하는 방식으로 계약 전 알릴 의무를 이행하므로 신중히 답변해야 한다.

만약 고의 또는 중대한 과실로 중요한 사항에 대하여 사실과 다르게 알림으로써 보험금 지급사유 발생에 영향을 미치는 계약 전 알릴 의무를 위반한 경우에는 보험회사는 계약자 또는 피보험자의 의사와 관계없이 해당 약관상 별도로 정한 방법에 따라 계약을 해지하거나 보장을 제한할 수 있다.

계약 전 알릴 의무(고지의무) 위반으로 계약을 해지하였을 때에는 해지환급금을 지급하고, 보장을 제한하였을 때에는 보험료, 보험가입금액 등이 조정될 수 있다.

## 2 계약의 무효

다음 중 한 가지에 해당되는 경우에는 계약을 무효로 할 수 있으며 이 경우 보험회사는 이미 납입한 보험료를 반환해준다. 이미 납입한 보험료는 계약자가 실제로 납입한 보험료특약이 부가된 경우에는 특약보험료 포함를 말하며 보험료의 납입이 면제된 경우 납입 면제된 보험료는 포함하지 않는다. 또한 중도인출 및 감액으로 인하여 보험회사가 실제로 지급한 금액을 차감한 금액을 의미한다. 이는 다른 보험금 지급제한 사유발생 시 이미 납입한 보험료 반환의 경우에 모두 적용된다.

단, 회사의 고의 또는 과실로 계약이 무효로 된 경우와 회사가 승낙 전에 무효임을 알았거나 알 수 있었음에도 보험료를 반환하지 않은 경우에는 보험료를 납입한 날의 다음 날부터 반환일까지의 기간에 대하여 보험회사는 해당 계약의 보험계약대출 이율을 연단위 복리로 계산한 금액을 더하여 반환해준다.

① 타인의 사망을 보험금 지급사유로 하는 계약에서 계약을 체결할 때까지 피보험자의 서면전자서명법에 따른 전자서명 또는 공인전자서명 포함에 의한 동의를 얻지 않은 경우. 단, 단체가 규약에 따라 구성원의 전부 또는 일부를 피보험자로 하는 계약을 체결하는 경우에는 이를 적용하지 않는다. 이때 단체보험의 보험수익자를 피보험자 또는 그 상속인이 아닌 자로 지정할 때에는 단체의 규약에서 명시적으로 정한 경우가

아니면 이를 적용한다.

② 만 15세 미만자, 심신상실자 또는 심신박약자를 피보험자로 하여 사망을 보험금 지급사유로 한 계약의 경우. 단, 심신박약자가 계약을 체결하거나 소속 단체의 규약에 따라 단체보험의 피보험자가 될 때에 의사능력이 있는 경우 계약은 유효하다.

③ 계약을 체결할 때 계약에서 정한 피보험자의 나이에 미달되었거나 초과되었을 경우. 단, 보험회사가 나이의 착오를 발견하였을 때 이미 계약나이에 도달한 경우에는 유효한 계약으로 본다. 이 경우 만 15세 미만자에 관한 예외가 모두 인정되는 것은 아니다. 예를 들어 암보험의 경우 피보험자가 보험계약일 또는 부활효력회복일로부터 해당 약관에서 정한 암보장개시일의 전일 이전에 암으로 진단되어 있는 경우에는 무효처리된다.

④ 치매보험의 경우 경도치매상태, 중등도치매상태, 중증치매상태 또는 중증알츠하이머치매상태를 보험금 지급사유로 하는 계약에서 피보험자가 보험계약일 또는 부활효력회복일로부터 해당 약관에서 정한 치매보장개시일의 전일 이전에 해당 약관에서 정한 관련 치매상태가 발생하는 경우

⑤ 계약자가 계약일로부터 3개월 이내에 일반심사보험가입을 원하여 일반계약 심사를 통해 일반심사보험에 가입한 경우

## 3 사기 등에 의한 보험계약 체결

보험금을 부당하게 받을 목적으로 자신의 신체를 자해하거나 또는 타

인의 생명을 해치는 행위는 보험범죄로서 사법당국의 철저한 수사로 반드시 적발되어 처벌을 받게 된다. 이 경우에는 보험금을 지급받지 못한다.

계약자 또는 피보험자가 대리진단, 약물사용을 수단으로 진단절차를 통과하거나 진단서 위변조 또는 청약일 이전에 암 또는 인간면역결핍바이러스HIV 감염의 진단 확정을 받은 후 이를 숨기고 가입하는 등의 뚜렷한 사기의사에 의하여 계약이 성립되었음을 회사가 증명하는 경우에는 보장개시일부터 5년 이내사기사실을 안 날부터는 1개월 이내에 계약을 취소할 수 있다. 따라서 보험금을 지급받지 못하며 이 경우 보험회사는 계약자에게 이미 납입한 보험료계약자가 실제로 납입한 주보험과 특약의 보험료를 반환해준다.

## 4 보험당사자 간에 의한 보험사고 발생 시

보험회사는 다음 중 어느 한 가지로 보험당사자 간에 의한 보험금지급사유 또는 보험료납입면제사유가 발생한 때에는 보험금을 지급하지 않으며 보험료의 납입을 면제하지 않는다.

① 피보험자가 고의로 자신을 해친 경우. 단, 피보험자가 심신상실 등으로 자유로운 의사결정을 할 수 없는 상태에서 자신을 해침으로써 보험금지급사유가 발생한 때에는 해당 보험금을 지급하고, 보험료 납입면제사유가 발생한 때에는 보험료의 납입을 면제한다. 만약 그 결과 사망에 이르게 된 경우에는 해당 약관에서 정한 사망보험금또는 재해사망 유족연금 등을 지급한다. 그리고 보험계약의 보장개시일 또는 부활효력회복일로부터 2년이 지난 후 자살한 경우에는 사망보험금을 지급한다.

② 보험수익자가 고의로 피보험자를 해친 경우. 단, 그 보험수익자가 보험금의 일부 보험수익자인 경우에는 다른 보험수익자에 대한 보험금은 지급한다.

③ 계약자가 고의로 피보험자를 해친 경우

## 5 중대사유로 인한 해지 시

보험회사는 다음 한 가지 경우에 의하여 보험금지급사유가 발생하면 중대사유로 인한 해지로 간주하여 그 사실을 안 날부터 1개월 이내에 해당 계약을 해지할 수 있다. 이 경우 해지환급금을 지급한다.

① 계약자, 피보험자 또는 보험수익자가 고의로 보험금 지급사유를 발생시킨 경우

② 계약자, 피보험자 또는 보험수익자가 보험금 청구에 관한 서류에 고의로 사실과 다른 것을 기재하였거나 그 서류 또는 증기를 위조 또는 변조한 경우. 단, 이미 보험금 지급사유가 발생한 경우에는 보험금지급에 영향을 미치지 않으므로 이미 발생한 부분에 대한 보험금은 지급한다.

# 보험종목별 사고원인에 따른 보상 여부 확인

보험사고발생 시 보험금지급사유에서 일반적인 보장내용과 보장범위는 상품가입 안내서와 가입설계서를 보고 판단할 수 있지만 특별한 사유의 경우에는 해당 약관을 보지 않고는 알 수 없는 내용이 있다. 특히 지진 등 천재지변과 핵, 방사선 또는 전쟁으로 인한 사고 등 특수한 경우에 생명보험과 손해보험의 보험종목별로 보상 여부가 각기 다르다.

참고로 전쟁 발생 시 생명보험의 일반사망과 재해사망은 보장되지만 손해보험의 질병사망과 상해사망은 보장이 안 된다. [* 사망을 보장하는 담보대상별 사망보험금 유형은 크게 생명보험의 일반사망과 재해사망, 손해보험의 질병사망과 상해사망 등 4가지로 구분된다.]

보험회사가 보상하지 않는 손해는 피보험자에게는 불리한 사항으로 제한적으로 해석하므로 잘 살펴본다. 따라서 보험리모델링 시에는 특수한 상황 발생 시 사고원인에 따른 보상 여부도 미리 체크하도록 한다.

## 보험사고발생 시 보험종목별 사고원인에 따른 보상 여부

| 구분 | 보험종목 | 사고원인 | | | 비 고 |
|---|---|---|---|---|---|
| | | 천재지변 (지진 등) | 핵, 방사선 | 전쟁 | |
| 생명보험 | 일반사망 | ○ | ○ | ○ | 모든 생명보험 상품 |
| | 재해사망 | ○ | ○ | ○ | 모든 생명보험 상품, 정액형입원 및 수술 포함 |
| 손해보험 | 질병사망 | ○ | ○ | X | 질병보험 |
| | 상해사망 | ○ | ○ | X | 상해보험 |
| | 재물보험 | △ | X | X | 화재보험, 재산종합보험 포함, 지진 등 천재지변은 개별계약 특약에 따라 결정 |
| | 배상책임보험 | △ | X | X | 피보험자의 과실부분만 보상 |
| | 해상보험 | △ | X | △ | 적하보험, 선박보험 포함 개별계약 특약에 따라 결정 |
| | 자동차보험 | △ | X | X | 자기신체사고 및 자기차량손해에서는 태풍, 홍수, 해일 피해 보상 책임보험은 원인불문 보상 |
| 제3분야 보험 | 실손의료보험 | ○ | ○ | X | 해외여행실손의료보험 포함 |

* 주) 1. 개별 보험계약의 성격에 따라 보장 여부가 다를 수 있으므로 가입 시 해당 약관 반드시 참조
2. 재물보험과 배상책임보험의 차이점은 사고발생 시 보험회사로부터 보험금을 받는 주체에 있다. 보상금액을 재물보험은 보험계약자에게 지급하고, 배상책임보험은 사고로 발생한 비용 또는 제3자에 대한 보상금액을 관련자에게 지급한다.

# 보험금 청구 시
# 꼭 알아두어야 할 꿀팁 9

## 1 보험금의 지급절차, 지급사유, 지급방법 꼭 확인

보험가입자가 보험금을 청구하면 보험회사는 관련 서류를 접수한 날부터 3영업일 이내단, 배상책임보험과 화재보험, 자동차보험은 7영업일 이내에 보험금을 지급해야 한다. 그러나 보험금지급사유의 조사나 확인이 필요한 때에는 서류접수 후 10영업일 이내에 지급한다.

중도보험금과 만기보험금의 경우 보험회사는 보험금의 지급시기가 되면 지급시기 7일 이전에 그 사유와 보험회사가 지급해야 할 금액을 보험계약자 또는 보험수익자에게 알려야 한다. 이때 장해지급률의 판정 및 지급할 보험금의 결정과 관련하여 확정된 장해지급률에 따른 보험금을 초과한 부분에 대한 분쟁 등으로 추가적인 조사가 이루어져 보험금 지급이 늦어지는 경우 보험회사는 보험수익자의 청구에 따라 이미 확정된 보험금의 50% 상당액을 가지급보험금으로 먼저 지급한다.

단, ① 계약자가 피보험자의 보험금 청구에 대하여 서면전자적 방식 포함에 의한 이의제기, 분쟁조정신청 또는 소송제기, 수사기관의 조사 등을 통해

276

다투는 경우 ② 해외에서 발생한 보험사고에 대한 조사 ③ 보험회사의 조사요청에 대한 동의 거부 등 계약자, 피보험자 또는 보험수익자의 책임 있는 사유로 보험회사가 보험금 지급에 필요한 조사를 진행할 수 없는 경우에는 피보험자의 청구가 있더라도 보험금을 가지급하지 않는다.

이와 같이 만약 보험회사가 보험금 지급사유를 조사·확인하기 위하여 지급기일 이내에 보험금을 지급하지 못할 것으로 예상되는 경우에는 구체적인 사유-거절 이유와 그 지급을 연기하는 이유-추가 조사가 필요한 때에는 확인이 필요한 사항과 확인이 종료되는 예상시기 포함를 서면-전자우편 등 서면에 갈음할 수 있는 통신수단 포함으로 서류를 접수한 날부터 30영업일 이내에 피보험자 또는 보험수익자에게 통지해야 한다.

보험금을 지급받을 경우 보험계약자-보험금 지급사유 발생 후에는 보험수익자는 사망보험금이나 장해보험금의 전부 또는 일부에 대하여 나누어 지급받거나 또는 일시에 지급받는 방법을 변경할 수 있다. 보험회사가 보험가입자에게 일시에 지급할 보험금을 나누어 지급하는 경우에는 나중에 지급할 금액에 대하여 평균공시이율을 연단위 복리로 계산한 금액을 더하여 지급하고, 나누어 지급할 금액을 일시에 지급하는 경우에는 평균공시이율을 연단위 복리로 할인한 금액을 지급한다.

보험계약자, 피보험자 또는 보험수익자는 보험금 지급사유조사와 관련하여 의료기관, 국민건강보험공단, 경찰서 등 관공서에 대한 보험회사의 서면조사 요청에 동의해야 하며 보험회사는 서면조사에 대한 동의 요청 시 조사목적, 사용처 등을 명시하고 설명해야 한다. 만약 정당한 사유 없이 동의하지 않을 경우에는 사실 확인이 끝날 때까지 보험회사는 보험금

지급지연에 따른 이자를 지급하지 않는다. 보험금을 지급할 때 보험회사는 보험금 지급일까지의 기간에 대한 이자에 대하여 표준약관에 따라 아래 표와 같이 계산하여 지급한다.

### 보험금 지급 시 보험금 유형별 적립이율 계산 방법

| 보험금 유형 | | 보험금 지급기간 | | 보험금 지급이자 |
|---|---|---|---|---|
| 보장보험금 | 사망보험금, 장해보험금, 입원급여금, 간병보험금 등 | 지급기일 다음 날부터 30일 이내 기간 | | 보험계약대출이율 |
| | | 지급기일 31일 이후부터 60일 이내 기간 | | 보험계약대출이율 + 가산이율 (4.0%) |
| | | 지급기일 61일 이후부터 90일 이내 기간 | | 보험계약대출이율 + 가산이율 (6.0%) |
| | | 지급기일 91일 이후 기간 | | 보험계약대출이율 + 가산이율 (8.0%) |
| 생존보험금 | 중도보험금 | 지급사유가 발생한 날의 다음 날부터 청구일까지 기간 | 만기일 이내 | 평균공시이율 |
| | | | 만기 일 이후 | 1년 이내: 평균공시이율의 50%, 1년 초과기간: 1% |
| | | 청구일 다음 날부터 지급일까지 기간 | | 보험계약대출이율 |
| | 만기보험금, 해지환급금 | 지급사유가 발생한 날의 다음 날부터 청구일까지 기간 | | 1년 이내: 평균공시이율의 50%, 1년 초과기간: 1% |
| | | 청구일 다음 날부터 지급일까지 기간 | | 보험계약대출이율 |

* 주) 1. 중도보험금 및 만기보험금은 보험회사가 보험금의 지급시기 도래 7일 이전에 지급할 사유와 금액을 알리지 않은 경우 지급사유가 발생한 날의 다음 날부터 청구일까지의 기간은 평균공시이율을 적용한 이자 지급
2. 지급이자는 연단위 복리로 계산하며 금리연동형보험은 일자 계산
3. 계약자 등의 책임 있는 사유로 보험금 지급이 지연된 경우 해당 기간에 대한 이자가 지급되지 않을 수 있음(단, 회사는 계약자 등이 분쟁조정을 신청했다는 이유만으로 이자지급을 거절하지 않음)
4. 금리연동형보험의 경우 평균공시이율은 적립순보험료에 대한 적립이율을 말함
5. 가산이율 적용 시 금융위원회 또는 금융감독원이 정당한 사유로 인정하는 경우 또는 ① 소송제기 ② 분쟁조정신청 ③ 수사기관의 조사 ④ 해외에서 발생한 보험사고에 대한 조사 ⑤ 보험회사의 조사요청에 대한 동의 거부 등 계약자, 피보험자 또는 보험수익자의 책임 있는 사유로 보험금 지급사유의 조사와 확인이 지연되는 경우 등에 해당되는 사유로 지연된 때는 해당 기간에 대하여 가산이율을 적용하지 않음

## 2 | 100만 원 이하 소액보험금은 진단서 사본제출로 간단히 처리

보험회사는 가입자의 편의를 위하여 100만 원 이하의 소액보험금에 대해서는 보험금청구 시 직접 보험회사에 방문하지 않고 온라인, 모바일앱, 팩스, 우편 등을 통해 진단서 사본으로 증빙서류 제출이 가능하도록 관련 서비스제도를 운영하고 있다.

휴대전화를 통한 사진 제출이 가능한 경우도 있다. 이럴 경우 가입자 입장에서는 보험회사를 직접 방문하여 해당 원본서류를 제출하지 않아도 되고 이에 따라 소액보험금 청구 및 수령이 시간적으로나 경제적으로 매우 편리하게 된다.

소액보험금 청구 시 제출서류는 입·퇴원확인서, 일반진단서, 상해진단서 등이고 사본제출 인정기준은 100만 원 이하 소액보험금이다. 그러나 100만 원을 초과하는 고액보험금에 대해서는 증빙서류일반진단서 등의 진위를 확인하기 위해 보험회사에 방문하거나 우편을 통해 원본서류를 제출해야 한다.

## 3 | 사망한 부모님 부채가 있어도 사망보험금 수령 가능

피상속인의 채무가 많아 상속을 포기하거나 한정승인을 신청한 경우 대부분의 상속인은 사망보험금도 상속재산으로 생각하여 보험금을 청구하지 않거나 또는 피상속인의 채권자들이 사망보험금을 압류하겠다고 주장할 때 제대로 대응을 못 하는 경우가 있다. 부모님피상속인이 사망한 후 남은 재산과 부채빚는 법정상속인에게 상속되고 상속인들은 상속재산의 규모를 고려하여 상속, 한정승인, 상속포기를 선택하게 된다.

상속재산과 사망보험금의 관계에 대하여 대법원은 보험수익자인 상속인의 보험금청구권은 상속재산이 아니라 상속인의 고유재산으로 봐야 한다고 판시선고 2003다29463 판결하였다.

따라서 사망보험금에 대한 청구권은 보험수익자의 고유권리이므로 상속인이 보험수익자로 지정되어 있으면 사망보험금을 청구할 수 있다. 보험수익자가 법정상속인으로 포괄 지정된 경우에도 보험금 청구가 가능하다.

단, 교통사고로 사망하여 가해자(상대방)의 보험회사가 지급하는 고인에 대한 위자료 또는 사고가 없었다면 고인이 장래에 얻었을 것으로 예측되는 일실수입에 대한 손해액 등 피상속인에게 지급되는 금액은 상속재산에 해당한다.

## **4** 보험금 지급 지연 시 보험금가지급제도 적극 활용

보험금가지급제도란 보험회사가 보험금지급사유에 대한 조사나 확인이 완료되기 전에 추정하고 있는 보험금의 50% 범위 내에서 보험금을 먼저 지급하는 제도를 말한다. 가입자에게 보험금청구를 받으면 보험회사는 보험금 지급심사를 위해 보험사고에 대한 조사와 확인을 하는데, 사고 내용이 복잡하거나 의학적인 판단이 필요한 경우에는 보험금지급 심사가 길어질 수 있다.

그런데 보험금 지급심사가 길어져 화재 발생으로 피해를 입거나 또는 사고로 크게 다쳐 거액의 치료비가 예상될 경우에는 화재복구비용이나 치료비를 본인이 우선 처리해야 하는 경제적 부담을 안게 되는 것을 어느 정도 커버해주기 위해 보험회사들은 보험금가지급제도를 운영하고 있다.

보험금가지급은 생명보험이나 실손의료보험, 화재보험, 자동차보험 등 대부분의 보험 상품 약관에서 규정하고 있다. 단, 해당 약관에 따라 가지급금 지급기준 등이 달라질 수 있으므로 구체적인 사항은 가입한 보험 상품의 약관을 확인하도록 한다.

보험금가지급금이 지급되지 않는 경우는 자동차보험은 자동차손해배상보장법 등 관련 법령상 가해자의 손해배상책임이 발생하지 않거나 약관상 보험회사의 보험금 지급책임이 발생하지 않는 것이 객관적으로 명백할 경우이고, 보증보험은 채무자가 피보험자의 보험금 청구가 부당하다고 주장하거나 피보험자의 책임 있는 사유로 보험회사가 보험금 지급에 필요한 조사를 진행할 수 없는 경우 등이다.

## 5 보험금지급계좌 사전등록으로 자동이체 수령 가능

보험가입 후 보험계약자가 보험회사에 보험금을 받을 계좌를 미리 지정해놓으면 만기보험금 등이 발생되는 즉시 지정계좌로 자동이체되어 편리하게 보험금을 지급받을 수 있다. 이를 보험금지급계좌 사전등록제도라고 하는데 대부분의 보험회사에서 운영하고 있다. 보험금지급계좌 사전등록제도를 이용하면 만기보험금을 제때 안내받지 못하거나 만기보험금이 발생한 사실을 깜박 잊고 방치하는 실수를 미리 방지할 수 있어 유용하다.

보험금지급계좌는 보험가입 시점뿐만 아니라 보험가입 후에도 콜센터 등을 통해 등록할 수 있는데 보험회사마다 제출서류나 지급방법 등이 다르므로 해당 회사의 콜센터 또는 홈페이지를 통해 확인하도록 한다. 보험금지급계좌 사전등록 시 제출서류는 지점 방문 시는 신분증과 통장, 콜센터를 통할 경우에는 녹취를 통해 지급계좌를 등록하면 된다. 우편으로 등록 신청할 경우에는 계좌등록신청서, 신분증사본, 인감증명서, 통장사본 등이 필요하다.

## 6 보험금 수령 시 일시금, 분할지급 등 수령방법 변경 가능

사망보험금이나 후유장애보험금을 지급할 때 보험수익자는 일시지급되는 보험금을 분할지급으로 변경하거나 또는 분할지급되는 보험금을 일시지급으로 변경할 수 있다. 즉, 계약자인 가장이 사망한 경우 수익자인 유가족이 가정형편 등을 고려하여 분할지급되는 사망보험금을 한꺼번에 받을 수도 있고, 후유장애로 직장을 잃은 경우 일시지급되는 후유장애 보험금을 변경하여 나누어 지급받을 수 있다.

일시지급되는 보험금을 분할지급으로 변경할 경우에는 분할지급되는 보험금에 대해 일정 이율을 가산하여 지급하고, 분할지급되는 보험금을 일시지급으로 변경할 경우에는 보험금에서 일정 이율을 할인하여 지급한다. 여기서 일정이율은 평균 공시이율<sub>현재 약 2.5~3%</sub>을 연단위 복리로 계산한 이율을 말한다. 분할지급제도는 생명보험회사와 손해보험회사의 질병보험과 상해보험 등 제3분야의 보험에서 이루어지며 구체적인 사항은 가입한 보험 상품의 약관을 확인하도록 한다.

지정대리청구인제도란 치매나 혼수상태 등으로 가입자<sup>계약자 = 피보험자 =</sup> <sup>보험수익자</sup>가 보험금을 직접 청구할 수 없는 사정이 발생한 경우 가족 등이 보험금을 대신 청구할 수 있도록 보험계약자가 미리 대리청구인을 지정하는 제도를 말한다.

가입자가 종신보험, CI보험, 치매보험, LTC보험 등 본인을 위한 생명보험에 가입한 이후 치매나 혼수상태가 발생하였다면 행동이나 의사표현이 불가능하므로 가족 등 타인의 도움 없이 보험금을 청구하는 것 또한 현실적으로 불가능하다.

보험금의 대리청구인을 지정하면 보험금청구권자인 가입자가 치매나 혼수상태로 보험금을 청구하기 어려운 상황이 발생할 경우 대리청구인이

**생명보험의 지정대리청구인제도 세부 내용**

| 구분 | 세부내용 |
|---|---|
| 신청자격 | 보험계약자, 피보험자 및 보험수익자가 모두 동일한 경우 |
| 대리청구인지정(변경) 시 구비서류 | 지정대리청구인 지정 또는 변경신청서(회사양식) 및 신분증·보험증권(보험가입증서)·지정대리청구인의 주민등록등본, 가족관계등록부(기본증명서 등) |
| 대리청구인 범위 | 보험수익자와 동거하거나 생계를 같이하고 있는 보험수익자의 가족관계등록부상 또는 주민등록상의 배우자·보험수익자와 동거하거나 생계를 같이하고 있는 보험수익자의 3촌 이내의 친족 |
| 대리청구인의 보험금청구 시 구비서류 | 청구서(회사양식) 및 신분증·사고증명서·보험수익자의 인감증명서 또는 본인서명사실확인서·보험수익자 및 지정대리청구인의 가족관계등록부 및 주민등록등본 등 |

* 주) 보험금을 보험수익자나 보험수익자의 법정대리인에게 이미 지급한 경우에는 지정대리청구인에게 지급되지 않음

보험회사가 정하는 방법에 따라 청구서, 사고증명서 등을 제출하여 보험금을 수령하게 된다.

지정대리청구인제도는 생명보험만 가능하며 보험회사가 상품에 따라 대리청구인 제도를 운영하지 않는 경우도 있으므로 보험가입 전 미리 꼭 확인하도록 한다. 지정대리청구인제도는 보험가입 시점뿐만 아니라 보험가입 후에도 특약에 가입해 설정할 수 있다.

## 8 보험금청구대행서비스제도 적극 활용

보험금을 청구할 경우 어떤 서류가 필요하고 어떻게 청구하는지 몰라서 난감한 경우가 있다. 이럴 때 보험금청구대행서비스를 활용하면 보험금 신청 시 직접 발품과 손품을 팔아가면서 힘들게 고생하지 않아도 손쉽게 보험금을 청구할 수 있어 편리하다.

보험금청구대행서비스란 가입자를 대신하여 가입자가 가입한 보험회사에 보험금 청구서류를 대행접수해주는 서비스제도를 말한다. 보험금 청구대행서비스에 가맹한 병원 및 약국들과 네트워크를 통해 진료받는 환자가 별도 절차 없이 진료비 내역서와 약제비 영수증을 지정한 보험사에 전송해 보험 혜택을 받는 것으로 보험금청구 시 편리한 서비스제도이다.

그러나 전국적으로 실시되는 제도는 아니고 해당 보험회사와 몇몇 대형병원 위주로 진행되므로 병원 진료 시에는 해당 병원이 보험금청구대행 서비스를 운영하는지 반드시 잘 살펴본다. 또한 보험회사별로 앱을 통해 보험금청구서비스를 제공하므로 미리 알아놓도록 한다.

그리고 실손의료보험의 경우 감기나 몸살로 병원에 가 진료를 받고 약국에서 약을 받은 다음 보험회사에 청구해서 환급받아야 하는데 이를 포기하는 경우가 있다. 아마 사유는 신청절차가 복잡하고 귀찮아 포기하거나 또는 발생 청구금액이 크지 않아 또는 무심코 지나치는 경우 등일 것이다. 이럴 때 실손보험금 청구서류 접수대행서비스제도를 활용하면 도움이 된다.

이 제도는 2개 이상의 실손의료보험을 가입한 경우 하나의 보험회사에만 보험금을 청구하고 청구한 서류를 다른 보험회사로 보험회사가 전달해주는 서비스제도이다. 실손보험금 청구서류 접수대행서비스제도는 실손의료보험을 판매하는 손해보험사와 생명보험회사에서 실손의료보험 표준약관에 따라 제공하고 있다.

### 9 보험금 신청서류 작성 시 함부로 서명하면 안 되는 요주의 자료 꼭 확인

보험금을 청구하기 위해 보험금 신청서류를 작성할 때는 해당 사유가 발생한 사고에 대한 사실만을 기재해야만 보험금을 문제없이 수령할 수 있다. 보험회사에서 제공하는 서류에 함부로 서명했을 경우 보험금 수령 시 자칫 보험금을 못 받는 불이익을 당할 수도 있음을 반드시 유념하고 관련 서류를 꼼꼼히 체크한다.

예를 들어 보험금 신청서류 중 필수로 들어가는 공통서류인 보험금청구서, 개인신용정보처리동의서 정보제공활용동의서, 의무기록열람동의서, 질병확정진단서, 사망진단서 등은 서명해야 정상적으로 보험금 심사 및 지급이 이루어진다.

그러나 ① 면책확인서 ② 부제소합의서 ③ 면책동의서 ④ 보험금지급

동의서 ⑤ 의료자문동의서 ⑥ 손해사정확인서 등의 서류에 무조건 서명할 경우 보험회사가 민·형사상 면책을 위한 수단으로 활용할 수 있으므로 관련 서류의 내용을 꼼꼼히 살펴보고 주변 전문가의 조언을 구한 다음 매우 신중히 판단하고 서명하도록 한다. 만사 불여튼튼이다.

# 알아두면 매우 유익한
# 각종 보험서비스제도

보험은 사회보장제도를 보완하는 중요한 역할을 수행하기 때문에 다른 금융상품과는 차별화하여 정부 차원에서 제공하는 보험우대정책들이 많다. 또한 보험회사에서도 일상생활에 도움이 되는 다양한 서비스제도를 도입해 운영하므로 보험을 가입한 후에는 금융당국에서 제공하는 보험우대정책과 해당 회사에서 제공받을 수 있는 서비스제도에는 어떤 것들이 있는지 자세히 알아두고 유효적절하게 적극적으로 활용하면 많은 도움이 된다. [* 본문에 게재된 다양한 보험서비스제도는 중복되어 아래에 제시하지 않았으므로 관련 내용을 알고 싶으면 해당 본문을 참조 바람]

## 보험료세액공제제도

보험료세액공제 대상은 크게 4가지로 구분된다.

① 근로소득자에게 연간 100만 원까지 특별공제를 해주는 보장성보험 연간 100만 원까지 세액공제되는 장애인전용 보장성보험료는 별도 적용 ② 근로자뿐만 아니라 자영업자에게도 연간 400만 원단. 50세 이상은 연간 600만 원까지 세액공제대상

이 되는 개인연금저축보험 ③ 퇴직연금은 개인이 운용하는 DC형확정기여형의 개인 추가납입분과 IRP개인퇴직연금계좌 가입 시 개인부담금 보험료를 개인연금저축과 합산적용하여 700만 원까지 세액공제단, 50세 이상은 최대 900만 원까지 ④ 단체보장성보험은 보험료 중 법인이 부담한 보험료는 손비로 인정하여 비과세하고 근로자의 경우 회사가 부담한 보험료 중 연간 70만 원까지 근로소득세를 비과세초과금액은 근로소득에 합산과세한다.

## 이자소득비과세제도

유니버설보험, 변액보험, 일반저축보험, 일반연금보험, 장기손해보험 등 저축성보험에 가입한 후 10년 이상 유지 시에는 해당 계약이 만기가 되었다거나 또는 중도해약 시 발생하는 이자소득에 대해 15.4%의 원천징수 없이 전액 비과세혜택이 주어진다. 저축성보험은 장기 금융상품 중 전액비과세 혜택이 주어지는 유일한 상품이다.

## 보험료납입면제제도

보험의 특성상 도움이 되는 서비스제도를 폭넓게 활용할 필요가 있다. 이 중 보험료납입면제제도는 빼놓을 수 없는 제도이다. 보험료납입기간 중 후유장해 상태가 되거나 중증의 질병이 발생할 경우 향후 보험료를 보험회사가 대신 납입하는 형식으로 면제해줌으로써 경제력 상실로 보험료납입이 어려운 경우에도 보장이 계속 유지되도록 하는 제도이다. 보험료납입면제가 인정되는 대상은 보장개시일 이후에 장해분류표 중 동일한 재해 또는 재해 이외의 동일한 원인으로 여러 신체부위의 장해지급률을 더하여 50~80% 이상인 장해상태가 되었을 경우 또는 암진단 확정 시, 뇌출혈·급성심근경색증 등의 CI발생 시 등 중증의 질환이 발병할 경우 등이다. 보험회사마다 상품별로 보험료납입면제 기준과 대상이 다소 상이하므로 가입 전 상품 약관을 확인해보고 해당 사항이 있는지 알아보는 것이 좋다.

## 보험료납입지원제도

보험료납입지원특약을 선택하여 가입한 후 암, 뇌졸중, 급성심근경색의 진단 및 상해 또는 질병으로 80% 이상 후유장해발생 등 해당 보험 상품의 약관에서 규정한 특정한 사유가 발생하였을 경우 남은 납입기간 동안 납입해야 할 보험료를 지급받는 제도를 말한다. 이 경우 최초 1회에 한하여 보험가입금액을 매월 보험료납입지원금 지급기간 동안 확정 지급하며 보험료납입면제는 받을 수 없다.

보험료납입지원특약 가입 시 보험료납입지원금 지급기간은 보험금 지급사유 발생일부터 만기일 이전까지의 기간을 말하며 일반적으로 보험료납입지원금 지급기간이 15년 미만인 경우에는 보험료납입지원금 지급기간을 15년으로 한다. 보험료납입지원금은 보험수익자의 요청에 따라 일시지급이 가능하며 이 경우에는 평균공시이율로 할인된 금액을 지급한다. 보험료납입지원특약의 적용기준이 보험회사마다 상품별로 서로 다를 수 있으므로 가입 시 미리 확인하도록 한다.

## 보험료환급제도

보험료환급특약을 선택하여 가입한 후 암, 뇌졸중, 급성심근경색의 진단 및 상해 또는 질병으로 80% 이상 후유장해발생 등 해당 보험 상품의 약관에서 규정한 특정한 납입면제 사유가 발생하였을 경우 보험료납입을 면제해주고 또한 지금까지 납입한 보험료를 전액 환급해주는 제도를 말한다. 이런 기능을 페이백Pay-Back 기능이라고도 한다. 암진단 시 유사암은 제외하는 등 보험료환급특약의 적용기준이 보험회사마다 상품별로 서로 다를 수 있으므로 가입 시 미리 확인하도록 한다.

## 보험료추가납입제도

가입 당시 약정된 기본보험료 외에 추가로 보험료를 납입할 수 있도록 하여 보험금이 더 많이 증가하도록 만든 제도를 말한다. 변액유니버설보험, 유니버설보험, 변액연금보험, 저축성보험 등 생존보험에 적용된다. 추가납입 보험료규모는 기본보험료의 200~300% 정도인데 보험회사마다 다양하다. 추가로 납입하는 보험료는 통상 제2회 이후 납입보험료부터 가능하며 방법은 월납, 비월납, 일시납 등이 있다. 추가납입보험료에서 공제되는 사업비는 기본보험료와 달리 신계약비를 제외한 나머지를 공제하므로 그만큼 납입보험료가 저축보험료변액보험은 특별계정로 더 많이 투입되므로 만기금이 증가하게 된다.

## 계약전환제도

가입한 보험계약이 수익률이 떨어지고 보장혜택이 별로 도움이 되지 않는다고 판단될 경우 같은 성격의 다른 상품으로 전환하여 가입하는 제도이다. 보험은 장기간의 계약관계를 미리 정하는 것으로 보험기간 중 가족구성, 수입, 직업, 금융환경 등의 변화에 따라 보험수요가 변하게 되는데 이에 부응하도록 가입한 상품의 책임준비금을 전환 후 계약상품의 일부로 충당하여 가입하는 것이다.

계약전환 방법은 신규상품을 가입하는 것보다 보험료가 적게 들고 계약을 계속 유지할 수 있으며 해약으로 인한 손해를 보지 않아서 좋다. 단, 단체실손의료보험에서 일반실손의료보험으로 계약을 전환할 때 위험률 적용 방법과 보장범위와 내용 등이 다르므로 해당 약관을 꼼꼼히 살펴보고 결정한다.

## 계약변경제도

계약자가 불가피한 사정이 발생했을 때 계약의 효력을 유지하기 위하여 보험약관상의 일정한 조건하에서 보험계약 사항을 변경하는 것을 말한다. 즉, 가입한 보험 상품은 변하지 않고 보험계약자, 보험료나 보험금 규모, 계약기간 등 주변 여건을 변경하는 방법이다. 단, 개인연금저축보험은 계약자와 피보험자, 수익자 등 모든 가입자가 동일인이어야 계약이 성립되므로 계약자변경을 할 수 없다. 보험계약 내용의 변경 대상은 보험종목, 보험기간, 보험가입금액, 보험계약자, 보험수익자와 기타 해당 보험약관에서 정한 계약 내용 등이다.

## 보험금 선지급서비스제도

보험가입자의 편의 도모를 위해 보험계약 종료 시 지급해야 하는 보험금을 해당 약관에 따라 보험계약 도중 미리 지급하는 것으로 보험금 가지급제도라고도 한다. 예를 들어 CI보험과 GI보험에서는 보험기간 중 전문의 자격을 가진 자가 실시한 진단결과 피보험자의 잔여수명이 6~12개월 이내라고 판단한 경우 보험금수익자의 요청 시 약정한 비율에 따라 질병사망보험금 가입금액주계약에 부가되어 있는 특약의 사망보험금액을 더한 금액 또는 주계약 사망보험금의 일부50~80% 또는 전부를 선지급 사망보험금으로 피보험자에게 지급해준다. 보험회사에 따라 선지급 사망보험금액이 5,000만 원 이하인 경우에는 사망보험금액의 100% 이내로 지급하기도 한다. 또한 관련 질병에 대해 진단 및 수술 시 가입금액의 100%까지 선지급 진단비를 지급하기도 한다.

자동차보험은 피보험자 또는 손해배상청구권자가 가지급보험금을 청구한 경우 보험회사는 자동차손해배상보장법, 교통사고처리특례법 등에 의하여 지급할 금액의 50% 한도 내에서 선지급해준다. 농작물보험은 태풍, 장마 등으로 농작물 피해가 극심할 경우 피해지역 농가를 대상으로 농작물 재해보험금을 선지급해준다. 선지급보험금의 금액은 최종 보험금의 결정에는 영향을 미치지 않으며 장래 지급될 보험금에서 공제된다.

## 특별조건부인수제도

피보험자의 진단결과 보험회사가 정한 표준체보험에 가입할 수 없을 경우 계약자의 청약과 회사의 승낙으로 특정 신체부위 보장제한부 인수

형 또는 특정신체부위 및 특정질병 보장제한부 인수형 특약을 부가하여
면책기간을 설정한 후 가입할 수 있게 한 특약제도이다. 이 경우 해당 약
관이 정하는 바에 따라 할증보험료법, 보험금감액법, 연령가산법<sub>연령가산법</sub>
과 보험금감액법을 같이 사용가능 등을 통해 가입할 수 있다.

## 지정대리청구서비스제도

계약자, 피보험자 및 보험수익자가 모두 동일한 경우 보험계약자가 주
계약 및 특약에서 정한 보험금을 직접 청구할 수 없는 특별한 사정이 있
을 경우를 대비하여 이 특약의 약관에서 정하는 기준 및 방법에 따라 지
정대리청구인을 지정해 보험금<sub>사망보험금 제외</sub>을 대리청구할 수 있는 제도성
특약제도이다.

## 의료비신속지급제도

실손의료보험의 가입자<sub>피보험자</sub>가 입원치료 시 경제적 사유로 의료비
를 납입하기 곤란할 경우 의료기관에 입원의료비를 납부하기 전 입원 중
간까지 발생된 의료비의 일부를 보험회사에서 선지급해주는 보험금서비
스제도를 말한다. 의료비 선지급제도라고도 한다.

의료비신속지급제도 이용 시 지급 금액은 의료기관의 입원중간 진료
비 정산서를 통하여 추정되는 예상 보험금의 70% 정도이다. 의료비신속
지급제도 신청대상은 실손의료보험에 가입한 가입자 중 ① 의료급여법
상 1종과 2종 수급권자 ② 국민건강보험의 본인부담금 산정특례에 관한
기준에 의거 인정된 중증질환자 ③ 의료기관의 입원중간 정산의료비가

본인부담금액 기준 300만 원 이상의 고액의료비를 부담하는 피보험자가 해당된다.②와 ③의 경우는 입원한 의료기관이 종합병원 이상의 의료기관인 경우에만 해당된다. 단, 보험회사가 추가적인 사고조사가 필요하다고 판단하는 경우는 신속지급서비스가 제한될 수 있다.

실손의료보험 신속지급서비스 신청방법은 의료기관의 중간정산 기간까지의 진료비 세부내역서 및 입원 중간 진료비 정산서와 함께 실손의료비 신속지급선지급서비스 신청서를 보험회사에 제출하면 보험회사로부터 예상보험금의 70%를 미리 지급받고 추후 최종 치료비를 정산한 후 남은 보험금을 수령할 수 있다.

## 연금전환제도

보험계약자의 선택에 따라 가입한 후 일정시점에서 가입한 보험 상품의 주계약 보험 재원연금전환시점의 해약환급금을 일시납보험료로 적용하여 연금보험의 재원으로 전환할 수 있도록 해주는 서비스를 말한다. 주보험이 아닌 연금전환특약으로 구성되어 있다.

연금전환 시에는 주보험과 선택 부가한 모든 특약의 보장이 종료되고 전환 즉시 연금이 지급되는데 일단 연금개시 후 연금을 지급받게 되면 노후연금의 기본 개념 보존차원에서 해약은 거의 불가능하다. 연금전환을 할 경우 수령받는 연금액의 규모는 그 시점에서의 공시이율을 적용한다.

종신보험, 변액종신보험, 변액CI보험, 변액유니버셜적립형 및 보장형 등 연금전환기능이 부가된 상품은 은퇴 이후 적절한 시점에 연금전환할 경우 연금전환시점의 경험생명표를 적용받는다. 변액연금보험은 연금전환 시 연금전환시점의 경험생명표를 적용받지 않고 가입 당시의 경험생명표가 그대로 적용된다. 따라서 장기저축목적이 노후자금마련이라면 다른 보험을 통한 연금전환보다는 변액연금보험을 가입하는 것이 유리하다.

## 최저사망보험금 보증제도

최저사망보험금이란 공시이율이 적용되는 생명보험 가입 시 해당 상품의 향후 적립부분 보험료 또는 특별계정펀드 운용실적운용자산이익률이 가입한 보험 상품에 적용되는 향후 공시이율에 관계없이 보장하는 최저한도의 사망보험금을 말한다. 이런 운영제도를 최저사망보험금 보증제도라고 한다.

최저사망보험금은 향후 적용되는 공시이율 또는 펀드운용실적이 지속적으로 하락하더라도 최저해지환급금이 '0'보다 큰 기간까지 최저사망보험금을 지급한다. 최저해지환급금이 '0'보다 작으면 해당보험계약은 효력을 상실실효하게 되므로 사망보험금이 지급되지 않는다.

최저사망보험금 보증기간은 통상 보험료납입경과 2년24회 납입 이후 또는 보험계약약관대출 시 납입최고독촉기간이 끝나는 날의 다음 날부터 예정해지환급금이 '0'이 될 때까지의 기간이다. 단, 예정해지환급금은 보험계약대출의 원금과 이자를 상환하지 않은 경우에는 납입최고독촉기간이 끝나는 날의 보험계약대출의 원금과 이자를 차감한 금액이다.

최저사망보험금 보증비용GMDB: Guaranteed Minimum Death Benefit은 운용실적과 관계없이 최저사망보험금의 지급을 보증하는 데 소요되는 비용으로 보험회사별 상품마다 다른데 통상 변액종신보험의 경우 매년 주계약 적립금액의 1.0%<sup>매월 0.08333333%</sup>를 부과한다. 최저사망보험금의 범위는 보험회사 상품에 따라 다소 차이가 있다. 가입 시에는 최악의 사태를 고려하여 투자실적 악화 시 최저사망보험금을 어느 선까지 보증해주는지를 꼭 확인한다.

## 최저해지환급금 보증제도

생명보험 가입 시 해당 상품에 적용되는 공시이율에 관계없이 보장하는 최저한도의 해지환급금을 보증해주는 제도를 말한다. 최저해지환급금은 예정책임준비금에서 이미 지출한 계약체결비용사업비부분 해당액을 차감한 금액을 말한다. 예정책임준비금은 보험료를 산출할 때 적용하는 보장부분 적용이율을 적용하여 산출한 금액을 기초로 계산한다.

가입한 상품의 적용이율인 공시이율이 하락할 경우 해지환급금이 감소할 수 있는데 이 경우 공시이율로 계산한 해지환급금과 최저해지환급금 중 많은 금액을 해지환급금으로 지급한다. 최저해지환급금 보증비용은 최저해지환급금의 지급을 보증하는 데 소요되는 비용으로 보험회사별 상품마다 다른데 종신보험의 경우에는 주계약 납입보험료의 약 6.5%를 부과한다.

## 최저연금적립금보증제도

변액연금 가입자가 은퇴시점에서 연금으로 전환 시 펀드 기준가 하락으로 인해 연금적립금이 당초 예상금액보다 매우 작을 경우 연금개시 시점에서 그동안 납입한 주계약 기납입보험료 전액을 보전해주는 제도로서 약칭하여 GMAB Guaranteed Minimum Annuity Benefit라고도 한다. 연금개시시점의 계약자적립금이 약관에서 정의한 최저보증금액 이하일 경우 특별계정의 운용실적과 관계없이 약관에서 정의한 최저보증금액을 최저보장해주는 대표적인 스텝업 기능이 있는 제도이다. 단, 중도해지 시 또는 특약보험료는 제외한다.

## 지정적립금보증제도

변액보험 가입 시 지정적립금운용금액의 최저한도를 보증하는 제도로 약칭하여 GPAB Guaranteed Peak Accumulation Benefit라고도 한다. 보통 가입 10년 경과 후부터 계약자가 원하는 시점에서 지정적립금 보증을 신청하면 특별계정펀드의 운용실적에 관계없이 보증일 보증신청일로부터 10년 경과한 날의 지정적립금 운용금액의 최저한도를 보증한다. 따라서 비용부과수료 부과시점은 현재시점이 아닌 미래 일정 기간이 경과한 시점부터 적용한다.

## 최저보증제도

보험회사에서 가입한 보험 상품의 운용 시 시중지표금리나 운용자산이익률이 하락하더라도 최소한 이만큼의 최저 금리는 보장하여 지급해주겠다고 약속한 지급보증제도를 말한다. 최저보증이율제도라고도 한다. 시장금리가 하락해도 사전에 제시한 최저금리의 적용을 보증해 약정한 일정 수준 이상의 수익은 보장해준다.

변액보험에서는 펀드 투자실적의 하락으로 인한 손실분에 대하여 보증해주기 위해 보험회사에서 책임을 지는 금리 마지노선을 말한다. 최저보증이율은 보험회사마다 각기 다양하게 적용되므로 잘 살펴본다. 만약의 사태를 고려하여 최저보증이율이 높은 회사를 선택하는 것이 유리하다.

## 예금자보호제도

정부에서는 보험계약자를 보호하기 위해 보험회사가 부실·파산 등으로 보험금 지급이 어려울 경우 예금자보호법에 의거 1인당 5,000만 원 한도 내에서 부보금융회사에서 보험금 등의 지급을 보장해준다. 일반보험 상품은 모두 해당된다. 변액보험은 보험회사가 파산한 경우에도 특별계정에 남아 있는 자산을 계약자에게 돌려주는 실적배당형 상품이므로 주계약은 예금자보호법에 따라 예금보험공사가 보호하지 않는다. 단, 해당 약관에서 가입한 보험회사가 최저보증하는 보험금 최저보장보험금, 저축형계약은 최저사망보험금 및 부가되는 선택특약 중 특별계정 운용실적과 관계없는 특약은 회사가 파산 등으로 인하여 보험금 등을 지급하지 못할 경우 예금자보호법에 따라 예금보험공사가 보호하며 지급을 보장한다.

이 경우 예금자보호한도 보장금액는 다른 보험 상품에 가입했으면 모두 합산적용한다. 즉 예금보호 한도는 모든 예금보호 대상 금융상품의 보험금 해약환급금 또는 만기 시 보험금이나 사고보험금에 기타 지급금을 합하여 1인당 최고 5,000만 원까지이며 5,000만 원을 초과하는 나머지 금액은 보호하지 않는다.

보험계약자 및 보험료 납부자가 법인인 경우에는 제외한다. 가족 명의로 5,000만 원 한도 내에서 분산하여 예치한다면 보험회사가 망해도 모두 보장받을 수 있다. 그런데 만약 가장 등 가족 중 한 사람 명의로 된 통장에서 보험료가 인출되었다면 이는 한 사람 명의로 보험이 가입된 것으로 간주하여 한 명만 보장받을 수 있다는 사실을 반드시 염두에 두고 보험가입 시 차질 없도록 한다.

그리고 퇴직연금 확정기여형DC형과 IRP의 적립금을 예금 등으로 운용하는 경우 일반 예금 등과는 별도로 부보금융회사별로 1인당 5,000만 원까지 보호받을 수 있다. 단, DC형과 IRP 계약이 2개 이상인 경우에는 합산하여 예금보호한도1인당 5,000만 원까지를 적용한다.

## 보험계약이전제도

예금자보호법제도 외에 보험계약자를 보호해주는 보험계약이전제도가 있다. 정부에서는 보험회사의 업무 및 재산상황이 악화된 경우 금융감독위원회의 명령에 의하여 퇴출파산 보험회사의 계약을 우량한 보험회사로 이전함으로써 보험계약자 등을 보호하기 위한 법적인 보호 장치를 마련해놓고 있다. 선례로 볼 때 보험계약이 이전되지 않고 없어진 경우는 없다.

## 금융 상담 및 분쟁조정

보험은 사고를 전제로 보험금이 지급되는 상품이다 보니 많은 우여곡절이 있게 된다. 인과관계가 있어야만 보험금이 지급되는 특수성이 있어서 확실한 물증이 없는 한 이해당사자 간에 많은 마찰과 분쟁의 소지가 있게 된다. 보험회사와 가입자 간의 분쟁이 있을 경우를 대비해 금융감독원에서는 보험회사와 보험계약자, 피보험자 및 이해관계인 사이에 발생하는 보험모집 및 보험계약과 관련된 분쟁해결을 위해 금융감독원 내에 금융분쟁조정위원회를 설치하여 보험관련 각종 분쟁을 공정하게 해결해주고 있다. 금융감독원 ☎ 1332/www.fss.or.kr, 한국소비자원 ☎ 1372/www.kca.go.kr에 요청하면 된다.

## 금융소비자 정보포털사이트 적극 활용

보험가입 시 어려운 점은 수많은 보험 상품 중 나에게 맞는 적합한 상품을 선택하는 것이다. 보험 상품을 선택하여 가입할 때에는 많은 요소를 고려해야 하지만 가장 중요한 부분은 보장범위와 보장내용, 그리고 보험금 규모와 보험료 규모, 갱신 및 면책조건 등이다.

보험 상품은 회사별로 판매하는 상품의 종류가 다양할 뿐만 아니라 설계사, TM텔레마케터, 온라인 등 판매채널별로도 보험료가 크게 차이난다. 이런 요소들을 잘 파악할 수 있는 가장 좋은 방법은 보험 상품 비교공시제도를 적극 활용하는 것이다.

보험 상품별로 보험료를 가장 쉽게 비교해보려면 금융감독원에서 운영하는 금융소비자 정보포털사이트인 파인fine.fss.or.kr을 활용하면 좋다. 누구나 접속이 가능한데 파인에 들어가 '보험다모아'나 '금융상품 한눈에' 코너를 클릭하면 보험 상품별 보험료와 보장범위 등 기초정보를 쉽게 얻을 수 있다. 또한 생명·손보협회 상품공시 사이트에서 전체 평균보험료 대비 해당 상품의 보험료 수준을 나타내는 보험가격지수를 통해 상대적인 보험료 수준을 파악할 수 있다.

## 금융소비자 정보포털사이트(파인)에서 제공 중인 보험정보 내용

| 구분 | 해당 사이트 | 제공 정보 | 주요 정보 내용 |
|---|---|---|---|
| 금융상품 | 보험다모아 | 자동차보험, 단독실손의료보험 등 가입자의 성별, 연령 등 개인특성에 맞는 상품별 보험료 수준 및 보장내용 | • 자동차보험: 차종·연식·운전자범위·사고이력 등 개인특성이 반영된 실제의 보험료 비교·조회<br>• 실손보험: 상해/질병 등 가입담보별 보험료 비교·조회 |
| 금융상품 | 금융상품 한눈에 | 예·적금, 대출, 보험, 펀드 등 다양한 금융상품을 쉽고 간편하게 비교할 수 있도록 금리, 수익률, 보험료 등 정보 제공 | • 실손, 자동차보험: 보험다모아 사이트와 연계하여 정보제공<br>• 연금저축: 연금개시연령/수령기간, 월납입금액 등을 입력하여 상품별 예상 연금액 정보 비교 |
| 금융거래 | 내 보험다보여/보험가입조회 | 본인의 전체 보험계약현황과 정액형 및 실손형의 보장별 상세내역 등을 한번에 볼 수 있도록 제공 | • 계약현황: 전체보험계약, 유효보험계약, 잔여보장기간 등<br>• 보장: 본인 정액형·실손형 상세보장내역, 빅데이터 분석을 통한 유사그룹의 평균 가입액 등 |
| 금융거래 | 휴면금융재산조회 | 은행, 보험사 등의 본인 명의 모든 휴면보험금 및 휴면예금 현황을 한번에 조회 | 동 사이트를 통해 휴면금융재산 조회 후 해당 금융기관 방문하여 지급요청 |

\* 자료: 금융감독원 참조

## 자동송금서비스제도

자동송금서비스제도란 중도급부형 상품의 경우 보험료납입이 완료된 이후 주기적으로 발생하는 분할지급형의 중도급여금 또는 일시지급형의 중도급여금을 맨 처음 계약을 체결할 때 신청한 계좌로 자동송금하는 서비스제도를 말한다. 자동송금서비스제도를 이용하면 보험회사에 일일이 방문하여 중도급부금 수령을 신청하는 번거로움을 덜 수 있어 편리하다.

계약체결 시 자동송금서비스 신청서를 작성하여 보험회사에 제출하면 이용할 수 있다.

## 건강관리 서비스제도

건강관리 서비스제도란 종합검진실시, 노화방지프로그램, 간병상담 등 실버케어서비스 및 암치료지원서비스를 결합한 우대서비스를 말한다. 보험을 가입할 때 회사가 정한 서비스 부가 기준을 충족하고 정보조회동의서 등 서비스신청서를 제출한 가입자(피보험자)에게 제공해준다. 건강관리 서비스제도는 보험회사 단독 또는 제휴업체에서 제공하는 서비스 등으로 구분되는데 보험회사마다 서비스내용 및 제공방법이 각기 다르다.

## 다양한 건강생활 편의서비스 제공

보험가입자들에게 건강관리서비스 외에 무료로 유익한 생활정보지 제공, 법률·세무 상담, 위험진단, 차량사고 시 서비스, 상조서비스 등 각종 생활편의 서비스를 제공해주고 있다. 또한 고객서비스센터를 운영하면서 헬스케어서비스, 재무서비스, 라이프케어서비스, 라이프 디자인서비스 등 다양한 생활서비스를 제공하므로 이를 적극 활용하면 매우 편리하고 일상생활에 많은 도움이 된다. 제공하는 서비스는 보험회사마다 다르므로 세심히 살펴본다.

## 공동재보험제도

금융당국이 보험사 부채 부담을 덜기 위해 도입한 제도로서 보험사의 자산과 부채를 모두 떠안는 재보험을 말한다. 즉, 보험위험뿐 아니라 금리 위험 등 모든 위험을 재보험사에 이전하는 재보험을 말한다. 공동재보험은 금리가 하락하면 보험사들이 금리가 높을 때 계약한 상품의 역마진 위험이 커지므로 금리 변동으로 인한 위험을 헤지하기 위해 모든 위험을 담보로 재보험사에 이전할 수 있도록 한 제도이다.

공동재보험의 가장 큰 특징은 보험료를 구성하는 위험보험료사망과 질병담보, 저축보험료적립금액 담보, 부가보험료사업비 중 위험보험료만 담보하는 기존의 전통적인 재보험과 달리 저축보험료와 부가보험료 등 사업비, 금리 리스크 등까지 모두 담보가 가능하도록 한 제도이다. 공동재보험을 가입하면 금리 하락으로 이차 역마진 문제를 겪는 보험사들이 금리 리스크를 외부로 넘겨 재무건전성을 개선할 수 있다.

공동재보험제도는 보험사와 재보험사 간에 상호 리스크 관리에 관한 협조체제를 구축할 수 있고 효과적으로 자본을 조달하며 주주가치를 증대하는 수단이 될 수 있다는 장점이 있다. 다만, 공동재보험은 GAAP generally accepted accounting principles: 기업이 재무제표를 작성하거나 보고할 때 작성 기준이 되는 기업 회계 규칙 등 회계기준의 위험전가 기준을 충족하는 보험리스크의 전가가

* 출처: 금융위원회 자료 참조

있는 경우에만 재보험으로 회계처리가 가능하다.

## 금융소비자보호제도

금융소비자의 권익을 넓히고 보호의 실효성을 높이기 위해 마련된 제도로서 금융소비자 보호에 관한 법률금융소비자보호법에 따라 보장성 상품보험, 투자성 상품, 대출성 상품 등 모든 금융상품에 대해 정보 제공부터 사후 관리까지 판매사의 의무를 정하여 보험소비자를 보호한다. 특히 금융소비자의 법률적 권리 강화를 위해 모든 금융상품에 6대 판매 규제를 의무적으로 적용한다. 6대 판매 규제는 금융상품 판매 시 적합성의 원칙, 적정성 원칙, 설명 의무, 불공정 영업행위 금지, 부당권유행위 금지, 금융상품 등에 관한 광고 관련 준수사항에 따른 과장광고 금지광고 규제 등의 6가지 판매원칙을 적용하는 것을 말한다. 금융회사가 모든 금융거래에 대해 6대 판매 규제 위반 시 징벌적 과징금 부과 등 강한 제재가 따른다. 보험 가입 전후에는 금융소비자보호법을 꼭 살펴보고 해당 사항을 숙지하여 유용하게 활용한다.

---

### 금융소비자보호법상 금융회사가 준수해야 할 6대 판매 규제 내용

**1. 적합성 원칙**
상품 판매 시 금융소비자의 재산 상황, 금융상품 취득, 투자 경험 등을 고려하여 적합 여부를 판단하고 부적합한 금융상품 계약 체결의 권유를 금지한다.

**2. 적정성 원칙**
금융소비자가 구매하려는 상품이 본인의 재산 상황, 투자성향 등에 비추어 부적

---

정할 경우 그 사실을 소비자에 고지하고 바로잡아주며 확인할 의무가 있다.

## 3. 설명의무

금융상품의 계약 체결을 권유하거나 소비자가 설명을 요청하는 경우 금융상품에 관한 중요한 사항을 금융소비자가 이해할 수 있도록 설명해야 한다.

## 4. 불공정 영업행위의 금지

판매업자 등이 금융상품 판매 시 우월적 지위를 이용하여 소비자의 권익을 침해하는 행위(업무와 관련하여 편익을 요구하는 행위, 대출과 관련하여 다른 금융상품의 계약이나 담보를 강요하는 행위 등)를 금지한다.

## 5. 부당권유행위 금지

금융상품의 계약 체결 권유 판매 시 소비자가 상품에 대해 오인할 우려가 있는 허위 사실을 알리는 행위(불확실한 사항에 대한 단정적인 판단을 제공하는 행위, 금융상품의 내용을 사실과 다르게 알리거나 설명하는 행위, 객관적 근거 없이 상품 비교 등)를 금지한다.

## 6. 허위 · 과장 광고 금지

금융상품 등에 관한 광고 관련 준수사항에 따라 금융상품이나 금융회사에 대한 광고 시 특정 내용을 필수적으로 포함해야 하며 일부 내용은 금지된다.

모든 금융거래에 대해 6대 판매 규제 위반 시 징벌적 과징금 부과 등 강한 제재가 따른다. 금융회사가 6대 규제를 위반하면 위반행위 관련 수입의 최대 50%를 징벌적 과징금으로 내야 하며 판매 직원은 원칙적으로 최대 1억 원의 과태료 부과도 가능하다.

# 5장

# 보험 상품
# 리모델링 비법 꿀팁

내일을 대비하려는 현명한 사람은 오늘부터 준비하되 모든 달걀을 한 바구니에 담아놓지

는 않는다. – 세르반테스(Miguel de Cervantes)

# 생활치수와 보험치수를
# 정확히 맞춰라

우리나라 가구당 보험가입률은 무려 98.2%로 전 세계에서 가장 높다. 대부분 90% 이하에 머물고 있는 미국과 일본, 영국, 프랑스, 독일 등 국민소득이 우리나라보다 높은 선진국가들보다도 훨씬 높다. 또한 가구당 보험가입건수는 약 6.5건 생명보험 3건, 손해보험 3.5건이나 된다 보험연구원 2019년 보험소비자 설문조사. 여기에 우체국 보험과 각종 공제보험까지 포함하면 가구당 보험가입건수는 더 늘어난다.

이는 각 가정에서 좋은 보험을 실속 있게 가입했다기보다는 생활치수와 보험치수를 제대로 맞추지 않고 가입한 가정이 많다는 것을 방증한다. 소중한 가계자산을 너무 보험 쪽에 치중한 것도 문제이지만 더 큰 문제는 실속 있는 가입보다는 편향되게 가입하여 정작 필요시 많은 도움이 되지 않는다는 데 있다. 즉, 생활치수 또는 인생치수와 보험치수를 정확히 제대로 재단하지 않고 가입한 가정이 많다. 보험을 가입한 상품에 대한 구성비, 즉 보험포트폴리오는 아직 후진국 수준을 맴돌고 있다. 이에 따라 생활치수와 보험치수가 맞지 않아 사고발생 시 많은 생활리스크를 감당해야 한다.

그러므로 보험증권의 정확한 분석하에 보험포트폴리오 리밸런싱이 이루어지도록 컨설팅해야 한다. 나와 가족에 대한 보험의 저울은 늘 균형이 유지되도록 해야 하며 보험치수와 생활치수는 같도록 재단해야 한다. 모든 가정의 생활패턴은 천차만별이다. 인생 5L이 모두 제각각 다르기 때문에 남이 좋다고 하는 보험이 내 가정에는 당연히 안 맞게 된다. 보험 가입 시 가장 중요한 요소는 가입하고자 하는 보험에 대해 내가 왜 가입하며, 정말 나에게 꼭 필요한 상품인지 판단하는 것이다. 내가 원하는 보장은 어디에 더 중점을 두는지를 명확히 하고 가입할 보험 상품을 선택해야 한다.

따라서 보험을 가입할 때는 반드시 내 가정의 어디가 일상적 또는 중대한 위험에 노출되어 있고 나 자신은 어떠한 형편에 놓여 있는지, 또한 사회생활 중 다른 사람들에게 손해를 끼칠 위험을 가족 중 누가 안고 있는지 등을 종합적으로 살펴본 후 그런 리스크를 헤지해줄 수 있는 가장 적합한 보험을 선택해 가입해야 한다.

그러나 이러한 것을 정확히 진단하면서 가입하는 가정은 그리 많지 않다. 그만큼 전문적인 보장설계능력이 필요하기 때문이다. 따라서 올바른 보험재테크를 하기 위해서는 내 가정의 생활치수에 가장 잘 맞는 보험치수를 재단할 줄 아는 보험컨설턴트를 만나 재무설계와 더불어 보험포트폴리오 리밸런싱을 추진하는 지혜가 필요하다.

우리네 인생이 시간에 따라 여정이 변하듯이 인생을 따라다니는 위험요인도 시간이 경과함에 따라 변하게 마련이다. 따라서 어느 정도 기간이 경과하면 자신이 가입한 보험과 위험요인이 나와 가정에 잘 맞는지, 즉 보험치수와 생활치수가 적합한지를 반드시 체크해야 한다.

가장으로서 역할과 몫을 다하여 가정이 소멸될 때까지 나와 가족에 대한 보험의 저울은 늘 균형이 유지되도록, 즉 보험치수와 생활치수가 같도록 해야 한다. 그렇지 않으면 불입하는 보험료에 대한 부담 때문에 가계에 깊은 주름살이 생긴다.

엥겔지수가 안정지향세를 구축해야 가정살림에 여유가 생기듯 보험도 생활치수에 맞게, 더 나아가 인생치수에 맞도록 필터링 filtering하고 재단하여 가입 또는 재설계를 해야만 필수품처럼 여기며 끝까지 유지하여 혜택을 받을 수 있다. 이것이 바로 보험리모델링이요 보험포트폴리오 리밸런싱이다.

# 보험리모델링을 하는 진정한 이유와 추진방향

## 가입한 보험에 알맞게 수선하는 리모델링 시대

장거리 여행을 떠날 경우 비행기나 열차를 잘못 타고 가면 갈수록 계속해서 시간과 비용 측면에서 손해의 폭이 더 커진다. 예를 들어 부산을 가려고 열차를 탔는데 광주로 가는 열차라면 잘못 탄 것을 안 그 시점부터 가장 가까운 정류장에서 내려 잽싸게 갈아타야만 조금은 늦더라도 그나마 목적지에 더 쉽게 안착할 수 있다.

서울에서 강남 쪽으로 가야 하는데, 한참 가다 보니 강북 쪽으로 가고 있다면 재빨리 방향을 바꾸어 강남 쪽으로 가야 한다. 보험도 이와 마찬가지다. 기나긴 삶의 여정에서 다가오는 다양한 리스크를 헤징하기 위해 가입한 보험은 많은데 잘 살펴보니 잘못 가입한 보험이 있다면 이는 혜택은 별로 못 보면서 시간이 지날수록 힘들게 납입한 보험료만 아깝게 축내는 꼴이 될 수 있다. 그리고 보험료를 불입할 날짜가 다가올 때마다 후회와 스트레스가 더 쌓인다. 자칫 보험사고발생 시 보험금을 탈 수 없는 불상사도 생길 수 있다.

이런 생각이 들고 확실히 그러한 상황이라면 불입한 돈이 아깝다고 무작정 불입하지 말고 '포기하는 셈 친다'고 생각하면서 하루빨리 과감하게 정리하고 나와 가정에 가장 알맞은 상품으로 갈아타야 한다.

특히 가계사정이 너무도 힘들어 보험을 어쩔 수 없이 정리해야 할 상황이라면 턴어라운드하여 보유한 보험증권을 종합적으로 꼼꼼히 분석한 후 인생 5L을 토대로 라이프 디자인하면서 가장 합리적이고 냉철하게 검토해 보험리모델링을 해야 한다. 이것이 가계재무의 건전성과 경제성의 원칙에 입각해볼 때 최선의 방법이며 슬기로운 삶의 처세술이다.

## 보험리모델링을 하는 가장 큰 이유 8가지

**1** 보험리모델링을 통하여 가계의 주름살을 없애면서 보험료 누수를 막고 좀 더 많은 보장과 이익을 보기 위해서이다. 따라서 해약 시 손해의 폭보다 리모델링하여 신규 가입 시의 이득과 보장의 폭이 반드시 커야 한다.

**2** 경제 형편상 부득이 금융상품을 구조조정차원에서 실시하는 최선의 방책이다.

**3** 과중한 보험료 지불로 인한 현재의 가계부담을 최소화한다.

**4** 새로운 보험을 알뜰하게 가입하기 위해서 재설계하는 것이다.

**5** 가입한 보험 중 불필요한 보험을 과감히 줄여 보험료 누수를 방지하기 위해 재구성하는 것이다.

**6** 인생 5L에 비추어볼 때 현재 또는 미래 시점에서 현재 가입한 보험이 그 효용가치를 상실하고 있기 때문이다.

**7** 경험생명표의 신규적용에 따라 보험료 인상이 요구되는 보험과 반대로 인하되는 보험 상품 간에 최적의 효율적인 리모델링을 실시하기 위함이다.

**8** 가정의 라이프 스케일에 맞춰 생활치수와 보험치수를 맞춤으로써 최적의 보험포트폴리오 리밸런싱을 통해 이익을 극대화하기 위해서이다.

## 보험리모델링의 효율적인 추진방법 5가지

보험리모델링을 할 경우에는 가입목적과 보장니즈를 종합적으로 판단하여 본인과 가족에게 유리한 쪽으로 다음과 같이 추진하고 설계한다.

**1** 각종 위험이 발생하였을 경우 가족들이 경제적으로 자립하면서 대처할 수 있는 생활보장자금 마련 위험관리

**2** 일상생활에서 발생할 개연성이 높은 질병, 상해 등 사고에 대비한 실손자금 마련 일상생활관리

**3** 은퇴 후 경제적 능력이 없을 때 필요한 노후생활자금 마련 은퇴관리

**4** 재산증식을 위해 필요한 보험차익과세, 세액공제, 만기 시 기대수익률 제고 등 재무설계 재무관리

**5** 상속 및 증여에 대비한 세테크 설계 세금관리

# 보험리모델링 전
# 꼭 알아야 할 꿀팁 6

**1** **모두 보장해주는 완벽한 보험 상품은 없다.**

상품종류는 생명보험, 손해보험, 공제상품 등을 통틀어 2,000개 이상이나 되는데 이를 모두 한데 묶어서 판매할 수는 없다. 만약 모든 위험요소를 총망라하여 보험 상품을 설계한다면 보험료가 너무 비쌀뿐더러 현실적으로 이런 보험을 구매할 고객이 그리 많지 않을 것이다. 왜냐하면 다른 사람에겐 필요한 보장도 나에겐 불필요할 수 있기 때문이다.

보험마다 특성이 있고 보험소비자가 요구하는 보장과 보상 부분도 각기 다르다. 따라서 리모델링할 경우 보장을 모두 다 받으려고 하면 안 된다. 특히 저축과 보장을 함께 겸비하는 상품을 너무 욕심내서 가입하려고 하면 안 된다.

예를 들어 매월 10만 원을 내고 저축성 어린이보험에 드는 것보다 보험료가 저렴한 순수보장성보험을 가입한 다음 나머지 돈으로 저축상품을 은행권에 드는 것이 훨씬 더 유리하다. 어디까지나 저축은 저축이고 보장은 보장이다.

## 2 신규상품이 좋다고 해서 덥석 가입하면 안 된다.

보험리모델링은 보험치수가 자신의 생활치수에 맞지 않기 때문에 하는 것이지 신상품이 나와서 하는 것이 절대 아니다. 과거에 가입한 보험 상품이 훨씬 더 좋은 경우도 있다. 예를 들어 암보험의 경우 과거에는 입원 횟수당 보험수혜기간이 없고 평생 동안 보험금 혜택을 봤지만 요즘 상품은 입원 횟수와 기간에 대해 모두 제약조건이 있다.

실손의료보험은 2009년 이전에는 보험회사별로 보장항목이 다르고 병원에 갈 때마다 자기 돈을 한 푼도 내지 않고 진료를 받을 수 있는, 즉 본인부담금이 전혀 없는 상품이므로 이런 상품은 가급적 해약하지 말고 유지하는 것이 더 유리하다. 단, 2016년 1월부터 표준약관이 새롭게 바뀌면서 입원기간이 확대되어 보장한도금액 5,000만 원 이내에서는 입원기간에 상관없이 입원이 가능하다. 이전 가입 상품은 최대 365일까지만 입원이 가능하고 입원 후 1년이 경과하면 90일간의 보장제외기간이 발생하므로 다시 입원해야 보장이 되었다. 또한 치매, 정신장애, 조현병, ADHD<sup>주</sup>
<sub>의력결핍 과잉행동장애</sub>, 우울증 등 치료 시 급여항목에 대해 보장받을 수 있는데 이전에 판매된 상품은 보장하지 않았다.

## 3 확정금리형 고금리 상품은 손대지 않는다.

현재 판매 중인 저축성 상품은 대부분이 공시이율을 적용하는 금리연동형 상품이다. 따라서 기존에 가입한 확정이율형의 고금리 저축성 상품은 저금리 시대 확실한 재테크 수단으로도 활용할 수 있으므로 유지하는 것이 좋다.

**4** **기존 상품을 해약할 때는 신중히 처리한다.**

보험을 해약할 때는 보장범위가 제한적인 것부터 하되 현재 보장받고 있는 상품의 해약은 신중히 한다. 약간 미진해도 가족이 보장받고 있는 상품은 가급적 유지한다. 부득이 이런 보험을 해약하고 더 나은 상품을 가입하려 한다면 반드시 전문가와 상의한 후 결정한다. 특히 질병보험은 반드시 대타를 세운 후 해약한다.

예를 들어 암보험은 일반보험과 달리 가입일로부터 90일이 경과해야만 보장받을 수 있다. 이러한 이유는 암에 걸린 사람이 이 사실을 숨기고 암보험에 가입하는 폐단을 막기 위한 장치이므로 만약 리모델링 차원에서 암보험을 해약하여 다시 가입할 경우에는 정확히 필터링을 하며 신중을 기한다.

해약하기 전에는 먼저 ARS로 보험회사에 전화를 걸어 '지금 시점에서 해약하면 얼마나 되돌려 받을 수 있는지' 해약환급금의 규모를 반드시 알아두고 난 후 해약한다. 해약하는 시점에 따라 해약환급금이 많이 차이 나는 경우가 있기 때문이다. 어떤 경우는 단 며칠 차이로 사채이자보다 더 큰 폭의 차이가 발생할 수도 있으므로 신중히 해약해야 조금이라도 돈을 더 받을 수 있다.

**5** **비갱신형 상품은 가급적 유지한다.**

기존에 가입한 보험 중 비갱신형은 갱신형보다 초기보험료는 다소 많지만 납입기간이 길어질수록 갱신형보다 보험료가 저렴하니 보장내용상 특별히 불이익이 없는 한 유지한다. 갱신형은 사망률과 손해율 증가로 위험보험료가 비례 증가하므로 나이를 먹을수록 갱신보험료도 많아지며 이에 따라 경제력이 없는 노후에 많은 부담을 안게 된다.

### 6 실질적인 보험 혜택을 볼 수 있는 보험리모델링이 되어야 한다.

보험리모델링 시 명심할 것은 나에게 어떤 보험이 가장 필요하고 어떤 보험을 가입해야만 앞으로 실질적인 혜택을 많이 볼 수 있는지를 판단하는 지혜가 필요하다는 것이다. 보험은 위험 헤지를 통해 생활의 안정과 혜택을 보기 위해 가입하는 것이므로 어떠한 형태로든 생활의 안정과 보험혜택이 없는 보험은 가입할 필요가 없다.

예를 들어 자녀가 이미 다 큰 집이나 없는 가정에서는 어린이보험이나 교육보험은 필요가 없을 것이고, 나 홀로 가정은 종신보험 상품에 대한 보장니즈가 별로 없을 것이며, 자녀가 모두 출가하고 노후에 접어드는 가정에서는 저축성보험이 필요 없을 것이다.

그리고 보험에 가입하였을 경우 만기보험금이나 축하금 등 생존 시 지급되는 보험금을 제외하고 피보험자가 사고를 당했을 때 지급되는 보험금 중에서 보험금 지급 발생확률이 가장 높은 지급사유는 질병으로 입원했을 때와 재해사고로 입원했을 경우에 지급되는 의료비이다.

즉, 보험가입 후 혜택을 보험 가입기간 중 언젠가는 볼 수 있는 위험 요소가 바로 질병이나 사고로 인한 입원통원 포함이며 이때 보험금이 나오는 생활보장형 의료실비보험이 실질적으로 가장 좋은 상품이다. 질병으로 입원하였을 경우 평생토록 입원비가 하자 없이 모두 다 지급되는 상품이 더 좋다. 재해사고로 인한 입원보다 질병으로 입원할 확률이 10배 이상 높기 때문이다.

또한 재해사망할 확률보다 일반사망할 확률이 일반적으로 12배 이상 높으므로 재해사망 시 보험금이 많이 지급되는 보장성보험보다는 종신보험이나 정기보험을 선택하여 가입하는 것이 더 바람직하므로 이런 방향으로 보험 리모델링을 해야 한다.

# 보험리모델링 효과 높이는 컴플라이언스 12가지

보험리모델링을 할 경우에는 반드시 아래 열거한 12가지 주안점을 염두하고 필요시 언제나 도움을 받을 수 있도록 전문가의 조언을 구하면서 지혜롭게 추진해야 좀 더 실속 있게 효과적으로 리모델링하여 만족을 느낄 수 있다.

**1 보험 포트폴리오 리밸런싱을 어떠한 방법으로 추진할지 세밀히 검토한다.**

먼저 가정의 재무분석을 정확히 하고 어떤 보험 상품을 가입해야 미래 가치가 높아질지 실속 있는 보장 필터링한다. 그런 후 가입하려는 상품의 보장 금액과 보험료 규모를 정확히 책정하고 누구를 보장대상으로 할지 우선순위를 정확히 정하며 보장범위는 어디까지로 할지 가족의 라이프 사이클에 맞춰 정한다.

**2 가입하고 있는 보험 상품들에 대한 증권분석을 빠짐없이 종합적으로 면밀히 체크한다.**

이 경우 크게 보장규모와 저축규모<sup>해약 시 환급금</sup> 등으로 구분하여 분석한다. 보유한 보험증권을 종합 분석한 결과 기존 상품을 해약하고 다시 가입하거나 또는 계약내용을 변경해야 한다면 신규 가입 상품이 효력이 발생한 이후 재설계한다. 보장 공백 기간에 질병이나 사고가 발생하면 보장을 받지 못할 우려가 있기 때문이다. 건강상태와 연령상 신규가입으로는 가입 거절<sup>또는 부담보계약</sup>이 되거나 보험료가 대폭 증가하여 오히려 가계에 부담을 줄 수도 있으므로 필터링하면서 신중히 리모델링한다.

**3 소득 대비 보험료 부담이 너무 크거나 도저히 계속하여 보험료를 불입할 능력이 없을 경우에는 반드시 리모델링한다.**

이것이 보험리모델링을 하는 첫 번째 목적이다. 순수 보장성보험의 비중이 가계소득의 10% 이상을 차지할 경우에는 무조건 리모델링의 검토 대상이 된다. 이런 경우에는 자칫 생활불안을 초래할 수도 있으므로 재진단 후 긴축 수선한다.

**4 어쩔 수 없이 가입하여 항상 꺼림칙했다면 망설이지 말고 리모델링한다.**

정에 이끌려 지인에게 가입했다든지 보험을 잘 알지 못하는 상태에서 남이 좋다고 하니까 따라 가입하였다면 실질적인 도움이 안 되므로 반드시 리모델링한다.

**5 비슷한 유형의 상품을 중복가입하였을 경우에는 곧바로 증권분석을 실시한다.**

보험을 여러 건 가입했지만 보장내용이 편중되어 있다면 이는 잘못 가입한 것이다. 특히 실손의료보험 등 비례보상하는 보험은 중복가입하면 그만큼 손해가 발생하므로 비용절감을 위해 최우선적으로 증권분석을 실시해 리모델링한다.

**6** **현실적으로 보장받을 확률이 적은 보험 상품은 리모델링한다.**

기존 보험 상품의 보장기간이 짧거나 얼마 남지 않은 경우, 보장범위가 좁고 보장제외 항목이 많아 실질적으로 보장받을 확률이 드물다면 리모델링한다. 이 경우 현재 들어가는 총보험료 규모보다 작게 들어가거나 또는 동일한 보험료 규모로 더욱 크고 다양한 보험 혜택을 많이 받을 수 있도록 리모델링한다. 특히 가입 대상상품이 갱신형 상품일 경우 갱신주기와 갱신 시 각종 변동 여부를 확인한다.

**7** **일정 기간만 보장해 보장기간이 짧은 보험 상품은 리모델링한다.**

보험료를 더 지출하더라도 보험기간이 짧은 상품은 무조건 보장이 긴 상품으로 설계한다. 가입자의 나이가 많으면 그만큼 보험료가 높아지기 때문에 해약과 가입을 서둘러야 한다.

**8** **보험료가 좀 더 짜임새 있는 규모로 설정되고 보장은 더욱 알차게 설계한다.**

아직 보험에 가입한 상품이 그리 많지 않고 보장도 상대적으로 취약할 경우, 즉 가계 재무상태를 종합적으로 고려해보았을 때 보험료를 조금 더 지출해도 무방할 경우 보험 상품을 재구성하는 방법이다. 이때에는 단순히 생활보장 차원만이 아닌 장기재테크 관점에서 보험포트폴리오를 리밸런싱한다.

**9** **보험 혜택과 더불어 세테크도 겸비할 수 있는 다목적 상품으로 설계한다.**

보험 상품도 단순히 보장만 따지면서 가입하면 돈을 못 번다. 한 푼이라도 현실적으로 이익을 볼 수 있도록 세테크와 재테크를 고려하면서 선택한다.

**10 적은 보험료로 양질의 보험 상품을 가입하면서도 보장 폭은 기존의 보험 상품보다 더 크고 많은 보험 혜택을 부가적으로 받을 수 있도록 설계한다.**

이런 경우는 아직 원하는 보장플랜을 설계하지 못하였거나 또는 그간 보험가입대상이나 여건이 안 되어 아직 보험을 가입한 적이 없는 새내기들에게 해당된다.

**11 생명보험과 손해보험 상품 중 보장니즈에 부합되는 것을 선택한다.**

보험 상품은 크게 구분하여 생명보험과 손해보험, 그리고 제3분야 보험으로 구분한다. 제3분야 보험은 상해보험, 질병보험, 장기간병보험 등 3가지 상품을 말하며 생명보험회사와 손해보험회사에서 모두 판매할 수 있다.

제3분야 보험의 상품구조는 비슷한 유형의 상품일 경우 위험보장에 대한 담보내용과 보장범위에서 질병과 관련된 부분은 생명보험이 더 넓고 많으며, 상해와 관련된 부분은 손해보험 상품이 더 넓고 많다. 질병보험의 경우 생명보험은 주보험으로 설계되고 있고, 손해보험은 주보험 상품과 더불어 상해보험의 별로 부가특약 형태로도 설계되는데 특약의 경우 80세 초과 고령자는 질병사망 시 보상이 잘 안 된다는 취약점이 있다.

그 이유는 보험업법 시행령제15조에 따라 손해보험회사가 질병을 원인으로 하는 사망을 제3보험의 특약 형식으로 담보하여 판매할 경우 ① 보험만기는 80세 이하일 것 ② 보험금액의 한도는 개인당 2억 원 이내일 것 ③ 만기 시에 지급하는 환급금은 납입보험료 합계액의 범위 내일 것 등 3가지 요건을 충족해야 하기 때문이다. 따라서 생명보험과 손해보험 상품의 장단점을 면밀히 체크하여 가입목적과 보장니즈에 가장 부합되는 상품으로 리모델링한다.

## 12 리스크 발생 시 헤징 방법이 다양한 보증옵션을 구비한 상품을 선택한다.

보험 상품은 납입기간이 짧을 경우 중도해지 시 보험관계비용의 발생 및 신계약비의 이연상각으로 해지환급금이 매우 적게 나온다. 또한 대부분 공시이율을 적용하는데 공시이율이 낮을 경우 만기보험금이나 연금적립액이 기납입보험료주보험 기준, 특약 제외보다 적게 나올 수 있다. 이와 같은 리스크 발생 시 헤지해주는 방법이 보증옵션제도이다.

특히 변액연금보험, 외화보험, 주가연동형 연금보험ELA: Equity linked Annuity 등 특화보험은 실적배당형의 상품성격상 리스크가 항시 존재하므로 이를 커버하기 위해 다양한 리스크 헤징 대상 보증옵션제도를 운영하고 있다. 보험 상품의 주요 헤징 대상은 최저연금적립금보증GMAB: Guaranteed Minimum Annuity Benefit, 최소연금지급액보증GLWB: Guaranteed Lifetime Withdrawal Benefit, 최저지급보증GMWB: Guaranteed minimum withdrawal benefit 등의 보증옵션이다. 보험회사 상품마다 헤징 대상이 다를 수 있으므로 가입 전 보증옵션이 들어 있는지 꼭 확인하도록 한다.

# 나에게 도움이 되는
## 최적의 보험상품은 뭘까

– 생애주기별/연령대별 최적의 보험포트폴리오 비법

**나에게 도움이 되는 최적의 보험상품을 찾는다.**

낚시할 때는 일단 위치선정을 한 다음 미끼를 꿰어 낚싯줄을 던지고 나서 고기가 떡밥을 물 때 바로 낚아채야 고기가 잘 잡힌다. 이렇듯 세상 모든 일에는 순서와 때시기가 있다. 순서를 지키고 그 때를 잘 타면 도움이 되고 순서를 안 지키고 그 때를 놓치면 허탕을 치거나 손해를 볼 수 있다. 일상생활에서도 계획에 따라 과정관리를 잘하면서 스스로 삶의 주체자로서 적극적으로 살아가는 지혜가 필요하다.

보험도 마찬가지로 자신의 생애주기와 생활 여건에 따라 즉, 보험치수와 생활치수가 잘 맞도록 가입해야 가치가 발휘되고 효용성이 증대된다. 각종 질병과 상해, 재해 발생 및 불안한 노후 등 인생 여정에서 부지불식간에 발생하는 불확실한 삶의 리스크를 헤징Hedging하기 위해 보험에 가입할 경우 생애주기별로 나이에 따라 가입할 보험이 따로 있고 그 나이에 들어봐야 별로 이익이 되지 않는 보험도 있다. 또한 생활 여건에 따라 1인 가구에 필요한 보험과 다자녀가구에 필요한 보험이 각기 다르다.

일반적으로는 개인의 생애주기와 생활패턴에 따라 필요한 보험의 종류는 비슷하다. 대부분 사람들의 한평생은 '출생 → 성장 → 취업 → 결혼 → 육아 → 노후 → 사망'으로 이어진다. 그러므로 개개인의 생애주기와 생활패턴에 맞춰 필요한 보험상품을 제때 잘 가입하고 변화하는 라이프 맵과 라이프 스케일에 따라 보험포트폴리오 리밸런싱을 하는 것이 올바른 보험설계의 지름길이다. 실손의료보험과 같이 생애 전반에 걸쳐 반드시 필요한 상품도 있지만 일반적으로 세대별 또는 개개인의 삶의 패턴과 생활양식 등 라이프 사이클에 따라 필요한 보험상품을 라이프 맵과 라이프 스타일을 중심으로 종합적으로 살펴보면 다음과 같다.

## 부모의존기인 10대 전후, 부모는 자녀 위해 상해보험, 어린이보험과 실손의료보험 가입

10대 전후0세~19세는 부모가 자녀 양육을 전적으로 책임지는 성장기이다. 순박한 동심에 사로잡혀 있는 유아기와 감수성이 예민한 청소년기이므로 부모의 세심한 양육과 배려가 필요하다. 어린 자녀들이 올바로 자라고 아무 탈 없이 학업에 전념할 수 있도록, 또한 행여 갑자기 사고를 당하여 피해를 보지 않도록 안전사고에 각별히 신경을 써야 한다.

특히 각종 안전사고에 많이 노출되어 있으므로 자녀가 미취학 아동이거나 초등학교 학생일 경우 상해보험은 반드시 가입한다. 부모는 자녀들을 위해 어린이보험을 가입하고, 유학을 생각한다면 외화보험을 가입해 놓는 것도 좋다. 다발성 질환이나 소아암, 재해, 골절 등과 관련한 치료비 및 입원비를 커버해주는 실손의료보험을 들어둔다.

## 사회활동기인 20대,
## 실손의료보험, 변액보험, 저축성보험 가입

20대는 부모에게서 벗어나 본격적으로 사회활동직장생활을 하면서 경제적으로 스스로 자립하는 사회활동기 또는 신혼 초기이다. 이때부터 스스로 독립하면서 하나의 가족단위가구가 형성된다. 처음으로 취업하여 돈을 벌고 결혼자금과 주택자금 등 목돈을 만들기 시작하면서 인생에 대한 계획과 더불어 가정생활을 재정립하는 시기이다.

따라서 소득의 일정 부분은 재산증식 수단으로 절세상품인 저축성보험과 변액유니버설보험, 변액연금보험, 외화보험 등 보험투자상품을 선택하여 가입하는 것이 좋다. 활동력이 가장 강할 때임을 감안하여 실손의료보험과 재해사망보험, 교통상해보험 등 보장성보험에 들어두는 것이 좋다. 여성의 경우에는 결혼·출산 등에 대비하여 여성 관련 특화보험을 가입한다. 자가용 운전자의 경우 자동차보험과 운전자보험의 가입은 필수이다.


## 가정형성기인 30대,
## 종신보험, 연금보험, 변액보험, 통합보험, 질병보험 가입

30대는 결혼하여 자식을 낳아 가족의 구성원이 짜이면서 독립된 가정이 형성되는 가정형성기이다. 사회활동을 위한 교제 범위가 넓어지면서 경제활동이 가장 왕성한 시기이므로 가정경제가 어느 때보다도 짜임새 있고 넉넉하여 지출 대비 소득의 폭이 가장 크다.

내 집 마련과 장기목적자금마련 등 재산증식을 하는 적기이므로 재무설계를 잘해야 한다.

이 시기에 제대로 저축하지 못하면 평생 경제적 곤란으로부터 헤어나기 힘들 수도 있으므로 변액보험, 변액유니버설보험 등 보험투자상품에 관심을 갖도록 한다. 가정이라는 혈연공동체의 울타리가 만들어진 만큼 가장은 가족의 생활안정을 위한 암보험 등 질병보험<sup>건강보험</sup> 및 실손의료보험과 더불어 종신보험과 통합보험의 가입을 적극 검토한다. 그러나 결혼하지 않는 1인 가구<sup>나홀로족</sup>의 경우 종신보험 등 사망보험 상품보다 질병보험, 통합보험 등 생활보장보험 상품을 선택하여 가입하는 것이 바람직하다.

또한 30대는 노후를 대비하여 미리 연금보험을 가입할 시기이며 유주택자는 화재보험을 꼭 가입한다.

## 가정성숙기인 40대, 통합보험, 질병보험, 연금보험, 종신보험 가입

40대는 삶의 질을 좌우하는 인생의 황금기로서 가정성숙기이다. 자녀가 성장하여 학교에 다니고 가장<sup>또는 부부</sup>은 사회적으로나 경제적으로 안정된 웰빙<sup>Well-being</sup> 생활을 하며 지출 대비 소득이 많다. 자녀교육비 등 목돈지출이 서서히 늘어나는 시기이므로 지출될 목돈마련에 대비하여 그동안 벌어놓은 가계자산의 가치를 극대화해야 한다.

특히 40대부터는 건강에 적신호가 켜지기 시작하므로 일상적인 위험을 헤지하도록 자기관리가 필요하다. 다자녀가구의 경우 종신보험 등 사망보장 상품과 통합보험, 질병보험, 중증질환을 보장하는 CI보험과 GI보험 등 생활보장보험 가입은 필수이다. 종신보험의 가입이 경제적으로 여의치 않다면 정기보험을 가입한다. 아직 연금보험을 가입하지 않았으면 반드시 가입한다. 자녀 교육비와 결혼자금 등 목돈지출을 대비하여 보험 투자상품을 가입한다. 또한 경제적으로 가장 안정된 시기이므로 외화보험, 주식연동형 보험 등 특화보험을 가입하여 장기적으로 가계자산 규모를 늘릴 필요성이 있다. 1인 가구는 질병보험, 선지급형의 CI/GI보험 등 생활보장상품을 가입하도록 한다.

## 가정안정기인 50대, 질병보험, LTC보험, 즉시연금보험, 노인성질환보험 가입

50대는 가족이 모두 성숙하여 독립하는 가정안정기로서 자녀의 대학자금과 결혼으로 독립을 위한 목돈이 매우 필요한 시기이다. 지출할 돈은 많지만 상대적으로 수입은 불안정하고 다가오는 노후를 염두에 두면서 은퇴자산 마련을 위한 연금설계도 해야 하므로 자산형성보다는 자산관리에 치중하면서 안전한 포트폴리오를 짜는 것이 중요하다.

건강상으로는 고혈압성 질환이나 당뇨병, 암, 뇌출혈, 급성심근경색 등 성인병 발병률이 가장 높다. 50세 이후에는 질병보험 가입 시 각종 제약과 보험료 할증 등이 따르므로 되도록 빨리 가입한다. 그리고 중풍이나 치매 등 노인성질환을 대비한 질병보험과 장기간병보험, 즉 LTC보험Long Term Care Insurance을 가입해야 한다. 특히 질병후유장해보험을 주계약 또는 특약 형식으로 가입해 놓도록 한다. 퇴직연금의 경우 퇴직일시금을 받을 경우에는 즉시연금보험에 가입해 연금자산을 확보하도록 해야만 목돈이 안 새어나가고 노후를 안락하게 보낼 수 있다. 그리고 노인성질환보험을 가입하여 100세 장수시대에 대비하도록 한다.

## 제2인생기인 60대,
### 여행보험, LTC보험, 실버보험, 유병력자실손의료보험 가입

60대 이후의 시니어Senior 시대는 자녀가 분가하고 경제적으로 은퇴하면서 풍요롭고 아름답게 삶이 영글고 익어가도록 웰에이징Well-aging을 이루면서 부부만의 제2인생을 준비하는 노후생활기이다. 목돈이 많이 들어가지는 않지만 경제적 능력이 없으므로 평생 동안 생활할 수 있는 노후자금이 미리 확보되어 있어야 한다.

특히 노인성질환에 걸리지 않도록 항상 건강관리에 힘쓰면서 규칙적인 생활을 한다. 이 시기에는 여행보험이나 실버보험 등 양로보험과 LTC보험, 노후 유병력자실손의료보험 등 질병보험을 가입하여 부부의 문화레저 생활 및 건강유지에 도움이 되도록 한다. 자금여력이 있다면 변액유니버설보험, 변액연금보험 등 통장의 대물림 상속이 가능한 보험을 가입해둘 필요가 있다.

## 인생황혼기인 70대 이후,
### 노후실손의료보험, 치아보험, 노인성질환보험, 사망보험 가입

70대 이후는 경제적 능력 없이 그간 벌어놓은 자금으로 생활해야 하면서 자녀를 위해 재산상속 방법도 미리 생각해놓는 인생의 황혼기이다. 이 시기는 기력이 쇠해지고 신체적 면역력도 떨어지므로 건강이 만복의 근

원임을 상기하면서 각별히 신경 쓰고 밝게 생활하는 여유 있는 삶의 자세가 필요하다.

70대 이후는 연금보험과 중풍이나 치매 등 노인성질환을 대비하여 가입한 노후실손의료보험, 치매보험 등 생활보장형 보험으로 혜택을 보는 시기이다. 특히 나이가 들면 잇몸이 약해지고 치아상태가 안 좋으므로 임플란트, 틀니와 같은 보철물에 대해 보장해주는 치아보험을 가입할 필요가 있다. 만약 아직 노인성질환보험을 가입하지 않았다면 특화된 질병상해 담보 상품인 후유장해보험을 가입하고 또한 정부에서 운영하는 노인장기요양보험과 별도로 치매와 일상생활 장해상태를 보장하는 보험상품인 중풍·치매보험 등의 장기간병보험을 가입하도록 한다. 또한 노후에 집중되는 의료비 지출, 사후장례비, 부채 해결, 유산상속 등의 차원에서 사후 경제적 리스크를 헤징유가족의 경제적 부담 해소하고 웰다잉Well-dying을 완성하기 위한 사망보험 상품의 가입도 필요하다.

# 연금보험
# 포트폴리오 리밸런싱

## 연금보험 포트폴리오 리밸런싱 핵심 파악

은퇴설계에서 제일 중요한 것은 노후생활자금, 즉 연금자산의 안정적인 확보이다. 연금자산을 안정적으로 확보하기 위한 보험클리닉은 국민연금과 퇴직연금을 포함하여 최소한 월소득의 10% 이상을 불입해나가는 방법으로 추진하는 것이 가장 이상적이다.

이때 가입할 연금보험은 가입대상자에 따라 ① 비과세와 더불어 연금에 대한 세금 없이 안정된 노후자금을 확보하려면 일반연금보험 ② 매년 세액공제혜택을 받으면서 세금이연Tax Deferred 효과를 노리려면 연금저축보험 ③ 연금자산 파이를 더 크게 하려면 변액연금보험 ④ 보수적으로 운용하면서 이익을 실현하고 싶다면 주가연계연금보험ELA ⑤ 자금을 다목적으로 활용하려면 외화연금보험을 가입하는 것이 바람직하다. ⑥ 퇴직금, 예금 등 어느 정도 목돈이 있을 경우에는 즉시연금보험을 가입한다. ⑦ 인생의 5대자금과 병행하여 노후자금도 함께 마련하려면 변액유니버설보험을 가입하는 것도 괜찮다.

## 연금보험 포트폴리오 시 리모델링 대상 상품

은퇴자산 마련을 위한 연금보험 포트폴리오 리밸런싱의 핵심은 중복된 일반적인 보험 상품들을 필터링해 과감하게 줄이면서 그 공백을 은퇴자산 마련을 위한 연금보험 상품으로 리모델링해나가는 것이다. 현재 가입하고 있는 여러 보험 중에서 은퇴자산을 마련하기 위한 보험포트폴리오 리밸런싱 시 정리대상 보험 상품은 다음과 같다.

**1** 국민건강보험으로 커버 가능한 보장부분이 있는 필요 이상의 생활 보장상품

**2** 보장내용이 많이 중복되어 있어서 실질적인 보험급여가 적은 상품

**3** 은퇴 이후 가족 모두를 위한 순수보장에 너무 치중되어 있는 상품

**4** 자녀가 독립한 이후에도 자녀를 위한 보장비중이 높은 상품

**5** 일상생활에 지장을 줄 정도로 많은 보험료를 지출하는 장기보장상품

**6** 일상생활에서 실질적으로 보험수혜를 받을 확률이 극히 적은 상품

**7** 공짜보험으로도 충분히 가입이 가능한 단순 상해보험 상품

## 골드인생을 맞이하기 위한 리모델링 전략 10 TIPS

막상 은퇴를 대비하여 보험포트폴리오 리밸런싱을 추진하려고 할 경우 어떻게 해야 할지 막연하게 느껴질 수 있다.

은퇴자산 마련을 염두에 두고 보험리모델링을 하려면 먼저 현재 가정의 재정상황을 체크하면서 은퇴 전에 필요한 상품과 은퇴 이후 필요한 상

품의 안분비례가 잘되어 있는지를 집중적으로 분석하면서 이에 알맞은 포트폴리오가 이루어지도록 리밸런싱한다. 은퇴자산을 마련하기 위한 보험포트폴리오 리밸런싱 효과를 극대화하려면 보험 상품을 다음과 같은 순서에 입각해 리모델링하는 것이 바람직하다.

**1 생애 재무설계를 먼저 수립한 다음 인생재테크 완성 차원에서 실시한다.**

가계 재무분석을 정확하게 실시하고 난 다음 연금테크가 이루어져야만 장기간 보험료를 불입하는 데 어려움이 따르지 않는다.

**2 현재 가입하고 있는 모든 보험에 대한 증권분석을 정확하게 실시한다.**

기존 가입한 보험에 대한 보장내용과 보험기간, 보장범위에 대해 정확하게 진단한 후 리모델링한다.

**3 반드시 보장자산과 연금자산이 양수겸장이 되도록 보험을 설계한다.**

경제활동기 가족을 위한 보장자산과 은퇴 이후 자신부부를 위한 연금자산을 천칭에 맞게 수립한다.

**4 은퇴 이후의 자산은 연금자산과 실버보장자산이 동시에 확보될 수 있도록 설계한다.**

이 경우 반드시 연금 보장내용을 꼼꼼히 살펴보면서 의료비 보장과 유족보장 부분도 체크한다.

**5 은퇴자산 마련 위한 보험포트폴리오를 안분비례에 맞춰 실시한다.**

이 경우 우선순위는 ① 연금자산 ② 실버보장자산 ③ 상속자산 순으로 한다.

6 **연금자산 확보를 위한 보험료 규모를 정확히 책정한다.**

이 경우 연금보험 중 어떤 상품이 자신에게 가장 적합한지 세밀히 분석한 후 결정한다. 최소한 월 소득분의 10% 정도를 지출할 수 있도록 미리 갈무리한다.

7 **실버보장자산은 중대한 노인성질환과 관련된 상품으로 집중 설계한다.**

국민건강보험에서 지급하지 않는, 즉 본인 부담분 및 보험적용이 되지 않는 부분 등을 커버하면서 중점 보장하는 보험 상품을 월소득의 3% 정도 규모로 하여 가입한다.

8 **어떠한 일이 있더라도 연금자산은 끝까지 유지해 반드시 월급형식으로 수령한다.**

노후에 급여 형식으로 연금이 나오지 않으면 실생활에 많은 어려움이 따르므로 평생 매월 월급형식으로 연금이 지급되도록 설계된 상품을 가입한다.

9 **유가족을 위한 상속자금마련과 상속세 절감방법까지 염두에 두고 리모델링한다.**

연금보험을 지급받는 도중 만약의 경우-사망를 고려하여 상속 효과까지 볼 수 있는 연금상품을 가입한다.

10 **반드시 전문가의 상담을 받고 난 후 추진한다.**

세테크와 재테크 차원과 평생 동반자적 입장에서 은퇴설계에 관한 종합적인 재무설계를 해줄 금융주치의를 만난다.

### 중앙경제평론사 Joongang Economy Publishing Co.
중앙생활사 | 중앙에듀북스 Joongang Life Publishing Co./Joongang Edubooks Publishing Co.

**중앙경제평론사**는 오늘보다 나은 내일을 창조한다는 신념 아래 설립된 경제 · 경영서 전문 출판사로서
성공을 꿈꾸는 직장인, 경영인에게 전문지식과 자기계발의 지혜를 주는 책을 발간하고 있습니다.

## 알면 돈되는 보험 상품 100% 활용법

초판 1쇄 인쇄 | 2023년 9월 15일
초판 1쇄 발행 | 2023년 9월 20일

지은이 | 김동범(DongBeom Kim)
펴낸이 | 최점옥(JeomOg Choi)
펴낸곳 | 중앙경제평론사(Joongang Economy Publishing Co.)

대　　표 | 김용주
책임편집 | 이상희
본문디자인 | 박근영

출력 | 삼신문화　종이 | 에이엔페이퍼　인쇄 | 삼신문화　제본 | 은정제책사

잘못된 책은 구입한 서점에서 교환해드립니다.
가격은 표지 뒷면에 있습니다.

ISBN 978-89-6054-320-1(03320)

등록 | 1991년 4월 10일 제2-1153호
주소 | ⑨ 04590 서울시 중구 다산로20길 5(신당4동 340-128) 중앙빌딩
전화 | (02)2253-4463(代) 팩스 | (02)2253-7988
홈페이지 | www.japub.co.kr 블로그 | http://blog.naver.com/japub
네이버 스마트스토어 | https://smartstore.naver.com/jaub 이메일 | japub@naver.com
♣ 중앙경제평론사는 중앙생활사 · 중앙에듀북스와 자매회사입니다.

도서
주문
www.japub.co.kr
전화주문 : 02) 2253 - 4463

https://smartstore.naver.com/jaub
네이버 스마트스토어

중앙경제평론사/중앙생활사/중앙에듀북스에서는 여러분의 소중한 원고를 기다리고 있습니다. 원고 투고는 이메일을
이용해주세요. 최선을 다해 독자들에게 사랑받는 양서로 만들어드리겠습니다. 이메일 | japub@naver.com